Todas las familias felices

Carlos Fuentes

Todas las familias felices

TODAS LAS FAMILIAS FELICES
D. R. © Carlos Fuentes, 2006

ALFAGUARA

De esta edición:
D. R. © Santillana Ediciones Generales, S.A. de C.V., 2006
Av. Universidad 767, Col. del Valle
México, 03100, D.F. Teléfono 5420 7530
www.alfaguara.com.mx

- Distribuidora y Editora Aguilar, Altea,Taurus, Alfaguara, S.A.
  Calle 80 No. 10-23. Santafé de Bogotá, Colombia.
  Tel.: 6 35 12 00
- Santillana S.A.
  Torrelaguna, 60-28043. Madrid.
- Santillana S.A.
  Avda. San Felipe 731. Lima.
- Editorial Santillana S.A.
  Av. Rómulo Gallegos, Edif. Zulia 1er. piso
  Boleita Nte. Caracas 1071. Venezuela.
- Editorial Santillana Inc.
  P.O. Box 5462 Hato Rey, Puerto Rico, 00919.
- Santillana Publishing Company Inc.
  2043 N. W. 86th Avenue Miami, Fl., 33172 USA.
- Ediciones Santillana S.A. (ROU)
  Javier de Viana 2350, Montevideo 11200, Uruguay.
- Aguilar, Altea, Taurus, Alfaguara, S.A.
  Beazley 3860, 1437. Buenos Aires.
- Aguilar Chilena de Ediciones Ltda.
  Dr. Aníbal Ariztía 1444.
  Providencia, Santiago de Chile. Tel.: 600 731 10 03
- Santillana de Costa Rica, S.A.
  Apdo. Postal 878-150, San José 1671-2050, Costa Rica.

Primera edición: julio de 2006

D.R. © Diseño de cubierta: Leonel Sagahón

ISBN: 970-770-575-2

Impreso en México

Índice

Todas las familias felices se asemejan,
cada familia infeliz lo es a su manera.
LEÓN TOLSTOI, Anna Karenina

Una familia de tantas

El padre. Pastor Pagán sabe guiñar. Es un profesional del guiño. Para él, guiñar un ojo —uno solo— es una forma de cortesía. Toda la gente con la que trata concluye el negocio con un guiño. El director del banco cuando tramita un préstamo. El cajero cuando cobra un cheque. El administrador cuando se lo da. El contador cuando se hace el tonto y no lo registra. El delegado del patrón cuando le da la orden de ir al banco. El portero. El chofer. El jardinero. La criada. Todo el mundo le guiña. Guiñan los faroles de los automóviles, las luces de tránsito, el relámpago en el cielo, las hierbas en la tierra y las águilas en el aire, para no hablar de los aviones que sobrevuelan todo el santo día la casa de Pastor Pagán y su familia. El ronroneo felino de los motores sólo es interrumpido por los guiños del tráfico en la Avenida Revolución. Pastor les responde con su propio guiño, movido por la certeza de que así lo dictan las buenas maneras. Ahora que está pensionado, se acuerda de sí mismo como de un guiñador profesional que jamás abrió los dos ojos al mismo tiempo y cuando lo hizo, ya era demasiado tarde. Un guiño de más, se recriminaba a sí mismo, un guiño de más. No se retiró. Lo retiraron a los cincuenta y dos años. ¿De qué se iba a quejar? En vez de castigarlo, le dieron una buena compensación. Junto con el retiro temprano vino el regalo de esta casa, no una gran mansión pero sí una vivienda decente. Una reliquia de la lejana época "aztequista" de la ciudad de México, cuando a los arquitectos nacionalistas de los años treinta les dio por construir casas con aspecto de pirámides indias. O sea, la casa se iba haciendo angosta entre la planta baja y el tercer piso. Éste resultaba inhabitable por estrecho. Pero su hija Alma encontró que era ideal para su igualmente estrecha vida, dedicada a jugar con la red y encontrar en el mundo virtual de Internet la vida necesaria —o suficiente— para ya no salir más de la casa, pero sintiendo que era parte de una vasta tribu invisible conectada a ella como ella se conectaba, estimulada, a un universo que le parecía el único digno de apropiarse de "la cultura". La planta baja, propiamente el sótano, lo ocupa ahora el hijo Abel, reintegrado al hogar a los treinta y dos años, después de intentar una fracasada vida independiente. Regresó orgulloso para no demostrar que regresó contrito. Pastor lo recibió sin decir palabra. Como si no hubiera pasado nada. En cambio, Elvira, la mujer de Pastor, recuperó al hijo con signos de alborozo. Nadie comentó que Abel, regresando al hogar, admitía que a su edad sólo podía vivir gratis en el seno de la familia. Como un niño. Sólo que el niño acepta su situación sin problemas. Con alegría.

La madre. Elvira Morales cantaba boleros. Allí la conoció Pastor Pagán, en un cabaret de medio pelo cerca del Monumento a la Madre, en la Avenida Villalongín. Desde jovencita, Elvira cantó boleros en su casa, al bañarse, al ayudar en la limpieza y antes de dormirse. Las canciones eran su plegaria. La ayudaban a soportar la vida triste de una hija sin padre y con una madre desolada. Nadie la ayudó. Se hizo sola, sola llegó a pedir trabajo a un cabaret de Rosales, fue aceptada, gustó, luego mejoró de barrio y comenzó a creerse todo lo que cantaba. El bolero no es bueno con las mujeres. A la hembra la trata de "hipócrita, sencillamente hipócrita" y añade: "perversa, te burlaste de mí". Elvira Morales, para darle convicción a sus canciones, asumía la culpa de las letras, se preguntaba si en verdad su savia fatal emponzoñaba a los hombres y si su sexo era la hiedra del mal. Ella se tomó muy en serio las letras de los boleros. Por eso entusiasmaba, convencía y provocaba aplausos noche tras noche a la luz blanca de los reflectores que por fortuna oscurecían los rostros de los asistentes. El público era la cara oscura de la luna y Elvira Morales podía entregarse a ciegas a las pasiones que pronunciaba, convencida de que eran ciertas y que, siendo ella en la canción una "aventurera", no lo sería en la vida real. Al contrario, daría a entender que vendería caro, carísimo, su amor y que aquel que de su boca la miel quisiera, pagaría con brillantes su pecado… Elvira Morales podía entonar melódica la ruindad de su destino, pero fuera de la escena guardaba celosamente su "admirable primavera" (rima con "aventurera"). Después del show, jamás se mezclaba con los asistentes. Regresaba a su camerino, se vestía y volvía a casa, donde la esperaba su desdichada madre. Las solicitudes de los parroquianos —una copa, un bailecito, un poquito de amor— eran rechazadas, las flores tiradas a la basura, los regalitos devueltos. Y es que Elvira Morales, en todos sentidos, tomaba en serio lo que cantaba. Conocía por el bolero los peligros de la vida: mentira, cansancio y miseria. Pero la letra la autorizaba a creer, a creer de verdad, que "un cariño verdadero, sin mentiras ni maldad" se puede encontrar cuando "el amor es sincero".

La hija. Alma Pagán hizo un esfuerzo por acomodarse en el mundo. Que nadie le dijera que no lo intentó. A los dieciocho años, entendió que una carrera le estaba vedada. No había tiempo ni dinero. La preparatoria era el tope, sobre todo si los recursos de la familia (tan escasos) iban a apoyar a su hermano Abel en la Universidad. Alma era una chica muy atractiva. Alta, esbelta, de pierna larga y talle angosto, pelo negro recortado en casco, busto generoso sin exagerar, piel mate y mirada velada, boca entreabierta y naricilla nerviosa, Alma parecía que ni mandada a hacer para la novedosa ocupación de edecán en ceremonias oficiales. Ataviada igual que las otras tres o seis o doce muchachas escogidas para presentaciones de empresas, congresos internacionales, actos oficiales, camisa blanca con chaquetilla y falda azul marinas, medias oscuras y tacones altos, la función de Alma consistía en estarse quieta detrás del orador de turno, renovar los vasos de agua en los paneles, no mover un músculo facial, nunca sonreír y menos desaprobar lo que fuese. Expulsar sus emociones y ser el perfecto maniquí. Un día reunió a las cinco compañeras de una función de beneficencia y se vio idéntica a ellas, todas igualitas entre sí, toda diferencia borrada. Eran clones la una de la otra. No tenían más destino que ser idénticas entre sí sin nunca ser idénticas a sí mismas, parecerse en la inmovilidad y luego desaparecer, jubiladas por la edad, los kilos o una media negra corrida. Esta idea horrorizó a Alma Pagán. Se despidió de la chamba y como era joven y bonita encontró empleo como azafata en una línea aérea que servía al interior de la República. No quería estar lejos de su familia y por eso no buscó servir en vuelos internacionales. Acaso adivinaba su propio destino. Sucede. Como también ocurre que en los vuelos nocturnos los pasajeros masculinos, apenas se bajaban las luces, se aprovechaban y le acariciaban de paso las piernas, o le miraban con hambre el escote, o, de plano, le pellizcaban una nalga mientras servía las cubas y las cocas. La gota que derramó el vaso (de cuba, de coca) fue el asalto que un gordo yucateco le hizo cuando ella salía del lavabo y él la empujó hacia adentro, cerró la puerta y comenzó a sobarla mientras la llamaba "linda hermosa". De un rodillazo en la panza, Alma dejó al peninsular sujeto sentado en el excusado, sobando, en vez de los senos de Alma, la panza de la guayabera. Alma no presentó queja. Era inútil. El pasajero siempre tenía razón. Al cabezón yucateco no le harían nada. A ella le atribuirían hacerse la confianzuda con los pasajeros y si no la despedían, le cobrarían multa. Por eso Alma se retiró de toda actividad mundana y se instaló en el piso alto de la casa de sus padres con todo el aparato audiovisual que de allí en adelante sería su universo seguro, cómodo y satisfecho. Había ahorrado y pudo pagar los aparatos ella misma.

El hijo. Abel Pagán no terminó la carrera de Economía en la UNAM porque se creyó más listo que los maestros. La mente ágil y curiosa del muchacho buscaba y encontraba el dato oscuro que dejara estupefactos a los profesores. Hablaba con aplomo de las "armonías" de Bastiat y del PIB de la República del Congo, pero si le pedían ubicar en el mapa a la susodicha república o saltar del olvidado Bastiat al muy recordado Adam Smith, Abel se perdía. Había aprendido lo superfluo a costa de lo necesario. Esto lo hizo sentirse, a un tiempo, superior a sus profesores e incomprendido por ellos. Dejó la escuela y regresó a casa, pero su padre le dijo que sólo podía quedarse si encontraba trabajo, que esta casa no era para zánganos y que él, Pastor Pagán, no había tenido la suerte de ir a la Universidad. Abel le espetó que era cierto, con un vago bastaba. El padre le dio una cachetada, la madre lloró y Abel se embarcó en la nave de su dignidad. Salió a buscar chamba. Ansiaba la libertad. Quería regresar triunfante al hogar. El hijo pródigo. Confundió la libertad con la venganza. Acudió a la empresa donde trabajó su padre. La oficina de Leonardo Barroso. Abel se dijo que iba a demostrar que él, el hijo, sí podía con la situación que sacrificó a su padre. "¿Barrosos a mí? ¿Jefecillos autoritarios? ¿Dictadorcillos de escritorio? ¡Qué me duran!" No tuvo que guiñar. Lo recibieron con sonrisas y él se las devolvió. No se dio cuenta que entre la sonrisa y la mueca mediaba el colmillo. Mucho colmillo. Lo aceptaron sin mayor trámite. Ni siquiera la facilidad le encendió las antenas. Lo trataban con alfileres, como si temieran que Abel fuese espía de su padre, por lo cual tuvo que demostrar que era enemigo de su padre y esto lo llevó a despotricar contra Pastor Pagán, su debilidad y su holgazanería, su falta de gratitud hacia los Barroso que le dieron trabajo durante más de veinte años. La actitud del hijo parecía agradar a la empresa. El hecho es que le dieron un puesto subalterno de caminante en una tienda de la compañía donde su ocupación consistía en pasearse entre los posibles compradores y los imposibles vendedores, vigilando a unos y a otros, que los primeros no robaran mercancía, que los segundos no se tomaran descansitos. Abel era el elegante gendarme civil de la tienda. Se cansó. Empezó a añorar los tiempos universitarios, la protección de la familia, los ahorros destinados a su educación. Se sintió incómodo, malagradecido. Su propia impertinencia filial, su propia molicie, su ingratitud, se le presentaron como espectros reiterados e inasibles. Sintió que los tapetes del almacén se gastaban a ojos vistas bajo su inútil ir y venir. Hizo amigos. Los mejores vendedores recibían comisiones y aparecían en el boletín de la celebridad semanal. Abel Pagán nunca apareció en el boletín. Su mala fama se esparció. "Sea usted más comedido con la gente, Abel." "No puedo evitarlo, señor. Siempre he sido grosero con la gente estúpida." "Oye Abel, ya viste que Pepe apareció en el boletín esta semana." "Con qué poca inteligencia se triunfa." "¿Por qué no haces un esfuerzo para salir en el boletín?" "Porque me da igual." "No seas tan difícil, mano." "No soy difícil. Sólo asumo la repugnancia que debían sentir todos ustedes, bola de acomodaticios." "¿Por qué no aceptas las cosas como son y tratas de mejorarlas cada día, Abel?" "Porque todo es como es y yo soy de otro modo." "Ni quién te entienda, mi cuate." La vida se iba convirtiendo en un larguísimo pasillo entre la sección de zapatos y la sección de camisas. Entonces ocurrió lo imprevisible.

El padre. Mirando al pasado, Pastor Pagán se preguntó, ¿por qué no fui deshonesto, habiendo podido serlo?, ¿no eran rateros todos?, ¿menos yo?, ¿por qué tuve que hablar con el propio señor Barroso y decirle todos se han enriquecido menos yo, señor?, ¿por qué me contenté con una pitanza —un cheque por cinco mil dólares— que me entregaron para consolarme?, ¿por qué, a partir de ese momento, dejaron de guiñarme?, ¿qué falta había cometido al hablar con el mero mero, el patrón? Pronto lo supo. Al presentarse como el único empleado honrado, implicó que los demás no lo eran. Para Barroso, esto era menospreciar a los compañeros. Una verdadera falta de solidaridad. Y sin solidaridad interna, la empresa no funcionaba. Al ofrecerse como el único empleado por encima de toda sospecha, Pastor incitó la perversa inteligencia de Barroso. Para el patrón, todos eran corruptibles. Esta era la premisa mayor a todos los niveles en México, del gobierno a la empresa y de la abarrotería al ejido. ¿Cómo pretendía Pastor Pagán ser la excepción? El jefe Barroso debió reír para sus adentros. Pastor no cometió la falta de pedir tajada, cometió la falta de declararse honrado. No entendió que a un hombre de poder como Leonardo Barroso no le bastaba con darle una comisión indebida a un empleado menor. Pastor se ofreció de pechito para que su patrón tratara de corromperlo de a de veras. Ahora, retirado a la fuerza con pensión vitalicia, Pastor podía reflexionar a sus anchas sobre los motivos que llevan a cada uno a destruir a los demás. A veces por necesidad, cuando el enemigo es peligroso. A veces por vanidad, cuando es más fuerte que uno. A veces por la mera indiferencia con que se aplasta una mosca. Pero en ocasiones, también, por eliminar la amenaza del débil cuando el débil sabe un secreto que el poderoso quiere mantener en lo oscuro. Pastor Pagán vivía retirado, barajando las posibilidades de su destino, al fin y al cabo, cumplido ya. La verdad es que le devolvieron el chirrión por el palito. Cuando le pidió al jefe ser un militante más en el gigantesco ejército de la corrupción, cometió la falta de acusar a todos mientras se excusaba a sí mismo. Desde ese momento, estaba en manos del patrón, es decir, del poder. Pastor, de allí en adelante, carecería de autoridad moral. Sería un pícaro más. La regla, no la excepción que antes era. ¿Qué hubiera ganado si no le pide nada al jefe? ¿Ser más libre, más respetado, continuar empleado? El día más amargo de la vida de Pastor Pagán fue aquel en que se dio cuenta de que, hiciera lo que hiciese y sin saberlo siquiera, ya era parte de la trama del soborno en el pequeño país de su propio trabajo. Había asistido durante años a la corrupción, llevando y trayendo cheques, aceptando cuentas falsas, guiñando, siendo guiñado, capturado moralmente en ese instante fotográfico en el que un solo ojo se cierra en complicidad y el otro permanece abierto con vergüenza. Pero él había permanecido puro hasta este momento. Se miraba al espejo en busca de una aureola y sólo encontraba una coronilla rala. Proponía reflejos de mártir y le respondían una piel gris, un rostro de mofletes vencidos, mirada esquiva y cejas nerviosas. Erguía el busto y se le desplomaba el pecho.

La madre. El bolero nos propone amantes. Algunos son fatales. Viven esperando que cambie la suerte o venga la muerte como bendición. Otros, nostálgicos: como el ave errante viviremos, con la añoranza del amor. Los hay limosneros de cariño: la mujer amada se lo llevó todo y lo dejó solo. Hay boleros derrochadores de pasión: quieren libar la boca de miel de la mujer y de paso embelesarse con su piel. Hay boleros dominadores que imponen el calor de su pasión. Elvira Morales cantaba todos estos sentimientos pero se los guardaba en el pecho y por eso los comunicaba con tamaña fuerza. Evitaba mirar a quienes la escuchaban, noche a noche, cantar en *La cueva de Aladino*. Hizo una sola excepción afortunada. Algo mágico, misterioso, debió guiar su mirada mientras cantaba "Dos almas" deteniéndose en el hombre que, a su vez, la veía con ojos distintos a todos los demás. Habituada a negar la correspondencia entre la letra de los boleros y la presencia de los hombres que la escuchaban, esta vez sintió que la canción y la persona coincidían mágicamente: "Dos almas que en el mundo había unido Dios, dos almas que se amaban, eso éramos tú y yo." Un hombre tierno: eso es lo que decían los ojos del espectador aislado de la sombra nocturna del cabaret por un spot parejo al que destacaba el rostro de luna de Elvira Morales, sus hombros desnudos y redondos, la luz detenida en el escote del vestido de lentejuela roja, dejando todo lo demás en la penumbra del misterio. ¿Cómo se iluminaron esa noche, sólo dos rostros, el de Elvira Morales y el de un hombre desconocido? ¿Quién manejaba los reflectores esa noche, sino Dios mismo, o un arcángel en misión divina? El hecho es que Elvira, por vez primera desde que salió del hogar y empezó a cantar, sintió que un hombre merecía su voz, entendía sus letras, encarnaba su música. Esto sólo duró un instante. Al terminar la canción y encenderse las luces, Elvira Morales buscó en vano al hombre divisado mientras ella cantaba. ¿Habría sido un espejismo, una extraña proyección del bolero en la realidad? No. El lugar estaba allí, pero el asiento estaba vacío y cuando lo ocupó una pareja recién llegada, ella supo que el hombre que capturó su atención había estado antes allí y que si se había marchado, ella seguía allí y él sabría dónde encontrarla de nuevo. Si es que quería volverla a ver.

La hija. Desde el momento en que decidió encerrarse en el tercer piso de la casa paterna, Alma Pagán había decidido también su nuevo —y permanente— estilo de vida. Sentía repulsión cuando se recordaba fría como una estatua en las conferencias y actos de beneficencia o cuando se recordaba manoseada, pellizcada, insultada en los vuelos México-Mexicali o México-Mérida. No culpó a nadie sino a sí misma. Su cuerpo era el reo. Guapa, deseable, corrompible. Sólo ella era responsable de encender la lujuria machista. Se castigó a sí misma. Abandonó el uniforme aéreo y adoptó el estilo propio del destierro interno. Keds, bluejeans, playeras y a veces sudaderas de la Universidad de Kokomo, Indiana. Un sempiterno gorro de beisbol de los vetustos Jaibos de Tampico. No era la apariencia lo importante, aunque bastaba verla para no desearla. Lo importante era que, aislándose de un mundo hostil y desagradable, Alma entraba de lleno a un mundo de acción y excitación, de emociones vicarias, de interminable accidente y todo ello sin consecuencias físicas para ella. El mundo del *reality show*. Pagó una suscripción para recibir periódicamente los mejores programas sobre estas situaciones de la vida real en las que hombres y mujeres jóvenes y vigorosos participan en aventuras audaces, concursos constantes, premiaciones selectas… En estos momentos, a la mitad de la historia, Alma sigue con atención casi estrábica el inicio de la aventura de un grupo de cuatro parejas que deben disputarse los tres primeros lugares en un viaje lleno de obstáculos. La odisea se inicia en Ciudad Juárez y termina en Tapachula. O sea empieza en la frontera con los USA y acaba en la frontera con Guatemala. Los concursantes deben competir salvando impedimentos para llegar en primer, segundo o tercer lugar a la meta. La pareja que llegue en último lugar queda eliminada. La pareja triunfadora se hace acreedora de una semana en el barco de lujo turístico *Sirens of the Sea*. Los segundos y terceros reciben las gracias y un DVD sobre alpinismo. Ahora Alma observa la salida de las cuatro parejas en el puente internacional entre El Paso y Ciudad Juárez. Resulta que cuatro de los concursantes son gringos y los otros cuatro nacoleones. La primera pareja gringa la forman dos hombres jóvenes, Jake y Mike, esbeltos y guapos, como si hubieran nacido para el estrellato *reality*. La segunda son dos mujeres, una negra (Sophonisbe) y otra blanca (Sally). En cambio, las parejas nacionales son hombre y mujer como para evitar sospechas homosexuales. En ellas figuran dos jóvenes flacos y chaparritos, Juan y Soledad, y dos viejos entecos y curtidos, Jehová y Pepita. Los norteamericanos visten *t-shirts* y calzón corto. Los mexicanos jóvenes vienen ataviados de tarahumaras, o sea pierna desnuda, huipil bordado y pañoleta roja amarrada a la cabeza. Los viejos andan vestidos como la propia Alma Pagán. A ella le shoquea que los más rucos se apropien del atuendo de los más jóvenes. ¿Ya no hay diferencia de edades? Puede que no. Pero lo más interesante es que la carrera de frontera a frontera se inicia en la de México con los Estados Unidos, o sea que los concursantes salen corriendo de la frontera que millones de mexicanos quisieran cruzar para encontrar trabajo en el norte próspero. Y acaban en la frontera de México con Guatemala, o sea la línea divisoria entre dos miserias que los centroamericanos pobres cruzan a escondidas para llegar a los Estados Unidos. Esta paradoja no escapa a Alma. Es parte de su educación. Empieza a sentir que el *reality show* es la universidad que ella no tuvo. La realidad vicaria. La emoción sin IVA. El desplazamiento sin peligro. Alma encuentra su realidad. Ya no tiene por qué aventurarse y salir al mundo hostil y degradante. Gracias a la red, el mundo estaba a su alcance, ella sentía que ahora pasaba a formar parte de una tribu instantánea, conectada a redes virtuales, estimulada por el universo audiovisual y sobrestimulada por la tentación de entrar en contacto con otros nautas como ella. Pero aún no se atrevía a chatear.

El hijo. Leonardo Barroso era un hombre de poder porque no descuidaba los detalles. Su mirada de águila descendía velozmente del manejo de acciones en la Bolsa de Hong Kong a la vida y milagros del más modesto de sus empleados. Abel Pagán se situaba a medio camino entre una inversión billonaria y el sueldo de un portero. Barroso se fijó en él desde que el joven pidió chamba y estúpidamente anunció que venía a degradar a su padre. Con toda intención, Abel fue enviado a vigilar pisos de almacén. Sólo para ablandarlo y demostrarle quién mandaba en esta compañía. Quién era "el mero mero". Por eso, fue tan sorpresiva la llamada a presentarse al despacho del jefe, don Leonardo, y recibir la propuesta perentoria. El hijo haría lo mismo que el padre, durante veinticinco años, había hecho. Recibir cheques de la contaduría, llevar cheques al banco. No hacer preguntas. Era un puesto de confianza. Don Leonardo guiñó: Abel debía aprender a guiñar. Guíñale al director del banco. Guíñale al cajero. Guíñale al chofer. Guíñale a todo el mundo. "Todos te entenderán, porque eso hacía tu padre. Tú nomás di: Me llamo Pagán y me manda don Leonardo. Todos te entenderán. Pero no se te olvide guiñar. Es la seña de complicidad. Si no te devuelven el guiño, tú mejor sospecha y retírate." Abel se debatió un rato entre la satisfacción y la duda. Barroso confiaba en él. Pero también lo manipulaba. Y sobre todo, lo insertaba en una secuela de actos desconocidos en la que el trabajo del hijo era continuación del trabajo del padre. Ciegamente, el joven decidió correr la suerte. Después de todo, había escalado del mostrador a la gerencia en menos de lo que canta un gallo. Contaba con la confianza del *boss*. Le aumentaron el sueldo. Tomó un apartamento muy pequeño encima de una tienda de vestidos de novias en Insurgentes. No tardó en rebasar su sueldo con las exigencias de su status. Las chamacas comenzaron a buscarlo y no podía recibirlas en un apartamento desvencijado por los temblores. Se mudó al Hotel Génova en la Zona Rosa y folló con puntualidad aunque sin el gusto de la conquista. Sabor. Las muchachas se le ofrecían insinuantes (sospecha) y cogían como por órdenes. ¿De quién? Abel comenzó a sospechar más. Los gastos iban en aumento. El trabajo también. Y al cabo, las frustraciones. Abel vivía como un autómata. Tenía la mesa puesta. No necesitaba esforzarse. La medida de su ambición era constantemente frustrada por la abundancia de su éxito. Le daban trato de "Don" en el hotel. Le tenían reservada una mesa permanente en el restorán Bellinghausen. Le dieron crédito para ropa en Armani. Le entregaron un BMW colorado "por órdenes de don Leonardo". Las chamacas, toditas ellas, fingían torrenciales orgasmos. En el baño, le suplían la colonia, el jabón, la pasta de dientes y el champú sin necesidad de pedir. Hasta condones color de rosa con elefantitos pintados le pusieron en el buró. Fiel a sus orígenes y temperamento, Abel sintió que tenía aspiraciones más altas —llámenlas ustedes independencia, expresión personal, voluntad libérrima, quién sabe— y que su posición en Barroso Hermanos no las satisfacía del todo. También se percató de que su trabajo era ilusorio. Que sin la venia de Barroso su mundo se vendría abajo. Todo se lo debía al jefe, nada a su propio esfuerzo. Tonto no era Abel Pagán. Entender esto empezó a amargarlo.

Comenzó a sentir una urgencia vital de probarse a sí mismo. No depender de Barroso. No ser criado de nadie. ¿Acaso él, el joven, no sabía más que los adultos (los Barroso o los padres)? ¿Acaso no podía ocupar su propio lugar, un lugar independiente, en el mercado? Miró cuanto le rodeaba —suite de hotel, viejas a granel, restoranes caros, coches de lujo, ropa de Armani— y se dijo que él mismo, sin ayuda de nadie, merecía todo esto y podía conseguirlo por sus propias pistolas, tripas y tompiates. Empezó a ansiar una libertad que su posición le negaba. ¿Con qué contaba para ingresar con autonomía al mercado del trabajo? Contó sus canicas. Eran muy pocas y bastante descoloridas. Todas decían: "Propiedad de L. Barroso". Quería afirmarse, con desesperación. Se dejó crecer el pelo y se lo amarró con una liga como cola de caballo. No pudo ir más lejos. Quería vivir otra realidad, no la de sus padres. Tampoco quería la de sus contemporáneos. Le causaba náuseas que alguien en la oficina le dijera, "Ya la hiciste, Abel" y los más vulgares, "Viejas, lana, la protección del patrón, ya chingaste, qué más quieres, ¿quieres más?" Sí, quería más. Entonces, todo empezó a cambiar. Poquito a poco. Así era. Abel tenía un trabajo seguro en un mundo inseguro. Era listo y se daba cuenta de que la empresa crecía y se diversificaba la producción mientras que el trabajo se reducía. Se podía producir más y trabajar menos: ese era el asunto, se dijo Abel. Pensaba todo esto y se sentía protegido, privilegiado. Y sin embargo él quería más. Entonces todo empezó a cambiar. Anularon su tarjeta de crédito. Las putillas ya no lo visitaban. La oficina ya no le pasaba cheques. Ya no hubo guiños. Lo abandonaron en una oficinita oscura sin luz ni aire, casi una profecía de prisión. Al cabo, lo despidieron. Desconcertado por no decir atolondrado, Abel Pagán se encontró de la noche a la mañana en la calle. ¿No era esto lo que deseaba? ¿Independizarse, primero de su casa, después de su patrón? Seguro, sólo que quería hacerlo por sus pistolas, no por voluntad ajena. Barroso le dio un destino y ahora se lo arrebataba. Abel imaginaba al patrón relamiéndose de gusto. De manera que habiendo humillado al padre, ahora le tocaba humillar al hijo. Abel se sintió como el cordero de los sacrificios, listo para ser trasquilado. ¿Qué se proponía Barroso?, se preguntó Abel. ¿Poner a prueba la fidelidad del padre poniendo a prueba la honestidad del hijo? Abel se miró las manos manchadas por más cheques que las patas de una cofradía de arañas. "No se vale", murmuró. Se sintió al garete, vulnerable, sin rumbo. Se sintió prescindible y humillado. Sintió que su esfuerzo no había sido compensado. ¿No merecía, por méritos, mejor empleo por tener más educación? ¿Por qué la cosa era al revés? Algo andaba mal, muy mal. Ahora, ¿qué iba a hacer? ¿Por dónde empezar de nuevo? ¿Que había hecho mal? Se armó de coraje y exigió una cita con don Leonardo Barroso. Se la negaron. En cambio, la secretaria del jefe le entregó un sobre. Adentro había un cheque por cinco mil pesos y una sentencia en latín: *Delicta maiorum immeritus lues.* Un profesor de la Universidad tuvo la amabilidad de traducírsela. "Aunque no seas culpable, deberás expiar los pecados de tu padre."

El padre. Pastor Pagán era un hombre bueno y recibió con dignidad al hijo pródigo. Lo conmovió la vanidad herida de Abel y para evitar un asomo de enojo puso ojos perdidos, aunque sin lágrimas, al abrirle los brazos. Era mejor proceder como si no hubiera pasado nada. Mirar hacia adelante. Jamás hacia atrás. Se dio cuenta de que el hijo, igual que el padre, ya no tenía grandes recursos para hacerle frente a nada. El regreso de Abel los igualaba. Pensar esto preocupó mucho al padre. ¿Debía preguntarle directamente a Abel: ¿Qué pasa? ¿No decirlo implicaba que imaginaba lo sucedido? ¿Decirlo abría las puertas a una confesión en la que el pasado vendría a infectar para siempre al presente? Abel le dio la clave. Un mes después de su regreso al hogar, tras treinta días de disimular que no había ocurrido nada fuera de lo normal porque lo normal era lo fatal, Abel pensó que si iba a quedarse a vivir para siempre con sus padres y su hermana, lo mejor era decirles "la verdad es que no estaba listo para esa posición". Que era la antigua posición del padre. Estas palabras del hijo confundieron y asolaron al padre. Pastor Pagán no dijo nada. Se refugió en las ruinas de su orgullo sólo para comprobar que el regreso de Abel significaba que ni el padre ni el hijo dominaban sus propias vidas. Pastor carecía de energía. Abel tampoco tenía voluntad. Cuando el padre se dio cuenta de esto, empezó a sacar temas indirectos para ver si podía, al cabo, decirle la verdad a su hijo. Una noche se emborracharon en una cantina por el rumbo de La Piedad y al calor de los alipuses, Pastor creyó que se rompía el hielo —el iceberg que los años habían construido entre padre e hijo— y se atrevió a suspirar: "La diosa del éxito es una puta."

A lo cual Abel, por primera vez en mucho tiempo, le contestó "Seguro." "Para tener éxito, se necesitan perdedores. Si no, ¿cómo sabes que te fue bien?" "Seguro, por cada éxito tuyo, le tiene que ir mal a otra persona. Es la regla del juego." "¿Y qué pasa cuando primero te va mal y subes y luego te va mal y caes?" "Te vuelves filósofo, mijo." "O cantas canciones en las cantinas, pa." Cosa que procedieron a hacer, ya bastante alumbrados. "La que se fue". No una mujer. La suerte es la que se fue. La fortuna es la que se largó. Se abrazaron los dos aunque pensaron cosas distintas. El padre temía que Abel se hundiera en el rencor y no supiera cómo salir de él. El hijo hacía listas etílicas de los errores que había cometido y seguía cometiendo. "¿Cuántos errores he cometido hoy?" le preguntó con la lengua gruesa a Pastor. "Uuuuy, no cuentes errores, hijo, porque es el cuento de nunca acabar." "¿De qué te arrepientes, pa?" Pastor contestó a carcajadas: "De no haber comprado de joven una pintura de Frida Kahlo por dos mil pesos. ¿Y tú?" "De recibir cosas que de plano no merecía." "Anda, no te me pongas melancólico. Tú llegaste con la mesa puesta." "Eso es lo malo." "Tú no tuviste que ahorrar de joven sólo para perderlo todo con la inflación y las devaluaciones de la moneda…" "¿Por eso te entregaste a Barroso, pa?" "No me chingues, hijo, respétame, yo trabajé un cuarto de siglo para darles techo y educación a mis hijos. No averigües cómo lo hice. Más respeto. Más gratitud." "Es que lo único que quiero saber es si a usted le fue tan mal como a mí." "Peor, hijo, peor." "Cuénteme." "Mira Abel, no mires hacia atrás, vamos a mirar paradelante…" "Lo malo es que estoy viendo doble." "¿Qué cosa?" "Lo veo doble a usted, como si fuera dos gentes." "Estás cuete." "Quién sabe. De repente estoy más sobrio que nunca." "Anda, acábate el tequila y vámonos a casa. Nuestras viejas nos esperan. Deben andar preocupadas."

La madre. Elvira Morales decidió no perder la alegría. Se propuso celebrar cada día aquel encuentro, hace treinta y tres años, en *La cueva de Aladino.* Ella cantaba. Él sabía dónde encontrarla siempre. Ella no se iría. Y él regresó. Se casaron y fueron felices. En esta frase quería Elvira resumir su existencia. Que los pleitos fueran embrionarios siempre, las diferencias disimuladas y todo lo demás resuelto con romanticismo, cada vez que hubiera nubes en el horizonte, regresando a bailar juntos en el cabaret. El cabaret había sido la cuna del amor y en él, Elvira sentía que se renovaban los jugos del cariño. Pastor Pagán volvía a ser el galán de sus sueños. La encarnación de un bolero sin lágrimas ni quejas aunque sí lleno de suspiros, Elvira dejaba de ser mártir del destino del marido. Cuando se sentía atrapada, regresaba al bolero y entonces su matrimonio se tambaleaba. Todo el sentido de su vida consistía en dejar atrás las letras de las canciones y anularlas con una realidad en la que la porción de felicidad era más grande que la parte de desgracias y por eso cuando algo entorpecía el matrimonio feliz que era el sacramento de Elvira, el altar de su espíritu, ella invitaba a su marido a bailar, regresar al cabaret, a lo que ahora llamaban "antros" y allí bailar muy apretaditos, muy juntitos, sintiendo cómo volvían a fluir las savias de la ilusión. Abel, de jovencito, se reía de estas excursiones nostálgicas. "Y

retiemble en sus antros la tierra" decía parodiando a
su autor favorito, Gonzalo Celorio. Pero los hijos, al
cabo, agradecían estas ceremonias de la fidelidad renovada porque traían la paz al hogar y daban margen
al cuestionamiento de la posición de los hijos en el
mundo: dentro o fuera del hogar. Elvira se daba
cuenta de que cada vez más los hijos se quedaban en
casa más allá de los treinta años o regresaban a ella a
la edad de Cristo, como su hijo Abel, o se disponían
a envejecer en el hogar, como Alma encerrada en su
periquera. Todo ello sólo reforzaba la convicción de
Elvira Morales. Si los hijos eran alambristas en el
circo de la vida, los padres serían la red de seguridad
que recibía sus caídas y les impedía morir estrellados.
¿Era esta la verdadera razón de la conducta de Elvira,
por eso perdonaba errores, por eso atizaba la llama
sagrada del amor con su marido, por eso olvidaba
todo lo peligroso o desagradable, por eso guardaba
tan bien los secretos? ¿Porque la vida no es un bolero?
¿Porque la vida debe ser una balada sentimental que
arrulla, un idilio secreto, una maceta que se seca si
no la regamos? Por eso ella y su marido iban juntos
a los bares de antes y a bailar en cabarets. A recordar
lo que no se olvida identificando sin cese a la felicidad. La añosa madre de Elvira murió mientras la hija
cantaba boleros en *La cueva de Aladino*, la noche en
que identificó a Pastor Pagán sin saber que la acha-
cosa mamá había fallecido. Así es la baraja del destino. Y el destino es reversible, como un abrigo que
sirve contra el frío de un lado y del otro protege contra la lluvia. Por eso Elvira Morales nunca dijo "Pero
eso era antes." Por eso siempre diría "Ahora. Ahori-
tita. Ahorititita."

La hija. Las dos mujeres americanas (Sophonisbe y Sally) no pasaron de Ciudad Juárez. Durante el primer día de la carrera, desaparecieron y luego fueron encontradas muertas en una zanja cerca del Río Grande. Hubo que convocar de prisa a dos vecinos de El Paso, Texas para cumplir con las bases del concurso. Ninguna pareja gringa se atrevió a cruzar el río. Los organizadores se resignaron a reclutar a un par de mexicanos dispuestos a todo con tal de ganarse un viaje por el Caribe. En sus ojos estaban ya las palmeras borrachas de sol y quedaban atrás los desiertos de huizache y víboras cascabel. Porque la aridez del norte de México era parte de la prueba para ganar. Los concursantes del *reality* iban recibiendo órdenes escritas en sobres de manila. Ahora deténganse a recoger tunas o a empacar sarapes. Son libres. Escojan. ¿Qué es más rápido? No importa. Ahora hay que atravesar el desierto montados en burros rejegos. Ahora hay que tomar un tren a la altura de Zacatecas y los que lo pierdan deberán esperar al siguiente y retrasarse. Hay que recuperar el tiempo perdido ¿cómo? Abordar un camión desvencijado que entra a una carretera de montaña. Los gringos gritan de júbilo en cada curva mortal. Los mexicanos guardan un silencio estoico. Lo pierden cuando deben dejarse arrastrar por una yunta de bueyes a lo largo de un estero de lodo. Sobreviven. Los mueve el deseo de ganar. A cada pareja la persigue la siguiente. Cada una pisa la cola de la precedente y anuncia el jadeo de la que sigue. Hay que entrar a un redondel con un pañuelo rojo (cortesía de la casa) y torear a un becerro desorientado porque desayunó cornflakes. Otra vez, los dos gringos torean jubilosamente dando gritos de guerra apaches. Las mujeres mexicanas se abstienen. Los hombres —el viejo Jehová, el flaco Juan— hacen pases más dignos que el atarantado becerro mafufo. Ya andan por el centro de la República. Hay carteles, hay colores, hay instrucciones. Deténganse aquí. Duerman donde les cuadre. A la intemperie. Sobre la banqueta. Como puedan. Al día siguiente, todos deben recoger a paletadas los excrementos de una ganadería poblana. Se quejan, huele mal. Pepita se cae. Traga mierda. Un gringo se cae. Traga mierda. Declara que esto es muy sexy. Las mujeres se acarician las tetas como para comprobar que siguen enteras. Se suben todos a un camión rumbo a Oaxaca. Aparece otro camión en sentido contrario. ¿Morirán todos? Alma Pagán apaga la televisión. No quiere saber qué pasa. No quiere que la violencia interrumpa, acaso para siempre, no su segunda sino su auténtica vida, la existencia que le otorga, gratuitamente, sin peligro para su persona, el *reality show*. Ella prende el aparato para entrar al peligro de la calle. Aunque viéndolo bien, la pantallita la salva del peligro dándoselo aquí mismo, sin tocarla, en su casa. Se siente viva, estimulada. Deja de saberse vulnerable. Ha entrado, a su manera, al paraíso.

El hijo. ¿Por qué regresó, como un miserable pedigüeño, a pedir de nuevo chamba con Barroso? ¿De tal manera le afecta la resaca moral de la noche con su padre en la cantina de La Piedad? ¿Vio por primera vez al padre? ¿O se vio por última vez a sí mismo? ¿Por qué sabía más que los padres pero no tenía un lugar seguro en el mercado? ¿Lo venció la burla, la irresistible tentación de reírse de sus padres? Ella cantaba boleros. Ella creía que bastaba vivir lo contrario de la letra de la canción para ser feliz. Ella no se enteraba de que vivía en un falso mundo de ensueño. Ella creía en las letras. ¿Por qué dejó de cantar? ¿No se dio cuenta de que el sacrificio no valió la pena? Cambió el oro de la carrera independiente por la morralla de la vida conyugal. Fue la esclava sentimental del bolero y se convirtió en la mártir del hogar. Jamás escapó del bolero. Qué ridículo. Cantaba en *La cueva de Aladino*. Aladino no tenía cueva. Tenía lámpara. El de la cueva se llamaba Alí Babá. Viejos ignorantes. Qué vida más jodida. Escuela para los hijos. Asilo para los viejos. ¡Ni aguas! Sin embargo, hay ratos en que lo domina la emoción, sobre todo cuando su vanidad es obsequiada por los arrullos sempiternos de su madre acariciándole la frente y describiéndolo qué guapo es mi hijo eres mi hijo tu frente amplia tu pelo negro y rizado tu piel color carne de mamey trigueña y sedosa tu perfil de rey de bastos, de emperador romano, así dicen, una nariz sin caballete tu boquita chiquita pero carnosa, esa mueca que te traes hijo como desafiando a un mundo que no te gusta, la tensión que te traes de gallito en toditito tu cuerpo, así eras de niño, así eres de grande, dime, ¿quién te admira más que yo? Y la hermana le crispa los nervios. Qué fácil es encerrarse con una *laptop* en un universo imaginario seguro incontaminado sin polvo de estrellas ni olfatos ofensivos. Y el padre, el peor de todos, el gran sacerdote del engaño, un hombre capturado en la mentira… Y él mismo, Abel Pagán,

¿seguía teniendo aspiraciones? Y si las tenía, ¿las iba a cumplir algún día? ¿Y dónde se iba a "realizar" mejor? ¿Al abrigo del hogar, a los treinta y dos años de edad, o en el desamparo de la gran avenida, a sabiendas de que sus ínfulas, por muy chiquitas que fueran, iban a exigirle cada vez más esfuerzo? ¿De qué convicción se iba a armar para salir de la comodidad gratuita de la casa y regresar al mundo? ¿Iba a decirse a sí mismo: Deja de cavilar, Abel Pagán, el futuro ya llegó, se llama el presente? ¿O mejor todavía, voy a aceptar todo lo que fuimos para mejorarlo cada día más? ¿Cómo se rechaza el pasado sin renegar del porvenir? ¿Cuál sería el precio de sus dos rebeliones, la insurrección contra la familia y la revuelta contra la oficina? ¿Sería capaz de negar la realidad para ponerla a la altura del deseo? ¿Podría olvidarse de todo lo que se oponía a la vida ideal de Abel Pagán, favorito de la suerte? ¿O debería someterse a cuanto le negaba una vida feliz o sea autónoma libre sin obligación de sujetarse a la familia o a la gerencia? Tenía que escoger. Escribía en secreto frases desesperadas a fin de obtener alguna luz. Vamos destruyéndonos para alcanzar lo irrealizable. No basta estar contra los padres para ser hijo. No basta estar contra el jefe para ser libre. Necesito cambiar. No puedo separarme de mi vida. A mi familia no le importa el olvido. No le importa que en medio siglo nadie los recuerde. A mí sí. A mí sí. ¿Qué hago? ¿Quién me recordará? ¿Cómo araño la pared?

El padre. No fue que se le subieron las limonadas en la cantina. Fue que por primera vez se sintió amigo de su hijo. Fueron cuates. Fue que quizás no habían tenido ocasión de platicar antes. Fue que acaso no volverían a tener oportunidad de hablarse con franqueza. Fue que había llegado la hora de hacer el balance de la vida, de la historia, del tiempo vivido. Somos hijos de una revolución desdichada, le dijo Pastor a su hijo que lo miró con incertidumbre y sospecha y un como lejano olvido cercano a la indiferencia. ¿Cuál revolución? ¿De qué hablaba su padre? ¿De la revolución tecnológica? Pastor sigue adelante. Piensa que hicimos muchas cosas mal hechas porque perdimos las ilusiones. El país se nos fue de las manos, Abel. Como que se nos rompieron los lazos que nos unían a todos. Al cabo, se trata de sobrevivir, nada más. Cuando tienes ideales, no te importa si sobrevives o no. Te la juegas. Ahora ya no hay vínculos. Los rompió el olvido, la corrupción, el engaño, el guiño. El guiño en vez del pensamiento, en vez de la palabra, el guiño lépero, Abel, la seña de la complicidad de todos y entre todos y para todo. Mírame y contempla la tristeza de un sobreviviente. Trabajé mucho para sentirme hombre moral. Hasta darme cuenta de que en México lo único moral es hacer fortuna sin trabajar. Yo no, hijo. Te juro que toda mi vida me limité a cumplir el trabajo que me encargaban. Aligerar trámites. Tramitar licencias. Rebajar cargas fiscales. Llevar y traer cheques, fondos, depósitos bancarios. ¿Qué esperaba a cambio? Un poco de respeto, Abel. No la condescendencia. No el guiño del rufián. Yo demostré que era un hombre correcto. Era cortés con los superiores. Sin ser obsequioso. ¿Cómo no iba a notar que los pillos, los lambiscones, los nalgapronta, ascendían muy rápido y yo no? Yo parecía destinado a hacer siempre lo

mismo, hasta jubilarme. Veinticinco años de honra-
dez me costó llegar a un instante de mendicidad.
Porque una concesión de contrato por cinco mil
dólares no es un delito, hijo. Es una debilidad. O una
limosna. O sea, una pendejada existencial, como
quien dice. Entonces supo Barroso que yo también
tenía precio. Noté el brillo cínico y sagaz de sus ojos.
Yo era igualito a los demás. Nomás me había tardado
tantito más en caer. Ya no era su empleado honesto
y confiable. Era sobornable. Era del montón. ¿Qué
hacer con un pillo de nuevo cuño, eh? Supe en ese
cruce de miradas que mi destino y el de mi jefe se
juntaban sólo para sellar un pacto cómplice en el que
él ordenaba y yo callaba. No tuvo que decirme "Me
desilusiona, Pagán." Él sabe hablar con un movimiento de los párpados. Es lo único que mueve. No las
cejas, ni la boca, ni las manos. Mueve los párpados y
te condena a la complicidad. No tuve que hacer nada
para sentir que mi pobre éxito —cinco mil dólares
de limosna— era mi gran fracaso, hijo. Plato de len-
tejas, cómo no. En ese instante me sentí obligado a
querer en realidad todo lo que antes dije despreciar.
Sentí repugnancia hacia mí mismo. Te lo confieso
con toda franqueza. También supe que debía ocultar
lo ocurrido. Eso me dio aún más vergüenza. Y que
tarde o temprano pagaría mi debilidad ante el poder.
"No se preocupe, Pagán" dijo con voz metálica y
dulzona a la vez Barroso. "Para ser buenos, hay que
ser oportunos." No era cierto. Yo sólo podía hacerle
frente a la vida porque no toleraba la trampa. No me
resigné a ser culpable. Ese fue mi error. Si no inocente, sería al menos tan malvado como ellos. Un juego
del gato y el ratón. Nomás que el gato era un tigre y

el ratón un manso cordero. No tuve que amenazar a nadie. No tuve que decir una palabra. Tuve que soportar las consecuencias de actos que yo creía honrados y que no lo eran. No entendí el valor de un guiño. No entendí el precio de un soborno. Pero apenas se dio cuenta de que yo era vulnerable, Barroso decidió destruirme para que no convirtiera mi debilidad en peligro para él. Cada uno —Barroso y yo— pensó por su cuenta. Yo entendí lo que me sucedía. Barroso lo supo siempre y por eso se me adelantó. "Mire, Pagán. Hay un delito penal que se llama administración fraudulenta. Consiste en realizar operaciones perjudiciales al patrimonio del titular en beneficio propio o de terceros. Consiste en obtener lucro como consecuencia directa del otorgamiento de documentos nominativos, a la orden o al portador, contra persona supuesta. Por ejemplo, vender a dos personas la misma cosa. Alterar cuentas o condiciones contractuales. Declarar gastos inexistentes." Se me quedó mirando, te digo, como un tigre que te encuentras súbitamente en la selva, un animal salvaje oculto hasta ese momento, aunque previsible… Tú sabes que estaba allí, que siempre estuvo allí, pero creías que no te atacaría, que te miraría de esa manera a la vez dulce y amenazante propia de los felinos, aunque luego desaparecería de nuevo en la espesura. Esta vez no. "O sea", continuó el jefe, "es usted culpable de fraude contra esta compañía y en beneficio propio". Pude balbucear que esto no era cierto, que yo me había limitado a seguir instrucciones. Que mi buena fe estaba fuera de toda duda. Barroso meneó compasivamente la cabeza. "Amigo Pagán. Acepte usted la oferta que le hago en beneficio suyo y mío.

Su secreto está a salvo conmigo. No voy a investigar de dónde sacó usted los cinco mil dólares que constan en su cuenta bancaria." "Pero si usted me los dio, señor." "Pruébelo, Pagán. ¿Dónde está el recibo?" Hizo una pausa y añadió: "Voy a pensionarlo. Una pensión vitalicia. Tiene usted cincuenta y dos años. Prepárese a vivir tranquilo, con un sobre seguro cada mes. No hace falta recibo. No hace falta contrato, faltaba más. Diez mil pesos ajustados a la inflación. Acepte y ahí muere el asunto." Hizo una pausa melodramática, muy propia de él. "Rehúse y el que muere es usted." Sonrió y me dio la mano. "¿O qué prefiere? ¿estar libre y animoso o encarcelado veinte años? Porque su delito conlleva, sépalo, de cinco a diez años de cárcel. Unos diez más de copete me los deberá a mí y mis influencias." Sonrió y su sonrisa desapareció al instante. Mira mi mano, hijo. De eso hemos vivido desde entonces. Con los debidos ajustes para la inflación.

La madre. Él sabía dónde cantaba Elvira Morales y podía encontrarla siempre. En el show de las once en el cabaret *La cueva de Aladino.* ¿Regresaría? ¿O no lo volvería a ver? Mirando con serenidad al pasado, Elvira Morales calculó siempre que el anónimo espectador que había compartido las luces blancas con ella una noche regresaría a oírla y se atrevería a saludarla. Ella guardaba para sí la imagen de un hombre alto, robusto, de incipiente calvicie compensada por largas patillas y bigote peinado. Aunque también era posible que nunca más regresara y todo fuese un espejismo en el gran desierto gris de la colonia Cuauhtémoc.

El hecho es que él sí regresó, cruzaron miradas mientras ella cantaba "Dos almas" y, en contra de su costumbre, bajaba del pequeño escenario entre los aplausos y se dirigía al hombre que la esperaba en la mesa 12A. Pastor Pagán. "¿Bailamos?" En su fuero interno ella se había hecho una apuesta. Este hombre parece arrogante porque es tímido. Por eso ahora, treinta y tres años más tarde, cuando Elvira sentía que crecía el segundo desierto, el de la vida matrimonial, continuaba la canción a sabiendas de que Pastor, al escucharla, la invitaría a bailar esa misma noche. Ya no había cabarets populares como los de antes. La vida de la ciudad había roto los perímetros de antaño. Nadie se aventuraba a las colonias peligrosas. Los jóvenes se iban lejos, a la periferia citadina. Los viejos frecuentaban, más seguros, los salones de salsa en la colonia Roma, donde todo era tan confiable que hasta se podía subir al escenario a demostrar las habilidades danzantes. Esta era la morada de ellos, aunque Elvira y Pastor sólo se paraban a bailar los boleros más lentos y melancólicos. Oye. Te digo en secreto que te amo de veras. Que sigo de cerca tus pasos aunque tú no quieras. Entonces, abrazados, en la pista, bailando como cuando se conocieron, ella podía cerrar los ojos y admitir que cuando renunció a la carrera y aceptó casarse fue para hacerse indispensable en casa. Si no, no valía la pena. Para ser indispensable, descubrió al poco tiempo (ahora no, ahora baila de cachete con su marido) que, liberada de la profesión, era libre para llevar la letra de las canciones a la vida privada. Se dio cuenta, con una amarga sorpresa, que el bolero era la verdad. En el cabaret, ella cantaba lo que no vivía: la tentación de la maldad. Ahora, en el hogar, las letras regresaban casi como una imposición, una regla. Di que no es verdad, Elvira. Di que no te llegué a querer por una secreta desesperanza, que no convertí el repicar de campanas nupciales en preludio de un vacío tan profundo que sólo lo puede llenar la pobre tiranía del hogar. Dar órdenes. Ser obedecida. Nunca ser sometida. Esconder la probable melancolía. Sepultar el indeseable desasosiego. Idear estrategias matrimoniales para que él nunca le dijera lo que ella más temía: "Ya no somos como antes." Nunca lo dijo. Iban a los bares con la ilusión de que no había "antes" nunca sino siempre puro "ahorita". Ella cantaba siempre y él sabía dónde encontrarla. Siempre. Ella no se iría. "Tiene usted una voz emocionante." Bigote. Patillas. Calvicie incipiente. Atributos de macho. "Gracias, caballero." Tenía esa voz emocionante como cantante, cierto. Como mujer y madre, sintió que la voz sentimental se le iba transformando poco a poco en otra cosa difícil de describir en voz alta. En su alma, ella acaso podía decirse —bailando muy pegadita con su galán de antes y de ahora, de siempre, su hombre Pastor Pagán— que en vez del martirio de mujer propio del bolero, ahora ella sentía la tentación de identificarse con la esposa y madre que da órdenes, por muy pequeñas que éstas sean. Y es obedecida. Esto a Elvira Morales le produce melancolía y perturbación. No acaba de entender por qué no acepta la simple tranquilidad del hogar o más bien, aunque la acepte, siente la atracción hacia la desdicha que la canción entraña, aunque al cantarla no hay que vivirla y al dejar de cantarla se cae en la acechanza de darle vida. "No me reconozco" le dice Elvira al oído a Pastor cuando bailan juntos en el antro. No sigue su razonamiento. Sospecha que ni él ni nadie la entenderían. Ella jamás diría: "Me arrepiento. Debí seguir mi carrera de cantante." Tampoco diría algo tan melodramático como "Una madre y esposa requiere veneración." Jamás diría semejante cosa. Ella prefería, de tarde en tarde, declarar su amor. Decírselo a su marido, a sus hijos Alma y Abel. Los hijos no le devolvían la frase. En sus hombros encogidos, en sus miradas esquivas, ella reconocía que todo ese bagaje sentimental propio de una madre les parecía desechable a los hijos. Para ellos, el bolero era ridículo. Para Pastor, en cambio, la música era lo que debía ser. El picaporte de la felicidad. El prólogo de la emoción, si no la emoción misma. Algo empalagoso. Raro, pero empalagoso. Bailando en la media luz de los salones de baile románticos (aún quedaba uno que otro), Elvira se daba cuenta de que lo que sus hijos rechazaban en ella era lo mismo que ella rechazaba en su marido. La sensiblería atroz de un mundo que se engalana con esferas de colores, quebradizas y huecas como las de un árbol de Navidad. ¿Era necesario elevar como eucaristías profanas los sentimientos interiores, cursis, sensibleros, para disfrazar la carencia de emociones en la vida diaria, la ausencia de seriedad en el eterno relajo que nos afirma ante el vacío y nos distancia de todos: de los demás y de nosotros mismos? Elvira Morales baila abrazada de su marido y Pastor Pagán le dice a la oreja, ¿hasta cuándo vamos a pretender que seguimos siendo jóvenes?, ¿hasta cuándo vamos a admitir que nuestros hijos nos amenazan? Que nos extinguen poco a poco… Al casarse, ella pensó: "Puedo rechazarlo. Pero sólo ahora. Después, ya no tendré esa libertad." Y él, antes de regresar a los horarios de todos los días, a la carga de la costumbre, a los grados de la indiferencia, al termómetro de las deudas reales o imaginarias, le diría al oído mientras bailaban, muy pegaditos, boleros: "Antes, aquí había magia."

La hija. Las cuatro parejas se acercan, fatigadas, a la meta final. La frontera con Guatemala. Los mexicanos, Jehová y Pepita, han tomado el tren que va al río Suchiate y los dos muchachos norteamericanos, Jake y Mike, han optado por las motocicletas. Los tarahumaras Juan y Soledad prefieren correr con ritmo de maratón y montaña. Sólo los mexicanos de Ciudad Juárez, los concursantes de última hora, se han perdido en Oaxaca, donde al fin fueron descubiertos empachados de mole negro en una fonda. A media hora de la meta, en la selva de Chiapas, el tren es detenido por un bloqueo de árboles sobre la vía y de la selva emergen diez, doce diablos juveniles. Rapados, desnudos de la cintura para arriba, con lágrimas tatuadas en el pecho. El narrador del *reality show* no omite estos datos. Cree que se trata de un obstáculo más, previsto para la carrera. Parte del show. No es así. Cinco o seis muchachos suben con ametralladoras al tren y empiezan a disparar contra los pasajeros. Allí mueren instantáneamente Jehová y Pepita. Los gringos Jake y Mike llegan como la caballería en las películas de vaqueros, se dan cuenta de lo que pasa, bajan de las motos, agarran a trompadas a los demonios de la banda asesina. No pueden con ellos. Cuatro rapados disparan contra los jóvenes norteamericanos. Caen muertos. La selva se inunda de sangre. Los tarahumaras huelen de lejos la sangre. Tienen orejas para la violencia. La han sufrido durante siglos, a manos de los blancos y de los mestizos. Sospechan por herencia. No se acercan al tren. Agarran otro camino rumbo a la frontera. Ganan el concurso. Vestidos de indios, están muy a la moda para hacer el viaje en barco por el Caribe. "Nunca hemos ido al mar", anuncian al ser premiados. Alma Pagán apaga la pantalla. No sabe cuándo volverá a prenderla. De todas maneras, se siente mejor informada que sus padres. Ellos son muy ignorantes. Y sin información, ¿qué autoridad pueden tener sobre ella y sobre su hermano Abel? Pensó esto y no entendió por qué se sintió más vulnerable que nunca.

El hijo. Abel Pagán camina por la avenida de muros pintarrajeados de graffiti. En pared tras pared, la Mara Salvatrucha anuncia que traerá la guerra a la ciudad. Son jóvenes centroamericanos desplazados por las guerras en El Salvador y Honduras. Abel siente pena mirando esta violencia gráfica que tanto afea a la ciudad. Aunque afear a la ciudad de México es una tautología. Y el graffiti es universal. Abel vio y sintió la inmensa desolación de la gran calle gris. Esto no tenía remedio. Llegó a la estación del metro. Decidió saltar la barrera y subir al tren sin pagar boleto. Nadie se enteró. Él se sintió libre. El tren, repleto de gente, arrancó.

El patrón. Leonardo Barroso no demuestra emoción alguna al leer estas líneas. Más bien, su falta de emoción es el comentario más elocuente de su desprecio.

"Mira Abel. Aquí ya no hay trabajadores imprescindibles. Entérate, joven. Con las tecnologías modernas, la producción crece y el trabajador desciende. Si te llego a ofrecer algo, siéntete privilegiado. Aquí tienes un trabajo seguro y constante. Lo que no tolero son caprichitos. Rebeldías personales a cambio del privilegio de trabajar conmigo. Con Leonardo Barroso. ¿Enterado? Tú dirás. O te incluyes o te excluyes. Yo no te necesito. La empresa crece contigo o sin ti. La mera verdad, mejor sin ti. Todo el tiempo debes sentir que un puesto de trabajo es un privilegio porque tú, Abel, sales sobrando."

El padre y la madre. No describo a Elvira porque en mis ojos siempre es la misma que conocí un día cantando el bolero "Dos almas".

Coro de las madrecitas callejeras

Equisita parió en la calle
La mitad de las niñas de la calle están embarazadas
Ellas tienen entre doce y quince años
Sus bebés tienen entre cero y seis años
Muchas tienen suerte y abortan porque les dan una
     madriza
Que el feto sale chillando del miedo
¿Es mejor estar adentro o afuera?
Yo no quiero estar aquí mamacita
Échame mejor al basurero madre
No quiero nacer y crecer cada día más pendejo
Sin baño madrecita sin comida madre
Sin más alimento quel alcohol madre marihuana
     madre
Thinner madre resistol madre cemento madre cocaína
     madre
Gasolina madre
Tus tetas rebosantes de gasolina madre
Echo llamaradas por la boca que mamé madre
Unos centavos madre
En los cruceros madre
La boca llena de la gasolina que mamé madre
La boca ardiendo quemada

Los labios hechos ceniza a los diez años
¿Cómo quieres que me quiera madre?
No te odio a ti
Me odio yo
No valgo una mierda de perro madre
Sólo valgo lo que mis puños manden
Puños de pleito puños de robo puños de puñales
    madre
Si todavía vives madre
Si todavía me quieres tantito
Ordéname por favor que me quiera tantito a mí
    mismo
Palabra que me odio
Soy menos que un vómito de perro una cagada de
    mula un pelo del culo un huarache
abandonado un durazno podrido una cáscara negra
    de plátano
Menos que un eructo de borracho
Menos que un pedo de policía
Menos que un pollo sin cabeza
Menos que la pinga chora de un ruco
Menos que las nalgas aguadas de una puta jaina
menos que el escupitajo de un camellero
menos que el culo rapado de un babún del zú
menos que menos mamacita
no dejes que me mate yo solito
dime algo que me haga sentirme chingoncísimo
chingón valedero a toda madre madre
dame una manita nomás pasalirme desto
¿condenado pasiempre a esto madre?
mira mis uñas negras hasta la raíz
mira mis ojos pegados por las lagañas
mira mis labios descascarados

mira la baba negra de mi lengua
mira la baba amarilla de mis orejas
mira mi ombligo verde y espeso
madre sácame de aquí
¿qué hice pacabar aquí?
Escavando royendo rascando llorando
¿qué hice pacabar aquí?
xxxxxquisita

El hijo desobediente

1. A veces, mi padre bebía y cantaba canciones cristeras.

2. Le gustaba rememorar las hazañas de su padre, nuestro abuelo, en la Guerra de Cristo Rey, cuando los católicos de Jalisco se levantaron en armas contra las leyes "ateas" de la Revolución Mexicana. Primero bebía y cantaba. En seguida recordaba y por último amonestaba.

—Que el sacrificio de su abuelo Abraham Buenaventura no haya sido en vano.

Pues resulta que el abuelo Abraham fue capturado por los federales en 1928 y fusilado en la Sierra de Arandas, un paraje, se dice, bastante desolado y desolador.

—Es que ya le tocaba morirse. La de veces que se salvó durante la Cristiada.

Cuenta nuestro padre Isaac que a veces al abuelo Abraham se le pasaba la compasión y otras veces, la crueldad. Como que todas las guerras eran así. En el encuentro de Rincón de Romos, cayeron muertos muchos soldados del gobierno. El abuelo Abraham se paseó pistola en mano entre los cadáveres, contándolos uno por uno por orden de su superior, el general Trinidad de Anda.

Todos estaban bien muertos. Salvo uno tirado en el polvo que movió los ojos y le pidió a mi abuelo ten piedad de mí yo también soy cristiano. El abuelo Abraham siguió su camino pero no dio dos pasos sin que el general lo detuviera en seco.

—Buenaventura, regrésese y remate a ese soldado.

—Pero mi general…

—Porque si usté no lo mata, yo lo mato a usté.

En nuestra familia estas historias se contaban una y otra vez. Era la manera de hacerlas presentes. De otro modo, se olvidarían. Eso no lo soportaría mi padre Isaac. La familia Buenaventura debía ser, toda ella, un templo viviente a la memoria de los caídos en la cruzada de Cristo Rey. Tan antigua ya porque empezó en 1925 y terminó en 1929. Pero tan actual como las noticias del radio en este apartado rancho de Los Camilos a donde no llegan los periódicos y el propio radio sonaba con intermitencias de silencio, truenos, cacareos y tartamudeces. El sermón de los domingos (y el recuerdo de todos los días) suplía la información ausente.

La homilía del cura invariablemente evocaba la gesta de Cristo Rey y fustigaba a masones (¿dónde estaban?), comunistas (¿qué eran esos?) y toda la gente impía, sobre todo los maestros enviados desde la capital: ellos, hijos de Lucifer, ellas, cuzcas socialistas.

—Como si para rezar hiciera falta leer —entonaba el señor cura—. Como si para arrear hiciera falta escribir.

Hacía una dramática pausa antes de exclamar:

—El buen cristiano sólo necesita rosario al cuello y pistola en mano.

Mi padre bebía y cantaba. Se sentía culpable de que a él ya no le tocó la guerra. En cambio, vivió tiempos de paz y prosperidad aquí en Los Altos de Jalisco. La guerra fue cruenta. El gobierno desalojó los pueblos cristianos y mandó a la gente a los campos de reconcentración de donde sólo regresaban flacas filas. Dicen que la mitad se convirtió en fantasmas. Regresaron en largas columnas hambrientas gritando como perros —dice mi padre—. Los comerciantes tenían atrancadas las bodegas con cadenas. Era tal la furia de los que regresaron que destruyeron las cosechas para que los tenderos no vendieran nada.

—Y mutilaron a los animales —dijo Isaac bajando la voz detrás de su bigote de escamas muy húmedo.

Se sentaba a la cabeza del refectorio con cinco llaves —muy grandotas— en la mano y con la silla plantada sobre la plancha de metal que conduce al sótano misterioso a donde nadie más que él puede bajar pues tiene cinco candados y él es dueño de las llaves.

Nos mira a los cuatro hijos Lucas, Juan, Mateo y Marcos yo, así nombrados, decía mi padre, para pasar del Antiguo al Nuevo Testamento de una santa vez. Si no, le advertía a nuestra madre Angelines, habría tenido que llamarnos Esaú, Jacobo y allí mismo empezaban los problemas, dado que Jacobo tuvo trece hijos y mi padre sólo cuatro. Su decisión de cambiar de Testamento nos salvó a mí y a mis tres hermanos de llamarnos Isacar, Zebelún o Zilpa.

Viva el Nuevo Testamento, me dije y me pregunté desde niño, ¿qué no habrá un Tercer Testamento? ¿Cómo sigue la historia, cuál es el Testamento Actual?

Después de la guerra, las leyes agrarias de la Revolución fueron, poco a poco, arrumbadas o perforadas como coladeras. Ya no hubo "haciendas". Ahora se llamaban "ranchos". Y bastaba ir uniendo pequeñas propiedades con nombres de varios propietarios para quedarse, por lo menos, con un minifundio. Y a veces, para recrear el mero latifundio de antaño.

Mi padre quedó en una posición intermedia con su propiedad Los Camilos, gracias a la benevolencia de sucesivos presidentes municipales, gobernadores y jerarcas del partido oficial, el PRI, gran paraguas político de todas las posturas ideológicas, de católicos ultraconservadores a simulados marxistas. Éstos, rábanos —rojos por fuera, blancos por dentro—. Aquéllos, de santa familia crucífera y obscena apelación popular.

Acaso, para mi padre, el legado de la cruenta guerra religiosa fue la obligación de restaurar las tierras de Los Altos y borrar la traza de rostros y muros igualmente descascarados por la enfermedad y la metralla.

Y así fue. A mi padre le cupo el honor de recuperar la riqueza sin renegar de la fe. Desde niños, nos llevaba a sus cuatro hijos a conocer las tierras del rancho Los Camilos, así nombrado en honor de la Congregación fundada en Roma en 1586 para asistir a los moribundos.

—Porque moribunda estaba esta tierra y sólo al renacer la fe, renació la tierra.

Manadas de ganado. Milpales extensos. Tierras sin medieros, todas ellas pertenecientes a Isaac Buenaventura y sus cuatro hijos. De la Sierra del Laurel a la frontera de Aguascalientes, no había rancho más productivo, mejor gobernado y con límites más ciertos que esta propiedad de Los Camilos, tierra que algún día compartirían sólo los hijos de Isaac y nietos de Abraham.

A nosotros —Juan, Lucas, Mateo y Marcos yo— nos hacía mi padre conocer cada rincón de Los Camilos, los manaderos del ganado y los maizales, atender a las yeguas adelantadas a punto de parir y aprender a contar las fanegas pero enterándonos también de que aquí granizaba fuerte y había culebras y huizaches y que los grandes órganos de nopal eran como los centinelas de nuestra tierra.

Pues esta era nuestra tierra y su milagro, a mis ojos juveniles, era que nada la mataba, ni la guerra ni la paz, ya que ambas pueden sofocar la vida que no es extremo de violencia o placidez, sino objeto de atención constante, estado de alerta para no caer ni en la destrucción ni en la abstención. Bastaba ver y querer esta tierra para recrear en el alma un vigor equilibrado propio de hombres enteros, conscientes de posibles fallas y renuentes a prematuras glorias. Los Altos de Jalisco son naturaleza parca, parsimoniosa, sobria como la apariencia y habla de sus pobladores.

Y sin embargo, había un poder latente en las majadas y los milpales, en las nubes de lenta premura, en el viento acorralado en las cuevas que no me permitía vivir ausente, sin ambición e incluso sin rebeldía. Cuando la montaña se acerca y el trigo se levanta, los matorrales se encogen y las hayas crecen hasta alcanzar su coronación verde y espesa, el hombre se transforma a la par con la naturaleza y los sentidos se nutren con los olores y sabores del campo, humo y brea y establos y a veces el paso fulgurante de mariposas entrevistas que me cegaban con su veloz vuelo, más frágil que un arco iris, como diciéndome síguenos, Marcos, ven con nosotros, déjate llevar…

Pero mi padre estaba anclado en esta tierra y más propiamente en su sitio a la cabeza del refectorio, sentado allí con las llaves del sótano en la mano y mirándonos con severidad al decir que si el abuelo cristero murió por la religión, a su hijo y a sus nietos nos correspondía reparar el sacrificio de Abraham dedicándonos a Dios.

—Por eso he determinado que cada uno de ustedes, al cumplir los dieciocho años, viaje a Guadalajara a iniciar sus estudios en el Seminario del Eterno Enfermo a fin de llegar al sacerdocio y dedicar su vida al servicio de Nuestro Señor.

Atajaba la mirada patriarcal cualquier respuesta, protesta o parecer personal.

—El primero en salir serás tú, Marcos, por ser el mayor. He notado que tienes vocación porque ayunas a menudo.

No lo desilusioné. Si ayunaba no era por tener vocación de cura, sino porque soy gordo y quería ponerme a dieta para agradar a las muchachas de la ranchería. Pero no dije nada. Bajé la cabeza en aceptación y permití a mi padre continuar sus evocaciones heroicas.

—La última voluntad del abuelo Abraham fue que antes de fusilarlo no le dieran de beber durante un día entero y que le permitieran mear antes de ir al paredón.

Nos miró con singular y tremenda intención.

—Tú Marcos y luego tú Juan y tú Mateo y tú Lucas van a ir de la misma manera al seminario sin mearse en los calzones.

Hizo una pausa jupiterina.

—El abuelo Abraham murió por la religión. Ustedes deben reparar su sacrificio dedicándose a Dios.

Si alguno de nosotros cuatro tenía la tentación de bostezar en la mesa al oír mil veces la misma tonada, el astuto padre nuestro sacaba a relucir en el acto la memoria de nuestra santa madre doña Angelines, muerta en el parto de Mateo y a la cual, para asegurar que se fuera al cielo, nuestro padre —nos lo cuenta con brutalidad— le pintó una cruz en el pecho con la misma sangre del parto.

—Recuérdenlo, muchachos. Recuérdalo Mateo cuando te toque ir al seminario. Naciste bajo el signo de la cruz sangrada y sólo tu dedicación a Dios Nuestro Señor y su Santa Iglesia Católica, Apostólica y Romana te salvará del pecado de haberle dado la muerte a quien te dio la vida.

Me atreví a mirar a mi hermano más chico, de doce años apenas, aterrado, abochornado y desorientado por las palabras de mi padre. Yo escuchaba con la cabeza alta. Miré a Mateo levantándola aún más, animándolo en silencio, Mateo, no bajes la cabeza, arriba Mateo arriba.

Acto seguido mi padre espetó:

—Si no se hacen sacerdotes, se les va a aparecer el fantasma del abuelo Abraham.

Por eso en la noche, recostados todos en la misma gran recámara de acuerdo con otra máxima de mi padre ("Así se vigilan unos a otros"), nos comunicábamos el miedo de que se apareciese el fantasma de Abraham Buenaventura nuestro abuelo si desobedecíamos a nuestro padre Isaac. Nos sobresaltaban la agitación de los árboles, el crujir de la reja y el terror de que entraran a nuestro cuarto el desfile cristero de niños famélicos arrastrados por las faldas de sus madres, los rostros cacarizos de los soldados, los cadáveres envueltos en petates y los perros ladrándole a la luna.

Para despedirme, mi padre ordenó una misa fúnebre ya que no se trataba de desearme suerte sino de recordar a nuestra difunta madre y así cargarme con la responsabilidad de honrar, con mi futuro sacerdocio, su memoria. Se recitó el salmo cincuenta, se rezaron sufragios por el alma partida, se invocó a la madre de los desamparados y luego hubo una gran fiesta de rancho en la que a todos se les subieron las limonadas y yo fui despedido con variadas exclamaciones populares.

—No te topes con tunas, Marcos.

—Que no se te frunza el cicirisco en la capital.

—Órale Marcos, antes de hacerte cura, rómpele la olla a una que otra muchacha.

Mi padre me hizo entrega de un cinturón de piel de culebra forrado de pesos fuertes de plata y cuño moreliano.

—Pa' que no me andes pidiendo más. Administra bien. No hace falta que me escribas. No pienses en mí. Piensa en Dios y en tu difunta madre.

Y así dejé atrás mi pueblo materno con un rumor de tepetate quebrado y trebejos abandonados (que me perseguía).

3. Cuando volví de visita tres años más tarde para celebrar en familia mis veintúnicos, mi padre lleno de orgullo mandó tocar las campanas de la iglesia y alardeó que ahora sí le tocaba a Juan ir también al seminario pues ya se acercaba a los dieciocho y luego seguirían los mismos pasos Lucas de diecisiete y el pequeño —o ya no tan pequeño—Mateo de quince.

Llegué vestido de negro —traje, corbata, zapatos— y camisa blanca pero sin cuello talar para no llamar mucho la atención.

Reconocí con cierta alegría las majadas y los milpales, los calcañales y los trebejos de mi infancia y me dispuse a escuchar de nuevo las hazañas de la Guerra Cristera durante la cena con mis tres hermanos, mi padre presidiendo como siempre con la llave en la mano y la silla patriarcal plantada sobre la puerta de fierro y el sótano vedado.

—Pues sí pues —musitó mi padre—. Miren muchachos qué formal nos devuelven a su hermano. Como que se le nota la formación, ¿qué pues?

Se echó una carcajada.

—Como decían en mis tiempos, políticos y abogados son pájaros nalgones. Cómo se nota —me dirigió una mirada apocalíptica— que a Marcos le han nacido alas y que la disciplina del retiro y los frugales alimentos le ha enflacado el espíritu y agrandado el alma.

Ya me imaginaba yo que mi padre daría por sentadas estas virtudes, sin mayor indagación y casi casi como obra del Espíritu Santo.

—Pues qué me cuentas, cristiano —dijo familiarmente mi padre Isaac Buenaventura.

—Nada —repuse muy serio—. Que estudio mucho y nunca salgo.

—Aprendan, muchachos —le dijo a mis hermanos—. Y prepárense, que ahora le toca a Juan irse a Guadalajara a hacerse cura y luego siguen tú Lucas y tú Mateo.

Me atreví a interrumpir al viejo, más arrugado que un guante.

—Dígame padre, y cuando los cuatro seamos sacerdotes y usted se halle a la vera de Dios, ¿quién va a ocuparse del rancho?

Es claro que él no se esperaba esta clarividente pregunta. Es evidente que se turbó y apretó con más furia que nunca las llaves del sótano y, cosa insólita en él, balbuceó y no supo qué decir. Tardó en encontrar las palabras.

—Lo que Dios nos da, Dios nos lo quita. Piensen en su santa madre.

—¿O sea? —insistí.

—Que las tierras serán para la Santa Madre Iglesia.

—¿Por qué? —pregunté con toda pertinencia, me parece.

—Así se lo prometí a mi santa esposa. "No te afanes. Las tierras serán de la Iglesia. Muere en paz, Angelines."

—¿Y nosotros? —pregunté, esta vez con audacia.

Ahora el viejo no ocultó su enojo.

—Hay disposiciones testamentarias. ¿Creen que los voy a dejar en la calle?

Se atragantó.

—Insolente —concluyó y por primera vez se levantó y se fue del comedor.

Luego Lucas atizó el fuego de la sala y nos sentamos los cuatro, seguros de que el viejo ya estaba en su recámara.

—¿De veras quieres ser cura, Juan? —le pregunté al hermano que me seguía en edad y en destino.

Juan dijo que no.

—¿Entonces?

—Quiero ser ingeniero agrónomo. De esa manera administro el rancho y lo hago prosperar.

—Me parece una tontería dárselo a la Iglesia —dijo Lucas—. Eso es como volver al régimen de como se llame…

—Las manos muertas —les dije yo sin truculencia—. ¿Y tú, Mateo?

El avispado quinceañero no se midió.

—Yo me quiero casar. Qué cura ni que habichuelas. Prefiero quedarme como pelón de hospicio que meterme de cura. Me gustan las faldas, no las sotanas. Ya soy hombre. Pero ah chisguetes, si se lo digo a papá, me va a poner como lazo de cochino.

Yo miré a los tres detenidamente.

Juan con su cara como huevo de pípila salvado por unos ojazos verdes como la laguna del volcán y su pelo rojizo muy acicalado, como si se tuviera miedo a sí mismo frente al espejo.

Lucas con su cara de adivino lector de hojas de té, muy sabio con su pelo castaño muy corto y sus orejas temblorosas de murciélago amable.

Y el pobrecito Mateo con espinillas en una piel que prometía aclararse apenas le diera luz verde su reciente apetito por las mujeres.

Y en los tres, la frustración mal disimulada de tener que seguir mis pasos y andar al seminario.

—Qué bien te ves —me dijo Lucas—. Has adelgazado y embarnecido al mismo tiempo.

—Se ve que a ti el seminario te ha sentado bien —añadió Juan.

Los miré con ojos divertidos.

—Ningún seminario. Estoy estudiando leyes. Me voy a recibir de abogado.

Hubo un silencio estupefacto y alegre al mismo tiempo.

—Pero Marcos… —exclamó Lucas.

—Nada. Hermanos. Entiéndanme. Que les estoy ofreciendo la salida.

Uno por uno, los fui avizorando.

—Tú, Juan, vente este mismo año a Guadalajara, inscríbete en Ingeniería en la U. de G. y luego tú Lucas, hazte el muerto hasta que te toque y sígueme a Guadalajara porque siento que lo tuyo es la economía y no las manos muertas. Y tú, chiquilín, no destapes el juego con tus impaciencias. Enamora a las muchachas del pueblo, ten, te regalo mi manojo de condones y arma la jicotera en los burdeles aquí de Los Altos. Luego me dices dónde quieres estudiar y yo me encargo de arreglártelo.

Los miré muy serio.

—Pero que sea nuestro secreto, ¿de acuerdo?

Y los cuatro, esa noche inolvidable de los hermanos, nos conjuramos como panteras prometiéndonos no urgir la ley y dejar que todo sucediera sin cansar la suerte.

4. Años más tarde, don Isaac Buenaventura abrió el candado de su escotillón y descendió al sótano. Allí se hincó frente a las veladoras perennes que iluminaban sendos retratos. El de Angelines, su mujer. Y el de su padre el cristero Abraham Buenaventura.

Y les dijo entonces no me culpen como si fuera culpable de alguna cosa. Los fogones se han apagado y los perros ya no ladran. Pues sí, antes de comer el taco hay que medir la tortilla. ¿A poco recuerdo un pasado que nunca fue? Ustedes son mis testigos. Ese pasado sí fue. El buen cristiano sí tiene el rosario al cuello y la pistola en la mano. Muerte a los impíos, a los hijos de Lucifer, a las maestras chuscas. ¿Ahora quién va a defendernos, madre de los desamparados, padre de todas las batallas? ¿Y contra quién me defiendo? ¿Quedan por ahí masones, quedan comunistas? ¿Mi vida ha sido en vano? Ah, eso sí que no, a eso me niego, ahora caigo en la cuenta que gracias a Marcos y Mateo, a Juan y a Lucas, yo Isaac Buenaventura volví a ser rebelde como mi padre porque yo mismo preparé la rebeldía de mis hijos, yo mismo les dije, ¡a ver quién tiene los cojones de rebelarse! Y los cuatro fueron rebeldes, los cuatro fueron mejores y más independientes que yo, los cuatro supieron engañarme y me dejaron como Policarpo en el corrido, que ni dormido se voltea . . . .
. . . . Un crucifijo de acero. Perros que ladran a la luna. Los fogones apagados. La Iglesia un gran cadáver. Y yo Isaac Buenaventura con el bigote

escamado y la cara más arrugada que un guante y el orgullo de que los hijos me salieran rebeldes, tal y como yo mismo lo quise . . . .
. . . .
. . . . . . Viva Cristo Rey que me hace estos milagros pues misteriosas son las vías del Señor y no en balde, Angelines, te hice el signo de la cruz sobre los pechos con la sangre de tu hijo recién parido Mateo. Y no en balde, padre Abraham, te negaste a beber agua antes de que te afusilaran . . . .
. . . . Y crujan las rejas, ladren los perros, toquen a rebato las campanas del pueblo y giman por igual las yeguas en brama y las yeguas adelantadas, que aquí sigo yo guardando la tierra, orgulloso de mis hijos que no se dejaron manipular por su padre y se encargaron de labrar su destino propio, cismáticos ante la vida . . . . Ahora voy a beber una copa y a cantar una canción.

Coro de los compadres rivales

Don Pedro tenía cincuenta y dos años
Su compadre don Félix cincuenta y cuatro
Los reunió la pila del bautizo
Pedro fue padrino del hijo de Félix
Félix fue padrino de la hija de Pedro
Se juntaban los domingos para la barbacoa familiar
Los dos eran partidarios del PRI añoraban al PRI por-
     que con el PRI había orden progreso seguridad
     para gente como
Don Pedro y Don Félix
Ahora sin el PRI no
Sólo una vez se irritaron
En la fila para votar por el PRI
—Madrugué yo primero
—Te equivocas yo llegué antes que nadie
—Qué más da Félix si al cabo los dos vamos a votar
     por el PRI
—¿Estás seguro Pedro? ¿Qué tal si cambio de voto?
—Seguro el voto es secreto
—Entonces no te me adelantes Félix yo llegué pri-
     mero haz cola cabrón compadre
Y la segunda vez fue en la autopista a Cuernavaca
Los dos iban a festejar los quince años de la hija del
     jefe

El subsecretario
Nomás que en las curvas Félix se le adelantó a Pedro
     y Pedro se encabronó y decidió rebasar a Félix
Y comenzaron las carreras
A ver quien es más chingón
Félix o Pedro
Quién más macho
Los autos corrieron lado a lado
Pedro le muestra el dedo a Félix
Félix le devuelve cinco claxonazos de mentadas a
     Pedro
A shave and a haircut tantan
Pedro arrima su coche al de Félix
Félix acelera
Pedro derrama saliva sobre el volante
Félix siente que se le alborota su particular
     hormonamen macho
Pedro recapacita es la hormona idiota
El perro levanta la pata y orina
El perro que lo sigue trata de orinar más que el an-
     terior
En el espacio sagrado donde los hombres mean
Félix se salta el camellón
Pedro se va a la barranca
Los perros orinan
Los sirven con perejil en la barbacoa del
     subsecretario

Una prima sin gracia

1. De "Esa" no se hablaba en esta casa. Hasta el nombre perdió. Era simplemente "Esa". Quienes se persignaban al recordarla; quienes se mofaban; quienes se disgustaban. Costó mucho convencer a la matriarca, doña Piedad Quiroz de Sorolla, de que "Esa" ya no estaba allí. De que doña Piedita podía levantarse de la cama y circular por la desolada casa del Desierto de los Leones sin peligro de toparse con la malvada "Esa".

—Ya no tiene por qué cumplir la manda, doña Piedita. No sólo puede levantarse y caminar. Hasta puede cambiar de vestido.

Porque la "manda" que la viuda de Sorolla se impuso a sí misma consistió en dos decisiones. Primero, acostarse y segundo, acostarse vestida sin levantarse o cambiar de "ropa" hasta que "Esa" se marchase.

Es que antes la vida era mejor o por lo menos soportable. El caserón del Desierto, sumido en el luto desde que murió el patriarca don Fermín Sorolla, se reanimó cuando la niña de la familia, Ana Fernanda Sorolla, contrajo matrimonio con el joven contador Jesús Aníbal de Lillo. La boda fue muy sonada y todos comentaron la bonita pareja que hacían Ana

Fernanda —alta, muy blanca, con frondosa melena negra y una mezcla sugerente de voluntad y cariño en la mirada, los labios siempre entreabiertos para lucir la dentadura, los pómulos de india, altos y duros en piel tan española y el andar, también llamativo, al mismo tiempo de puntitas y pisando fuerte, parecían darle apoyo así como complemento a la personalidad seria y seca del novio, como si el ademán severo y la sonrisa amable aunque distante del CPT Jesús Aníbal de Lillo sirviesen para endurecer la belleza física escasamente "viril" de un hombre de veintisiete años que mantenía un aspecto de adolescente imberbe: cutis impecable y mejillas pálidas en los que el bigote rubio y largo no alcanzaba a borrar la impresión de que Jesús Aníbal era un joven Apolo asturiano de rubia cabellera rizada y porte nada atlético sino, casi, *consumido* en su esencia física fina, patricia, de regular estatura y fragilidad sólo aparente, pues en la desnudez de la recámara —Ana Fernanda lo descubrió esa misma noche— el joven contador público titulado era de una extremada potencia viril, proclamando con palabras, una y otra vez, su satisfacción sexual al caer desnudo de espaldas junto a Ana Fernanda pudorosa y rápidamente cubierta por la sábana mientras su marido declamaba con actos su hambre sexual instantánea, incesantemente renovada…

Desde que conoció a Ana Fernanda en el célebre Nacimiento navideño del poeta Carlos Pellicer, Jesús Aníbal se sintió atraído por ella y sofocó el mal pensamiento de que la muchacha era rica, hija de un millonario de nueva chapa, protegido de políticos poderosos y concesionario de mil contratos, casado con una Quiroz de alcurnia provinciana, empobrecida por lo mismo que enriqueció al marido: los cambios políticos que en México invariablemente se traducen en favores o desfavores. En cambio, esta vez Jesús Aníbal era el pobretón aliado por matrimonio con una familia rica. Rica, pero severamente idiosincrática.

Jesús Aníbal de Lillo hubiese preferido abandonar, después de la boda, la casa ancestral de los Sorolla en el solitario y perpetuamente *démodé* paraje del Desierto de los Leones situado en el extremo suroeste de la Ciudad de México: un escarpado bosque de sendas torcidas, pinos olorosos y vistas del monte del Ajusco que sobrecogían el ánimo por su intrusión tan próxima, gigantesca y deshabitada a la vista de veinte millones de citadinos. Él hubiese preferido unirse a la avanzada moderna, segura y cómoda de la ciudad, el desarrollo urbano de Santa Fe y sus altos condominios en el camino a Toluca, con todas las amenidades a la mano, cines, comercios, restoranes.

Privó la voluntad de Ana Fernanda. La del Desierto de los Leones era la casa de siempre de los Sorolla, aquí murió su padre, su madre no se movería de un caserón idéntico a su vida: añoso, largo y vacío. Y que no pensara siquiera que Jesús Aníbal, *que nomás no pensara*, dijo la joven novia tapándole la boca con la mano perfumada viscosamente pegosteada de amor masculino, que no pensara en mudarse de aquí pero sobre todo que no pensara, en absoluto, en la muerte de doña Piedad pues Ana Fernanda excluiría a su marido de la recámara nupcial porque eso sí que mataría a la matriarca y ella, Ana Fernanda, no volvería a dejarse tocar por el joven novio si éste insistía en mudarse del Desierto a Santa Fe.

Sin embargo el CPT De Lillo estaba no sólo muy enamorado de Ana Fernanda Sorolla, sino que la respetaba por esa encantadora mixtura de inexperiencia y voluntad que mantenía a Jesús Aníbal en estado de delectable expectativa. ¿Qué le pediría su esposa esta vez?

Nada. Esto es lo que los cinco primeros años de matrimonio trajeron. Nada. La costumbre que se vuelve nada. De los felices contrastes de la noche de bodas, la pareja fue pasando a la convicción jamás dicha de que para quererse no hay que hablar de amor.

—No seas tan insistente.

A más no llegó el rechazo de Ana Fernanda, temerosa del contacto físico con Jesús Aníbal cuando nació la niña Luisa Fernanda y la madre hubo de permanecer tres semanas en cama, engordar enojosamente, sufrir aún más para recuperar su vanidosa esbeltez y negarse a tener otro hijo, pero obligada por su conciencia religiosa a prohibir el preservativo a su marido y limitar el contacto sexual a los días de *ritmo*.

Jesús Aníbal no supo si reír o enojarse cuando encontró a Ana Fernanda recostada en la cama, tijera en mano, cortándole la punta a la colección de condones que, ilusoriamente, el joven marido había traído a la casa a fin de combinar seguridad y goce.

—Estas porquerías las prohíbe la Iglesia.

El marido amaba a la esposa. No quería encontrarle defectos. No tenía de qué asombrarse. Que Ana Fernanda era católica en serio, lo supo desde siempre. Así lo aceptó y si algún día pensó que podría "desmocharla", no tardó en darse cuenta de que, en el ánimo de su mujer, el amor a Dios precedía al amor a Jesús, por irónico o chusco que esto sonara, al grado de que cuando aceptaba, en días fijos, los favores del hombre, Ana Fernanda dejó de exclamar Jesús Jesús y pasó a decir Aníbal Aníbal o simplemente "mi amor".

—Al menos, llámame "Chucho" —sonrió una noche el simpático marido.

—Blasfemo. Ese es nombre de perro —dijo Ana Fernanda antes de darle la espalda para rezar el rosario, volviéndose hacia Jesús Aníbal sólo para concluir lapidariamente—. No seas torpe. Ser amoroso es no hablar de amor.

No le pesaba a Jesús Aníbal el diario trayecto del Desierto a su oficina en Insurgentes y Medellín. No había distancia en la ciudad de México que no exigiera menos de una hora de paciencia. Si algo ponía a prueba el estoicismo nacional era la circulación urbana. Oía música. Compró casetes de poesía en castellano y sintió el nacimiento en su espíritu de algo propio pero latente. Pensaba. A veces, gracias a Garcilaso o Cernuda, hasta soñaba sueños posibles: Que Ana Fernanda acabara por rendirse ante la evidencia del cariño de su esposo, aceptara la normalidad del matrimonio pero no la separase del goce físico. Sueños imposibles: Que Ana Fernanda accediese a abandonar el vetusto, incómodo, lóbrego caserón del Desierto. Sueño prohibido: Que la ácida y cerrada doña Piedita pasase de la vida presente a otra mejor…

Ana Fernanda no era del todo insensible a las tácitas aspiraciones de Jesús Aníbal. La casa del Desierto se iba haciendo no sólo más vieja con los años, sino más irreparable, una gotera aquí anunciaba una pared húmeda allá, un piso crujiente acullá preveía un techo derrumbado más acá y la anciana señora se prendía a la vida con saña, aunque Jesús Aníbal comenzó a pensar que, muerta la suegra, la esposa heredaría sus manías y, de igual manera que la memoria del difunto patriarca don Fermín los mantenía atados al Desierto, doña Piedita pasaría a mejor vida pero Ana Fernanda y Jesús Aníbal no: la gran casa familiar los ataba al pasado y al futuro.

Jesús Aníbal regresaba del trabajo y entraba a la desolación de una sala enorme, vacía salvo por un piano que nadie tecleaba y muchas sillas de espaldas a las paredes. No había cuadros en los muros y las puertas de cristal se abrían sobre un patio húmedo e indomable que parecía crecer por su cuenta y en contra de todos los afanes del jardinero.

Entonces al marido se le ocurrió algo que desterrase soledades y autorizase reparaciones.

—¿Para qué? —suspiraba la vieja suegra—. Las casas deben ser como las gentes, envejecen y mueren… Esta es una casa vieja y vivida. Que se le note.

—Ana Fernanda, ¿no tenemos amigos, la gente que vino a la boda, parientes? ¿No te gustaría invitarlos de vez en cuando?

—Ay Jesús Aníbal, ya sabes que el cuidado de mamá me quita no sólo el tiempo sino el gusto de la fiesta…

—La gente que vino a la boda. Parecían simpáticos. Amigos.

—No eran amigos. Eran *conocidos*.

—Parientes…

Ana Fernanda se mostró sorprendida de que su marido, por una vez, tuviese una idea aceptable. Claro, parentela sí que tenían, sólo que muy dispersa.

Puebla y Veracruz, Sonora y Sinaloa, Monterrey o Guadalajara, toda familia que llegaba al D.F. venía de otra parte pero allá mismo dejaba raíces, los sístoles y diástoles de la migración interna del país eran determinados por guerras, revoluciones armadas, agrarias, industriales, la larga frontera nómada del norte, la lodosa y selvática frontera sur, polos de desarrollo, ambición y resignación, amor y odio, promesas incumplidas y vicios persistentes, ansias de seguridad y desafíos a la inseguridad.

Así, pensó Jesús Aníbal en su diario viacrucis por el Periférico, se había hecho el país e invitar a las familias lejanas era probo, era divertido, era instructivo, pues todas habían vivido experiencias que satisfacían la curiosidad alerta del joven e insatisfecho marido, ansioso, también, de diluir al máximo su propia herencia vasca y no recordar más la palabra "gachupín" o "indiano". Darse un baño de mexicanidad.

Mandó reparar los salones y empezaron a llegar los parientes, con avenido entusiasmo de Ana Fernanda, a quien no se le había ocurrido un pretexto para, como dijo, "lucirse tantito", arreglar la casa y, de paso, liberarse del pretexto esclavizante de la madre.

Que si el viejo tío tapatío andaba armando el árbol genealógico antes de que desapareciera el último de los Quiroz, a saber, él mismo. Que si el joven sobrino regiomontano había creado un centro para el desarrollo tecnológico del Norte. Que si la emprendedora sobrina ejecutiva de Sonora se había asociado a un conglomerado de empresas de California. Que si la tía Chonita de Puebla tenía artritis y le costaba ir todas las tardes a rezar el rosario en la preciosa iglesia de la Soledad con su no menos preciosa cúpula de azulejos, como era su costumbre desde hace cuarenta años. Que si su hermana Purificación había muerto empachada por una orgía de mazapanes, jamoncillos y camotes azucarados más otras delicias de la dulcería poblana y —quién le manda— eso después de un ayuno eclesiástico de diez días en honor del Santo Niño de Atocha. Que si el primo (lejano) Elzevir andaba huido de Matamoros por quién sabe qué líos de faldas o de drogas o de contrabando vaya usted a saber con semejante tarambana. Que si los cuates Sorolla de Sinaloa andaban buscando cantante para formar un trío musical en Mazatlán. Que si la prima Valentina Sorolla venía de Morelia Michoacán a visitarlos, cosa rara pues tenía fama de solterona recluida que ni a misa iba aunque sí al banco puntualmente a recoger la mesada que le legó su avariento padre don Amílcar.

—A ver si le reza a San Antonio para que la case. Ya debe andar por los cuarenta y pico —dijo la sobrina sonorense.

—La prima Valentina debió meterse de monja, la vocación le falló —comentó el primo de Monterrey.

Jesús Aníbal creyó haber encontrado en este desfile espaciado de clanes dispersos la manera de animar el espíritu del caserón del Desierto, averiguando de paso singularidades de las emparentadas familias y haciéndose de un pedigrí que lo salvaba de la incestuosa relación entre los asturianos y su patria querida.

Que a la tía Teófila de Guadalajara la llaman la 09 porque todo el día se queja por teléfono. Que si la familia Quiroz de Veracruz se la pasa el día entero oyendo boleros en una sinfonola, todos reunidos como si estuvieran en el Metropolitan de Nueva York, pues. Que si la tía Gudula de San Luis Potosí asegura que su casa es "un *bijou*", la muy cursi. Que si el tío Parménides de Mérida es tan chaparrito que de noche pasa corriendo frente a los cuarteles para que los soldados le griten "¡Alto! ¡Alto!"

Estas anécdotas eran coreadas a carcajadas por las visitas familiares de turno.

¿Era esta la felicidad posible, el calor de las familias, la severidad a veces, la gracia otras? ¿Era este un clan familiar pasivo y feliz, o activo e infeliz? ¿Era la familia perfecta por aburrida o aburrida por perfecta? ¿O eran todos, sin excepción, partes de un solo símbolo, aceptado y aceptable, de la cuota de felicidad que merecemos, siempre parcial pero siempre completa porque la muerte es una frontera absoluta, ni nómada ni lodosa y nadie está dispuesto a morir dejando tras de sí familias feas, arruinadas y tristes?

Jesús Aníbal respondía íntimamente a esta pregunta diciéndose que en última instancia él estaba casado con la bella de la familia y la gran idea de ir invitando a la dispersa parentalia Sorolla y Quiroz apaciguaba las crecientes horas de distanciamiento entre marido y mujer, fomentando las de convivencia social que obligaban a los dos a mostrar sus mejores maneras.

—Está bien —dijo Ana Fernanda—. Que venga la prima Valentina de Michoacán. Ya ni me acordaba de ella. Es que es tan poco agraciada.

Y añadía, maquillándose frente al espejo:

—Yo acepto a los parientes para lucirme. Entérate, Jesús Aníbal. No te andes creyendo que lo hago por ti.

La prima Valentina llegó sin que nadie la notara y permaneció en la recámara asignada hasta la hora de la cena.

—¿Nadie la notó? —dijo con sarcasmo Ana Fernanda—. No me extraña.

Y es cierto que había en la prima cuarentona una como disposición no sólo a no hacerse notar, sino a desaparecer, convirtiéndose, como las lagartijas, en parte del árbol o la piedra que les daban pie. Nada, sin embargo, excluía la cortesía y si Ana Fernanda permaneció sentada aguardando que la prima Valentina se acercase a darle un beso en la mejilla, Jesús Aníbal se puso de pie, pasando por alto cierto gesto agrio de su esposa —como si la prima no mereciese ni esa mínima prueba de buena educación— y le dio la bienvenida a Valentina, besándole primero una mejilla, enseguida la otra pero entre los dos besos, debido a un movimiento de las cabezas, los labios también.

Él rió. La prima no. Se apartó sin rubor, pero con severidad. En el olfato de Jesús Aníbal quedó un dejo amargo y pimentoso, redimido por un perfume de almizcle y una limpieza de almona.

De pie, con las manos cruzadas a la altura del bajo vientre, vestida toda de negro, con falda larga y botines bajos, mangas largas también y un cuello sin adornos, la prima Valentina Sorolla miraba al mundo desde una lejanía imperturbable. Nada parecía emocionar sus facciones regulares, demasiado regulares, como si la hubiesen troquelado para una moneda conmemorativa de los Borbones, es decir, de perfil solamente. Porque para mirar de lado, Valentina no tenía por qué mover la cabeza ya que el agudo perfil conmemorativo separaba en dos lados parejos los ojos.

Nada en ella delataba gracia, picardía o malos humores. Era una severa máscara de severa ausencia frente al mundo exterior. Como el cuerpo, la cara era flaca. Piel pegada al hueso sin obstrucción que no fuese la de la piel pugnando por fundirse con el hueso o la de hueso ansioso de manifestarse en la piel.

Peinada toda hacia atrás en chongo, la frente amplia y las sienes hondas, la nariz larga e inquiriente a su pesar —un temblor la delataba— y la boca seca, sin labios, cerrada como una alcancía sin rendija. ¿Qué moneda podría penetrarla, qué cepillo limpiar los dientes, qué beso excitar la lengua?

La prima Valentina hizo la ronda de saludos con el silencio de un ave lejana en el cielo y Jesús Aníbal se preguntó por la razón del desasosiego que sintió al mirarla. Es que Valentina no se parecía a ninguno de los parientes, Quiroz o Sorolla, que los habían visitado. Era claro que, como se dice popularmente, ella "comía aparte".

La cena lo confirmó. Mientras la dicharachera tía veracruzana contaba los fastos del carnaval jarocho y el sobrino regiomontano, fanático de su propio yo, enumeraba operaciones de altas finanzas, la prima Valentina permanecía callada en tanto que Jesús Aníbal, inquieto, se atrevía a embarcarse en una conversación destinada al fracaso aunque ciertamente intentaba encontrar, al menos, la mirada de la extraña pariente. Cuando lo logró, fue él quien apartó los ojos. En los de Valentina encontró la oración de la tregua, la mirada de una mujer consciente de su fealdad y temerosa del ridículo.

Allí mismo nació en el joven esposo la atracción *protectora* que ningún otro miembro de una familia configurada por la seguridad en sí misma desde los extremos de la devoción beata (iremos al cielo) a la del éxito profesional (iremos al banco) parecía necesitar y, desde luego, solicitar, mucho menos de "gachupines" llegados a México, según la consigna popular, de alpargatas y boina vasca.

Rió Jesús Aníbal para sí y miró a la prima con aire de complicidad. ¿Eran ellos los dos extranjeros en el seno de esta familia, los trasterrados, los desterrados?

¿Quién era en realidad Valentina Sorolla? Jesús Aníbal se durmió con esa pregunta y tuvo sueños inquietos, carnalmente obscenos a veces, otras demasiado espirituales, aunque venciendo al cabo la fugacidad con una certeza: la prima aparecía en todos ellos.

Despierto ya, durante el diario ceremonial masculino de la espuma y la navaja que es para ciertos hombres la mejor hora de reflexión y proyección, el joven marido estuvo pensando que la belleza de su mujer era evidente, como evidente era la fealdad de la prima.

Sin embargo, en ese contraste mismo hallaba Jesús Aníbal una reflexión que caía por su propio peso a la vez que, liberada, volaba ligera hacia el aire. ¿Quién nos dice qué cosa o qué persona es bella o es fea? ¿Quién determina las leyes de fealdad y belleza? ¿Es bella una forma que no logra manifestarse como algo más que forma sino que se atreve a presentarse como espíritu? ¿Puede ser fea una forma, por el contrario, habitada claramente por el espíritu? ¿Y qué le da el alma a la forma sino la verdad verdadera, la manifestación externa del espíritu, sin la cual el cuerpo más hermoso revela, tarde o temprano, que era simple cobre pintado de oro en tanto que el alma de una forma fea la transforma, literalmente, en algo más bello que cualquier perfil exterior del ser en cuestión?

Estas eran ideas que Jesús Aníbal desconocía en su propia mente y que, acaso, eran el sedimento de su cotidiana audición de poesía en la ruta del Periférico entre el Desierto de los Leones y la colonia Juárez. Era otra forma de repetir de memoria a Garcilaso, yo no nací sino para quereros, a Góngora, todo sirve a los amantes, a Pedro Salinas, si la voz se sintiera con los ojos, ay, cómo te vería, a Pablo Neruda, mi corazón la busca y ella no está conmigo…

Al bajar al desayuno, miró hacia el patio y vio allí a Valentina paseándose cabizbaja, vestida otra vez de negro, pero con una singularidad. Andaba descalza. Pisaba el pasto sin zapatos o medias. Jesús Aníbal tuvo la sensación de que la extraña prima, por lo visto monja frustrada tal y como la describió el primo de Monterrey, cumplía así alguna penitencia. Hasta que notó, por primera vez, una sonrisa de placer en esos labios secos. Entonces él mismo hizo algo insólito. Se quitó los mocasines y se unió a Valentina sobre el pasto. Supo la razón de este acto. La frescura del césped daba un placer violado por la pudorosa grosería del zapato. Andar descalzo por el pasto era un acto no solo placentero sino erótico. La tierra ascendía como una caricia alegre de los pies al plexo solar.

Valentina no le dirigió la mirada y Jesús Aníbal se fue a trabajar con los zapatos puestos y consciente de que esa noche había cena en casa para los parientes dispersos que los visitaban —el primo de Nuevo León, la tía jarocha, dos heredotapatíos de Nayarit, la prima Valentina de Morelia, Ana Fernanda y el propio Jesús Aníbal. Éste no tenía de qué preocuparse. Ana Fernanda era perfecta ama de casa, ella ordenaría la minuta, contrataría a los mozos, dispondría la mesa y asignaría los lugares.

Todo como siempre. Todo normal.

Para esto había ideado el marido el programa de las visitas familiares. Ana Fernanda florecía. Ya no tenía el pretexto único de atender a su mamá para distraerse y alejarse de Jesús Aníbal, contento de dormir en habitación separada y lejos de los berridos de la niña Luisa Fernanda primero y cuando la infanta pasó a manos de una nana, de no reanudar el ceremonial del lecho compartido.

Ahora, Ana Fernanda se arreglaba y arreglaba la casa. Estaba satisfecha y a él lo dejaba en paz. Jesús Aníbal ya no tenía que preocuparse por darle gusto en el lecho o conversación en la mesa.

El marido adelantó la hora de su regreso para cambiarse de ropa y estar a tiempo en la cena. Pasó por el comedor para cerciorarse de la perfección dispuesta por Ana Fernanda cuando lo sorprendió un grito de alarma y un barullo insólito desde la cocina. Se apresuró y encontró a Valentina luchando contra el asedio de un joven camarero moreno y apasionado que intentaba abrazar y besar a la prima mientras ésta se resistía con furia menguada por el buche de comida que traía en la boca.

Jesús Aníbal apartó con fuerza al camarero, le dio un bofetón en la boca, el mozo lo miró con profundo resentimiento pero se limitó a decir,

—Ya me voy.

Pero antes de salir se volvió para dirigirse al patrón.

—Las viejas no debían meterse a la cocina mientras uno trabaja. Nomás nos alborotan.

—Es que soy muy golosa y me entró hambre —dijo Valentina con otra modalidad, un tanto aniñada, de su persona.

—Perdone señor —continuó el mesero—. Pensé que ella quería que…

—Está bien —dijo con impulso reflexivo Jesús Aníbal—. Quédate. Cumple con tu deber.

Y miró a la prima.

—Te entiendo.

Es posible que el camarero disimulara una sonrisa que continuaba la frase interrumpida, "Creí que le hacía un favor a la señora", aunque la picardía de su miradita chilanga le decía a Jesús Aníbal, "Si la quiere, quédesela, al fin usted es el patrón…"

Jesús Aníbal tenía, en verdad, curiosidad de participar en el juego de miradas —o la ausencia de ellas— entre el camarero, Valentina y él mismo y quedó satisfecho, repudiando toda tentación de confuso bochorno.

Durante la cena, el camarero, al ofrecer el platón con el pavo y sus aderezos, no podía evitar la mirada dirigida al escote de Ana Fernanda pero evitaba mirar, sin demasiado esfuerzo, los pechos ocultos de Valentina, quien, para obviar la mirada del sirviente, la dirigía a Jesús Aníbal con una clara intención de agradecimiento por la protección dada esa tarde.

Charlaban todos amenamente, animados por el regocijo social de Ana Fernanda, cuando uno de los inevitables apagones del sur de la ciudad provocó un ¡aaaah! igualmente inevitable de los comensales y Jesús Aníbal, movido por una fuerza que ni él mismo deseaba ni comprendía, alargó la pierna debajo de la mesa hasta tocar la punta del pie de Valentina.

La prima retiró el pie por un segundo pero acto seguido, como si temiese el regreso de la luz, lo devolvió al contacto con el de Jesús Aníbal. Juguetearon así hasta que la luz regresó.

Todos hablaban de sus próximas vacaciones, de lugares visitados o por visitar. Sólo Valentina permanecía silenciosa, como si no fuera a ningún lado.

Cuando todos tomaron coñac, ella escogió un tequila reposado.

Sentados en tertulia después de la cena, el anfitrión quiso evitar la mirada de la prima, aunque le costaba trabajo y se decía que estas cosas no suceden por accidente, debe haber razón más profunda para que dos seres distantes se aproximen tan pronto, sobre todo si no son —y no lo eran, a todas luces— personas frívolas, porque Jesús Aníbal decidió que caminar descalza o entrar la cocina a anticipar bocado, eran actos deliciosos —¿eso pensó, pensó?— y a su manera, gravemente libres…

Rogó intensamente que la oscuridad regresara y el coqueteo se reanudara. No fue así. Al darse las buenas noches, el beso de Jesús Aníbal en la mejilla de su prima fue fugaz, pero lo prolongado fue la unión de nariz contra nariz y la sensación que las respiraciones próximas produjeron en ambos.

—Buenas noches.

—Hasta mañana.

Y en voz muy baja, (Jesús Aníbal, "El azar nos favorece".)

El anfitrión sabía muy bien qué recámara le había sido asignada a la prima Valentina. Jesús Aníbal esperó la hora de los lobos para salir de su recámara y encontrar la puerta de Valentina. ¿Estaría cerrada con llave? No. El hombre la empujó y penetró a un espacio con luz de veladora, más que casta, pulsante.

Valentina lo aguardaba de pie, descalza, con un largo camisón de pechera bordada.

2. No, no fue porque, invitada sólo por tres noches, lo que ahora sucediese se disiparía muy pronto, repartido entre la lejanía y el olvido. Por una vez, Valentina Sorolla se rendiría al placer vedado segura de que no habría consecuencias. Tampoco fue porque ella tenía hambre de amor y en los brazos del primo lo descubrió no por primera, pero sí por vez principal y por ello valió la pena, sin más consideración. No, no fue porque dejándose querer apasionadamente por Jesús Aníbal se liberaba a sí misma a una sensación de venganza contra las frustraciones de toda una vida dañada tanto por su aspecto físico como por la conducta retraída que ese hecho había determinado.

No, no fue nada que saliese de ella y de su vida. Esto es lo que la deslumbró, la sometió y la amedrentó. Ella era apenas un arroyuelo inundado por la gran avenida pasional del hombre. Era él, Jesús Aníbal, el primo hasta ahora ignorado, el origen del fervor erótico y sentimental que esa noche y las tres siguientes embargó a Valentina cuando Jesús Aníbal le quitaba con una suavidad tan firme que parecía arrancárselas, las faldas de seda tiesa y la camisa negra abotonada, le deshacía con furia el chongo y se le iba a besos hasta sofocarla, tenderla en la cama y decirle a veces con palabras a veces con silencios primero dame un minuto Valentina no te pido más luego dame una hora de regalo luego déjame pasar toda la noche contigo

diciendo y diciéndose Valentina me enloquece tu olor
amargo y pimientoso tu pelo suelto como una selva de
serpientes tu belleza corporal desnuda tan plena tan
redonda tan difícil de adivinar detrás de tus hábitos
monjiles, tan desavenida con la severidad de tu rostro, tienes una cara que disfraza al cuerpo el cuerpo
no corresponde a la máscara la máscara convierte al
cuerpo en un descubrimiento deslumbrante Valentina tú lo sabes no te cubras el rostro date cuenta de
que ese es tu secreto un rostro que encubre el secreto
del cuerpo, ¿cómo iba a adivinarte sin atreverme a
desnudarte? porque no has sido tú Valentina la que
me ha traído hasta ti soy yo desde ahora el que ha
venido el que te ha encontrado y no quiere apartarse
más de ti yo Jesús Aníbal embrujado por ti por tu
novedad tan antigua tan yaciente tan paciente en
espera en el fondo de mi alma ¿sabes Valentina? la
verdad me estaba matando y si querernos tú y yo es
un engaño entonces la mentira me da la vida y es mi
vida mi amor mi mujer Valentina Sorolla esperada
y desesperada, ¿te das cuenta del temblor que me
provocas del ansia que me das de la tierna ferocidad
que nace en mí al poseerte prima Valentina? podrías
odiarme por esto que ha pasado entre tú y yo y yo
sólo te amaría más mientras más me detestaras pero
no va a ser así ¿verdad que no? no trates de explicarte
nada nada más acepta esto: por ser como eres me has
capturado eres mi placer desconocido cada giro de tu
tiempo llena el reloj de arena vacío que era mi alma
Valentina qué bonito nos agitamos los dos lado a lado
trata de maltratarme mi amor y verás que por más
daño que me hagas nunca alcanzarás a tocar el bien
que me das te beso toda entera y te recorro a besos de

los pies a la cabeza no quiero ser ni el primero ni el
último de tu vida quiero ser el único prima Valentina
mi amor hacia ti tiene un nombre español es amor
empedernido tu descubrimiento me convierte en
Jesús el empecinado, si me dejas no tendría más que
días sin sosiego eres mi paz mi libertad mi ombligo
mis uñas mi digestión mis sueños Valentina tú me
liberas de los fardos de conciencia obligación fidelidad costumbre para ser yo mismo el enamorado de
la fea de la familia a nadie comparable única en su
pasión que es toda mía de nadie más pues nadie me
la envidiaría nadie querría secuestrarte lejos de mi
mirada y mi tacto yo soy único en la pasión que es
toda mía de nadie más mi placer placer desconocido
mi sabia y ardiente Valentina acaso sabías que traías
dentro de ti tanto fragor tanta delicada y sedosa sen-
sibilidad amorosa ¿lo sabías? yo no no te asombres
nunca pienses él me favoreció porque no es cierto
tú me favoreciste y me liberaste de toda mentira de
toda pretensión fea no nunca digas fea como acabas
de decir calla única eso eres tú a nadie parecida nunca
vuelvas a decir agradecida como ahora el que recibe
el regalo soy yo Valentina si estoy contigo es porque
tú me favoreces tú me dispensas algo que yo quiero
merecer amándote como el viernes y ahora el sábado y
mañana el domingo antes de que te marches Valentina
no soporto esa idea es como si la fecha me flechara
como a un San Sebastián desnudo ante el arco de tu
mirada sombría mi amor por eso te quiero porque
tu mirada es ojerosa y tus labios descarnados y tus
pómulos vecinos de la muerte y tu cabellera nido de
culebras y tus manos garras sin pudor para mi piel entera y tu peso ligero bajo el mío más ligero aún como

si tú y yo los cuerpos de Valentina y Jesús hubiesen esperado desde la infancia el encuentro prometido por los astros de un hombre y una mujer angustiados por quererse como nos queremos tú y yo prima de mi carne prima prohibida prima soez y pura al mismo tiempo Valentina si me dejas sabes que lloraré por ti sin nunca disipar el dolor de perderte viviré y moriré por ti porque yo soy el descubridor de tu belleza verdadera la belleza que sólo ve el que ama como yo a ti porque yo te he descubierto y no puedo abandonar el cuerpo terreno de mi exploración no puedo velar con opacidad y olvido mi privilegio de ser tu cartógrafo tu navegante tu conquistador porque tu cuerpo es mi tierra prima Valentina tu cuerpo es mi patria porque yo soy el amante que contigo conoció el placer hasta entonces desconocido porque yo te amo Valentina a causa de mi singularidad y la tuya porque nadie creería que alguien como yo te adoraría a ti ni que alguien como tú se entregaría a mí y por eso cada placer es un pecado frágil y estremecido incomparable porque tú y yo no nos parecemos a nadie y eso es lo que yo buscaba sin saberlo ¿y tú?

yo creí que había nacido para estorbar a los demás y ahora voy a creer que soy querida porque soy diferente

y porque eres fea Valentina también porque eres fea

¿no quieres que me sienta hermosa gracias a ti?

no Valentina siéntete fea para que yo te adore por lo que nadie más se atrevería a decirte

soy fea Jesús

fea fea fea eres mi perversión y mi anhelada aventura hacia un amor imprevisto primero dame un minuto Valentina luego déjame pasar toda la noche contigo luego la vida entera

fea

preséntame a tu alma Valentina y yo te entregaré la mía

¿a quién voy a decirle que te quiero?

¿a quién, que nos queremos?

3. Todos se retiraban después de cenar. Sólo Valentina permanecía en el salón. Sólo para ella la noche no terminaba.

Entonces entra él.

Todos se han ido. Todos se han escondido a murmurar.

Salvo Valentina pendiente de la aparición que es la atracción: Jesús Aníbal.

La mirada del hombre le dice "Busco encontrarte sola otra vez."

Sólo ellos se miran.

Los demás buscan evitar las miradas.

Ella sabe de qué manera una atracción protectora se va convirtiendo en atracción física.

Ella vuelve al primer momento con Jesús Aníbal.

Ella se desentiende de todos los demás.

Ella no escucha las murmuraciones.

La suerte de la fea la bonita la desea.

Si parece travesti.

Sólo un ciego se casaría con ella.

Sucede en las mejores familias.

Y Ana Fernanda a Jesús Aníbal.

¿Me cambiaste por ese adefesio? No necesito pretender que te desprecio. Pero eres mi marido ante

Dios y ante los hombres. Nunca te dejaré. Nunca te daré el divorcio. Hazte a la idea. Atrévete a decirme que yo he hecho algo mal. Dime algo. ¿La escogiste por tu inmensa vanidad, para saberte más bello que ella? ¿Porque no soportabas ser menos bello que yo tu mujer? En mala hora arreglamos la casa.

Los familiares se fueron.

Doña Piedita se metió a la cama preparándose, en sus palabras, a irse "a la hacienda de allá arriba".

Ana Fernanda no volvió a invitar a nadie y se dedicó a criar a la niña Luisa Fernanda de acuerdo con la más estricta moral católica.

Coro de la hija amenazada

o pagas o te matamos
dicen que era muy buena estudiante buena hija
    tenía
novio y toda la cosa patinaban juntos subían a la
    rueda de
la fortuna a los caballitos al pulpo
la feria del pulpo olía fuerte a muégano y carnitas
    cacahuates algodones dulces
gaseosas pegajosas
la rueda daba vueltas y su novio aprovechaba el miedo
    de la
muchacha para abrazarla y decirle si no me besas te
    tiro
desde arriba y ella para congraciarse le abría la
    bragueta y
allí también había caramelos muy pegajosos
¿quién paga la feria?
¿no te dan tu domingo?
no me alcanza
ah pues entonces búscate otro novio más baratito
nolamueles
porahitepudras

que sería de mí sin la feria los sábados o sin los
   refrescos
las palomitas los tamalitos
cómo vas a pagar la feria sin la feria
espérame miamor yo te convido a la feria
   notiapures
mete cien grapas de drogas en tu mochila
las vendes a la salida de la escuela
te damos cien pesos por cada cien grapas que vendas
   y tú nos
entregas tres mil
sale
podemos ir juntos a patinar aquí en perisur lejos del
   barrio
y las calles de polvo y el silbido de los compradores de
droga y los ladrones a la salida del colegio
me robaron la mochila unos rateros
allí venían los tres mil pesos que debía
o pagas o te matamos
ella se tapó con cobijas hasta la cabeza
si no les pago me matan
ya me golpearon toditita vean qué moretones papámamá
me robaron
no me mataron
yo me maté
porque si no me mataba dijeron que los mataban a
   ustedes papámamá
por los tres mil pesos que les debo
rueda de la fortuna caballitos camellitos palomitas
   de cocaína
gaseosas de marihuana popotes de resistol
la madre

Los lazos conyugales (1)

Sigues conmigo porque ya no queda nadie más que yo que recuerde tu belleza. Sólo yo tengo en mis ojos viejos tus ojos jóvenes.

El tiempo es mío. Él no lo entiende. Cierro los ojos y el tiempo es mío.

Estamos solos. Tú y yo. Marido y mujer. Recién casados. No nos hace falta nada. No dejes entrar a nadie. Los otros lo echan todo a perder. Sólo tú y yo, perdidos en un abrazo interminable. Ladridos del perro encadenado en el patio. Única sonoridad del barrio. Tu vestido amarillo arrojado sobre la silla. La única luz.

> *Me faltan* palabras.
> Qué raro. Hablamos mucho.
> Adentro estoy callado.

Hubo malentendidos. Te cité a las doce. ¿Cómo? Dijiste las dos. No, las doce. Apunta las citas. ¿Las citas? ¿Cuántas tienes cada día? ¿Con quién? ¿Con quiénes? ¿Por qué exasperas mis celos con respuestas equívocas? Siempre supiste que era celoso. Hasta te gustaba.

Me gusta sentir celos. Eso me dijiste. ¿Y tú por qué nunca me hiciste sentirme celosa? ¿Qué? ¿Siempre fuiste fiel? ¿O no tenías imaginación? Hacía mi carrera. Nunca tuve tiempo para andar correteando mujeres. Mi trabajo me absorbía. Eso tú lo sabes. Quería llegar alto. Por ti. Por mí. Por nuestro matrimonio. Por los dos. Tenía ambiciones. Mi mayor ambición era llegar a ser Director General. Tú me lo impediste. ¿Qué hice? Nada. Eso fue lo malo. No, dime, de verdad, ¿qué hice? Tu conducta. Tu conducta licenciosa. Pero si estoy atada a ti, ¿crees que tengo tiempo para engañarte? Ah entonces si tuvieras tiempo… Si me vigilas como carcelero. Si por eso te fuiste para abajo. Pendiente de mí el día entero. Primero los telefonazos desde la oficina. Luego las apariciones intempestivas. Luego la ridiculez de abrir los clóset, mirar debajo de la cama, decir ¡ajá! frente a una ventana abierta. Finalmente, ya no te movías de la casa. Me vigilabas día y noche. Y en vez de calmarte, te ponías cada vez más celoso. ¿De qué? ¿De quién? Y no recuerdas que mis celos atizaban mis deseos, mientras más te tenía más te sitiaba, como a una ciudad enemiga, te sitiaba con la ternura y la mirada y la piel hasta rendirte y luego sentir asco de mí y asco de ti por haberte hecho todo lo que no debía lo prohibido lo sucio lo que nos degrada ante nosotros mismos y tú no, tú lo dabas por hecho, era natural, en ti no cabía la idea del pecado, mi asco no era el tuyo, tú sentías algo así como el éxtasis, puta, me lo manifestabas, no compartías mi ansiedad, te reías de mí, ¿de dónde sacaste eso de la "ansiedad existencial"?, Álvaro, qué creías, ¿que yo era un libro o una alumna ávida de conocimientos?, ¿por qué no aceptaste todas las experiencias del sexo, las más atrevidas, las más calculadas pero sobre todo las más espontáneas, las que nos salían de la hora nocturna, del amanecer aplazado, del mediodía imprevisto?, ¿por qué interrumpías mi orgasmo para indicarme que mirara el espantoso cuadro de dos gallos matándose a navajazos en un palenque?, ¿de dónde sacaste que una pelea de gallos me iba a excitar más que tu sexo?, ¿para qué darme explicaciones?, las peleas de gallos siempre me excitaron, mi primera erección la tuve mirando a un gallo bulique navajear a un gallo gambeteador en un palenque imaginario, no, era en San Marcos, en la Feria, pero yo no estaba allí, el palenque era la arena de mi imaginación, Cordelia, el combate sucedió en mi cabeza y tú eras incapaz de penetrarla por eso me dije mientras ella no penetre mi imaginación, yo no volveré a penetrar su cuerpo, así de neto, basta de explicaciones, no demos lugar al chisme, corre a las criadas, no invites a nadie a casa, no quiero metiches en mi vida, quiero libertad para imaginar lo peor y hacerte pagar tus culpas, son imaginarias Álvaro, nada de lo que te imaginas ha sucedido pero puede suceder, eso no lo negarás Cordelia.

Mi mayor ambición fue llegar a ser Director General. Tu conducta me lo impidió. ¿No puedes arrepentirte, no puedes darme ese gusto?

Le complace amordazarme y preguntarme: ¿en qué estás pensando?

Quiero vencer tu superioridad de muchacha bien educada, de buena familia, discreta. E insoportable por todo ello.

Evoca la joven cabellera perfumada de Cordelia. Ahora le arranca la peluca y se carcajea. La ahorca con ambas manos y le pide que cante "Amapola".

Suplica, suplica.
¿Por qué me haces esto?
Quiero que pagues el simple hecho de ser vieja y de haber perdido el atractivo.
¿No tienes piedad?
¿No es mejor la crueldad que la compasión?
Me fatigo, Álvaro, me cansas.
¿Cómo pudiste casarte conmigo, un hombre sin chiste, feo, vulgar, ignorante?
No lo sé, Álvaro.
Yo sí sé, princesita piruja. Crees que contigo, princesa, me vengo de mi propio complejo de inferioridad.
Lo meditaré.
¿Quéeee…?

La encadena al pie de la cama y la observa horas enteras esperando que ella diga algo o pida agua o tenga hambre y ella sólo lo mira a él con una especie de resistencia pasiva que le hace sospechar a él que la apuesta de ella es aguantar lo insoportable durante años a fin de terminar dominando al tirano, desgastarlo hasta vencerlo. Como el pinche Mahatma Gandhi.

¿Sabes, Cordelia? No hay diferencia entre la morgue y la cama. ¡Acuéstate como muerta! Y ahora fornica.

La abandona atada a la cama hasta verla rodeada de excrecencias y él cierra los ojos para oler en toda su pureza el interior desaguado de la mujer, lo que ella trae adentro, no la delicia erótica, no el amor sublime, sino esto que ahora mira y huele…

Cuento con que la obediencia ciega envejece y endurece a una mujer, con eso cuento…

La amenaza con arrancarle la uña con tenazas. Una vez, se atreve a hacerlo. Una sola uña. La del dedo meñique de la mano izquierda. El anillo de bodas brilla más en el anular contiguo, manchado de sangre. Esto a él le parece hermoso. Que sangre el meñique y luzca el anular. ¿Acaso él y ella no son marido y mujer? Esto no se lo haría a una prostituta. No le daría valor. ¿Acaso él se glorifica creyendo que con todos estos actos exalta al máximo la relación conyugal?

¿Te das cuenta de que sólo hago todo esto para demostrarte una sola cosa?

¿Qué cosa?

Que sólo vivo para ti.

¿Y el mundo?

¿Cuál mundo?

¿Que si no te das cuenta de que el mundo es mucho más grande que esta recámara?

No quiero saberlo.

No te salvas del mundo, Álvaro. ¿No te das cuenta?

Eres tú la que no entiendes que tú me proteges de la inmensidad del mundo y lo reduces a este rincón.

Creo que eso me lo debes tú a mí.

¿Qué cosa?

Entender al menos un rincón del mundo.

No quiero que nadie piense que estás casada conmigo por lealtad y costumbre. Quiero saber y que tú sepas que estás aquí a la fuerza. Que no puedes escapar de esta casa. Carajo, ni siquiera de esta recámara. Prisionera.

Entonces, ¿por qué le dijiste a Leo por teléfono que estoy aquí por mi gusto?

¿Cómo se atreve a llamar aquí ese sinvergüenza?

Bueno Álvaro, la vida sigue su curso. Quiero decir, fuera de estas cuatro paredes.

Míralas bien. Cómo son.

Amarillas. De un amarillo sucio, renegrido. Llenas de sombras blancas donde antes estaban las fotos.

Las mentiras, dirás. Las fotitos de tu infancia, de tu primera comunión, de nuestro noviazgo, quesque remando en Chapultepec, quesque tomados de la mano por Madero, quesque de luna de miel en Nautla, quesque esquiando en la laguna de Tequesquitengo…

Un valle inundado, Álvaro. Se ve una iglesia hundida en el fondo del lago. Pasas esquiando y rozas con los pies la cúpula.

Tequisquitengo.

La cruz, la cruz.

La cruz donde murió Nuestro Señor Jesucristo, cómo no.

Sí, el potro de la ejecución. La cruz o la silla eléctrica o la horca o el paredón. Maneras de despacharnos al otro mundo sin un Dios que descienda a salvarnos. La cruz. Me río de la cruz y ficción. La cruz es ficción. Igual podíamos adorar una silla eléctrica.

Igual podíamos colocar una horca en el altar. Igual podíamos pasear una guillotina en procesión. Igual podíamos distribuir hostias con cianuro durante la misa. *Ite vita est.*

Cordelia piensa y a veces dice (a Leo sobre todo, a Álvaro menos) que al principio junto con la resignación hubo cariño, hasta tantito respeto, a medida que los pleitos fueron en aumento, ella sintió la tentación del odio. No quiso amargarse la vida. Tuvo la sensación de que una agrura le ascendía desde la boca del estómago y se irritó contra sí misma. Era mejor para el espíritu el cariño, el respeto, la resignación. Pero Leo tú entiendes que una mujer puede sentirse en la encrucijada (la cruz la ficción calamburea Álvaro) porque no obtuvo el amor total que sólo vino (pues) una temporada. Ahora la sangre me fluye como agua fría y me pregunto, le pregunto a mi marido ¿por qué no me abandonas si tanto me odias?, ¿por qué no te vas y vives solo?

¿*Sabes* lo que más me irrita de ti?

Dime, Álvaro.

Tu voz educada. Tu voz tan educada. ¿Y sabes lo que no soporto de ti? Tu intimidad. Tu intimidad me fastidia. Para acabar pronto.

La verdad, Leo, es que me atrajo su apariencia. No él. Luego averigüé cómo era de verdad. Demasiado tarde, mi amigo. Entonces la apariencia cambió.

¿Por qué te retiene?

Porque sólo mis ojos lo recuerdan como era de joven.

Ya no te sacrifiques, Cordelia.

¿Tú me ves sacrificada? No lo andes creyendo. ¿Ves resignación en mi mirada? ¿Verdad que no? Estoy tranquila. ¿Sabes por qué?

No. Dímelo tú.

Creo… es decir, imagino… que él sabe más lo que va a venir que lo que ya pasó.

¿Estás segura? ¿Él o tú?

Ambos pues. Sigo con él porque ya no queda nadie más que yo que recuerde su juventud y su promesa. Sólo yo tengo en mis ojos de hoy sus ojos de ayer.

Necesito dormir con la ventana abierta. Ciérrala. Necesito aire fresco. Aquí huele a circo. Me va a dar pulmonía. Ciérrala. Mira qué desastre el baño. ¿Por qué no guardas tus maquillajes en otra parte? ¿Por qué no limpias el lavabo después de rasurarte mira el jabón renegrido mira tus pelos mira mi cepillo lleno de tus pelos oxigenados pon la toalla a secar extiéndela no la dejes así nomás aventada pon un tapete fuera de la tina de baño no riegues el piso ayer me resbalé y casi me desnuco ¿por qué gastas tanto papel de excusado? ¿no prefieres limpiar tu sedoso y arbitrario culo con kleenex? ya no uses más mis navajas para rasurarte los sobacos me las dejas llenas de pelo pero si sólo uso la que ya tiraste a la basura por qué no te haces una depilación permanente y dejas de fregar ¿por qué me cambiaste el orden de las camisas? para facilitarte la vida azules aquí blancas allá las de manga corta a un lado las de sport al fondo porque las usas menos ¡ah! quieres que yo te clasifique los calzones los brasieres las pantimedias porque tú sí puedes arreglar mi clóset y yo el tuyo no ¿verdad? ¿por qué? porque es mi intimidad Álvaro ¿y yo no tengo intimidad, Cordelia? es distinto es distinto.

No somos iguales tienes razón a mí todo me cuelga afuera tú todo lo guardas en esos recovecos aromáticos, estás forrada de repliegues y más repliegues Cordelia y sabes que hueles a pescadería a eso hueles a huachinango podrido eso siento al amarte que me estoy cogiendo a un huachinango muerto abandonado en la playa desde hace una semana un hombre se muestra lo muestra todo una mujer lo oculta todo lo ordena todo en cajitas acolchonadas pero una mujer nos desordena el alma enróllate los calcetines poco a poco de abajo hacia arriba no de un tirón no te calces los zapatos antes de ponerte el pantalón ten cuidado de no manchar la corbata en la tintorería arruinan las corbatas las corbatas también tienen su virginidad ¿por qué te metiste con mi tubo de la pasta de dientes? porque es muy feo apretarlo desde arriba ah sí pues yo voy a apretar el tubo desde arriba sólo para joder tus locuritas estéticas y dame el control de la TV no es mío es que quiero ver las noticias con Adriana Pérez Cañedo pues a la misma hora pasa Chespirito y yo prefiero ver a la Chilindrina ¿dónde dejaste el *Reforma*? lo tiré ¿por qué? ya lo leí ¿y yo? ¿no tengo derecho a leerlo, Álvaro? tú no entiendes nada Cordelia las mujeres son seres bovinos pastan y paren y dan leche, nada más y no saben lo que pasa en el mundo ni les importa…

Y tú Álvaro no te orines fuera de la bacinica ve nomás las gotas que has dejado en el piso…

Álvaro tuvo la obsesión de presentarse como eminencia gris de personajes poderosos, regresaba lleno de sí a la casa a contarme:

—Yo le propuse al Secretario…

—Yo le insinué al Subsecretario…

—Yo le hice ver al Oficial Mayor…

—El Secretario del Secretario, gracias a mí…

Sigues conmigo porque ya no queda nadie más que yo que recuerde tu belleza juvenil. Sólo yo tengo en mis ojos viejos tus ojos jóvenes.

¿Cómo fue la cosa? ¿Hubo una causa de todas las causas? ¿Qué fue primero, qué vino después? ¿El deseo o los celos? ¿El éxtasis o el desencanto? ¿Los malentendidos o las explicaciones? ¿Las sospechas o los chismes? ¿Los deseos o los celos? ¿La ansiedad o el asco? ¿La plenitud o el rechazo?

¿Dónde anduviste toda la tarde? Te he estado esperando. Sabes que te deseo intempestivamente.

Sí, dices que soy una mujer intempestiva.

Por eso quiero que estés aquí cuando te deseo.

Me apena desilusionarte.

Bah, no puede perder las ilusiones el que no las tiene.

No te entiendo.

Las explicaciones salen sobrando.

Es cierto. Nunca te quejes. Nunca te expliques.

Me causa una tremenda angustia no saber dónde andas.

Pero si siempre estoy a tu lado, tú lo sabes, mi presencia está en tu imaginación, en tu deseo, tú lo dices siempre, soy prisionera de tu cabeza, de allí no salgo jamás...

Tu presencia, querida, es sólo un kótex ensangrentado que se fue por el excusado. La próxima vez, jala la cadena, por favor. O manda tus cochinadas menstruales a la tintorería, babosa.

Cuando él se enteró, no supo qué hacer. Pasarlo todo por alto. Recriminarla. Salir a matar al fulano. Lo esperó todo menos la respuesta de ella.

Has violado mi intimidad. Esas cartas eran sólo mías.

Álvaro no daba crédito.

¿Sólo tuyas? ¿Las escribió el Espíritu Santo? ¿Te las escribiste a ti misma? ¿De cuándo acá andas citando poemas de Neruda?

Jajá.

Son mis cartas. Sólo mías. Entiéndelo. Respeta mi intimidad.

¿Y si tú encontraras cartas de amor dirigidas a mí por otra mujer, respetarías "mi intimidad"?

Es diferente, Álvaro. Tú tienes profesión, vida pública, sales a trabajar, estás en el mundo. Yo, en cambio, vivo sola en esta casa.

¿Sola? ¿Escribiendo y recibiendo cartas de un desconocido?

Entiende que estoy sola, íntimamente sola. No me das todo tu tiempo. No te lo reprocho. Pero por favor entiende que yo también necesito mi tiempo y mi compañía. Sí, necesito mi intimidad violada por tu curiosidad malsana. Tan bien que iba todo, por Dios...

Dime, dime qué cosa me reprochas, Cordelia...

Te lo digo. Sólo hablas de ti, de tu carrera, de tus planes magníficos, de tu inteligencia y tu brillo, de los aplausos que recibes. Eres un aplausímetro. Eres un valeroso caballero andante. Don Quijote. Yo soy tu Sanchita Panzona. Pues no. Así como tú vives tu vida, yo tengo derecho a vivir la mía.

Yo no tengo una amante, Cordelia.

Pues más te valdría buscarte una. Así quedaríamos parejos y sin reproches.

¿Es todo lo que puedes decirme?

No, qué va. Figúrate nada más. Tengo a mi amante todos los días y a ti cuando se me antoja.

Amaneciste cínica.

Cínica no. Desesperada. Cuántas veces, a tu lado, tenía que pincharme a mí misma para decirme "Estoy viva. Pienso. Deseo…"

Cordelia le mantiene la mirada. Él no logra vencer esa mirada.

Eso lo enloquece.

Sólo soporto a un tirano. Yo misma, Álvaro.

Está bien. Para qué te cuento cuánto me irrita que estés tan contenta con tu propia persona.

Qué quieres. Es que soy demasiado vital.

Ella le mantiene la mirada. Él no logra vencer esa mirada.

Esto lo enloquece.

No, él ni siquiera le dio la satisfacción de buscarse una amante. No quería que ella tuviese pretextos. Quería que ella supiese que la crueldad era gratuita e inmerecida. La ata a la cama. La amordaza y le pregunta ¿en qué estás pensando? La ahorca y le pide que cante "Amapola". Dice que quiere reducirla hasta perder por completo (él mismo) los tormentos de la curiosidad.

No tendrás más vida que esta, encerrada. A mi lado. Secuestrada en tu propio hogar.

Dio a entender —nunca lo dijo claramente— que este era el precio que ella debía pagar a cambio del olvido de él. Álvaro olvidará la culpa de Cordelia si Cordelia acepta el castigo gratuito, como si no hubiera pecado de por medio. Era una manera penosa, se dijo ella a sí misma sólo porque primero lo dijo él, "de empezar de nuevo".

No quiero que nadie piense que estás casada conmigo por lealtad, amor o costumbre. Quiero saber y que tú también sepas que estás aquí a la fuerza.

¿Qué le dices al mundo, Álvaro?

Que es tu gusto no salir nunca de casa.

La encadenará al pie de la cama y le dirá que este será el castigo que ella merecía por el solo hecho de volverse vieja y perder el atractivo. La amordazará y le preguntará ¿en qué estás pensando? La ahorcará mientras le pide que cante "Amapola". Le dirá que no hay diferencias entre la morgue y la cama. ¡Acuéstate como muerta! Tú cerrarás los ojos. Me evitarás tu detestable mirada vindicativa. No me dirás que la muerte es la máxima agresión contra nosotros mismos porque yo te mantendré en vida a fin de que no tengas excusas. Hasta el último momento. Yo te haré sentir que la muerte es sólo tu posibilidad no tu realidad. Mi malicia aplazará tu muerte. Yo dispondré de tu muerte, esposa mía. Yo te separaré de la muerte prolongando tu dolor. Yo dispondré de tu muerte. Tú no serás mi fantasma. Serás mi mujer. ¿Te das cuenta de que sólo sobrevivo para hacerte sufrir?

Cuando me atreví a decirle —*Reforma*, Adriana Pérez Cañedo— que el Secretario había hecho lo contrario de lo que Álvaro me dijo que le dijo que debía haber hecho, rompió el periódico, le dio una patada a la tele y empezó a aislarse, a no salir más, a mirarme con reproche: sabía su secreto, no le hacían caso, sus ínfulas eran puro humo, me condené a mí misma, si él ya no tenía fuerza en la calle iba a demostrarme que la tenía en la casa.

En la última cena a la que salieron juntos los dos —Álvaro y Cordelia— escucharon al señor Secretario decir en voz muy baja pero sumamente intencionada:

Álvaro Meneses es un burócrata *letal*. Sale sobrando.

Tienes menos fuerza que una cocacola abierta desde hace un mes…

Tengo un enorme vacío. Eso es lo que tengo.

Dijo esto y dio un traspiés, cayendo de narices sobre el tapete que aún olía a los orines del perro que en ese instante fue exiliado a vivir amarrado, aullando de melancolía, en el patio.

Me iba disputando territorios. Iba extendiendo su dominio sobre el clóset, la cama, el baño, la TV y yo diciéndole tu encierro no te libera del mundo ancho y ajeno Álvaro (pero díselo de verdad Cordelia) eres chiquito (no le tengas miedo Cordelia) te dejas juzgar fácilmente (recoges las secciones del periódico arrojadas al piso y las pones en orden para sentirte victoriosa) te la pasas imaginando lo que dicen de ti (díselo) lo que piensan de ti (piénsalo).

Me faltan palabras.
Hablas mucho.
Adentro, estoy callada.

Hizo alarde de masturbarse frente a ella. Rió. Dijo "placeres conoce Onán que desconoce Don Juan".
¿Creías que la costumbre me iba a domar? dijo después del acto.
No. Cómo crees. Ni siquiera el amor te subyuga, Álvaro.
Le dije muchas cosas.
¿Me dejas que te diga la verdad?
No.
Perdón. Eres demasiado débil para mí.
Ah cabrona. Te voy a demostrar…
Sólo soporto a un tirano. Yo misma. Mi propia tirana, Álvaro.
¿Te digo una cosa? ¿Por qué eres tan torcida? ¿Por qué nunca sigues un camino recto?
Voy a rumiar la idea, Álvaro.
Esto lo volvió loco. Comenzó a gritar, arrancarse los cabellos, rumiar, rumiar, gritó, eso dicen las vacas, ¿por qué usas esas palabras pijes? ¿por qué hablas siempre como niña bien educada? ¿por qué quieres demostrarme a cada rato tu superioridad a mí? ¿porque yo era sólo un hombre joven y prometedor y tú te encargaste de encerrarme aquí…?
Te encerraste solo…
Me encerraste contigo…

Qué va.

Frustraste mi ambición.

Date cuenta nada más.

No llegué a ser lo que quería ser.

Te encerraste solo, te digo…

Pude ser alguien…

Eres alguien. Eres mi marido. ¿No te basta?

No soy nadie por tu culpa.

¿Qué hubieras hecho sin mí?

Lo que pude haber sido.

¡Ah sí! Lo que yo dejé de hacer para agradarte…

Sin ti, Cordelia…

La ropa sucia abandonada. Los pisos resbalosos de porquería olvidada. Los excusados rebosantes de mierda. Las sábanas manchadas de sangre. Las ratas conspirando en los rincones. Las arañas vigilando en los techos. Las cucarachas fumando marihuana en la cocina. La dulce fetidez del abandono. Sin ti. Sin mí.

He soñado que te conocí joven en un baile. Un baile de antaño, remoto. Valses de Strauss. Frac. Crinolinas. Cordelia Ortiz y su carnet de baile. La fila de pretendientes. Un baile de verano continental. Cálido, lejano, perfumado. Cordelia Ortiz y su cabellera rubia de bucles arreglados como espigas de trigo. Ah, cómo la deseo. Ah, cómo me encanta. Ni siquiera estoy en el carnet. Pero estoy en su mirada. Baila con otro pero me mira a mí. Soy el único que no viste frac. He llegado de improviso. Visto de paisano. No puedo dejar de mirarla. Logro que ella me mire a mí. Ya no dejamos de mirarnos. Su mirada esclaviza

la mía. Mi mirada magnetiza la suya. No sabemos
si vivimos un instante o imaginamos toda una vida.
Ella baila tan ligera, tan fresca y hermosa que las
medidas del tiempo desaparecen. Ella es ahora. Ella
es siempre. Ella trastorna mis horarios internos. Ella
concentra todo el tiempo que he vivido o puedo vivir.
Ella me hace sentir que no necesito ir a ningún lado
porque ya estoy aquí. Ella es mis años, mis meses,
mis horas, en un minuto. Ella es mi lugar, todos los
espacios que he recorrido o puedo recorrer. Ya no
estoy dividido. Soy uno solo en mí y con ella. No
necesito tenerla en mis brazos. La joven Cordelia
baila con otros pero me mira a mí. Al entrar, yo era
un hombre indeterminado. Desde ahora, ella me
determina. Lo entiendo como un rayo y ya empiezo
a odiarla. ¿Con qué derecho me va a determinar esta
mujer a la que ni siquiera conozco? Me disputo a mí
mismo, combato mis dudas, sé que yo la deseo, sé que
mi deseo podría cumplirse pero también quedarse en
deseo. Soy como una isla al garete que quisiera unirse
a un continente. El deseo insular puede dejarme allí,
rodeado de océanos. Puede también unirme a la tierra
que miro desde mi isla y veo playas cuajadas de perlas
negras y selvas impenetrables y montañas quebradas
en peldaños de terracería y barrancos que se hunden
en el vientre más hondo de la tierra. Todo esto deberé
conquistar, el país llamado "Cordelia" y una vez que
lo venza, ¿dejaré de desearlo? No, me digo desde la
aislada isla, desde la orilla del baile que ella domina
como si la pista fuese el universo entero, no, obtendré
lo que deseo y en seguida querré dominar lo que he
deseado porque no hay deseo gratuito, no hay deseo
que no desee poseer y dominar lo que se desea, ha-

cerlo mío, sin puerta alguna a otra posesión que no sea la mía. Deseo a Cordelia para tenerla primero y dominarla en seguida porque de otra manera ¿cómo satisfago mi deseo?, ¿cómo, si ya la poseo?, ¿voy a dejar de desear porque ya poseo? Ella es mi esposa. ¿No se llaman "esposas" las cadenas que aprisionan las manos del fugitivo que intentó robarse el objeto del deseo…? Cesa la música. Se apagan las luces. La orquesta se retira en medio del ruido de sillas volcadas con descuido, pies aligerados por la premura, atriles abandonados. Los galanes van saliendo cabizbajos, sus colas negras azotadas por la tormenta que se avecina enviando mensajes albinos al salón de baile al aire libre. Sólo queda ella en un círculo de luz que sólo es de ella, de Cordelia Ortiz, mi futura esposa, mi bella prisionera, que nadie me la quite, ella es mi sueño hecho realidad…

¿Por qué persistes? le pregunta Leo a Cordelia y Cordelia le responde: Porque es su manera de demostrarme que sólo vive para mí. No se quiere a sí mismo. Se ensaña contra mí. Mira que traté de quererlo, de evitarle todo lo desagradable… Una vez lo quise.

No te ha correspondido.

Ese no es el punto. Lo importante es que cuando me di cuenta de que Álvaro sólo podía quererme a mí, decidí ponerlo a prueba. Hasta el extremo de creerme loca por voluntad propia. Lo importante es que, torturándome, él sólo vive para mí. Eso es lo que cuenta, Leo. ¿Tú harías otro tanto por mí?

Leo no dijo palabra. Leo y Cordelia viven juntos y no necesitan declarar que se quieren.

Tú sabes que mi deseo es que no vuelvas a verlo jamás.

Lo sé y por eso te explico mis razones para volver. Una vez al mes. No es demasiado.

No comento nada, mi amor. Tú sabes tu juego. Pero verte regresar cada mes, en ese estado, bueno… yo…

Ella le coloca el índice sobre los labios.

Chitón —sonríe—. Respeta los lazos conyugales.

No se quiere a sí mismo. Se ensaña contigo. No regreses más.

Leo, me tomó años decidirme. Irme o quedarme. Fugarme. Le decía, Álvaro, dame una sola hora de tranquilidad. Una sola. Yo te doy la vida entera. ¿Sabes lo que me contestó? Me dijo: "¿Quieres la verdad? Pues no la tendrás. Te daré algo mejor. La mentira. Porque en la mentira puede haber amor, pero en la verdad, nunca."

Ella volvió a despedirse. Álvaro le abrió la puerta y le dijo:

Te abro la puerta. ¿Por qué no sales? Eres libre.

Ten compasión, Álvaro. No me busques más. ¿Por qué me obligas a regresar? ¿Por qué me torturas de esta manera?

Te equivocas —Álvaro no la miró a ella, paseó la mirada por la recámara amarilla—. No quiero verte. Lárgate.

Ella estuvo a punto de tocarle la mano.

Ya no temo que me encierres, de veras. No me importa ser tu esclava.

Álvaro le abre la puerta.

¿Por qué no sales? Eres libre. Cuántas veces te lo he dicho. ¡Vuela palomita vuela! Mi casa no es una jaula.

Nunca te dejaré, Álvaro.

Vete. Dame por muerto.

Quiero cuidarte. Eres mi marido.

No voy a pensar más en dificultades. Cuando lleguen, sabré enfrentarme solito a ellas. Faltaba más.

Lo dijo con una mirada no resignada sino tranquila.

Parecía, Leo, saber más de lo que va a venir que de lo que ya pasó…

¿Por qué? ¿Qué te dijo?

Dijo que estaba en la encrucijada porque no obtuvo de mí ese amor total que sólo dura una noche…

¿Qué le contestaste?

Nada. Se arrodilló. Puso la cabeza contra mi vientre y yo se la acaricié.

¿No le dijiste nada?

Sí. Le dije "Nunca te dejaré".

¿Por qué, Cordelia, por favor dime por qué regresas con él? No tienes ninguna obligación. ¿Quieres ser castigada por el hecho de haberme amado?

No, Leo. Es que sólo sus ojos me recuerdan cómo era de joven. Él me lo dice. "Sigues conmigo porque nadie más que yo recuerda tu hermosura juvenil. Sólo yo tengo en mis ojos viejos tus ojos jóvenes."

Ella se quitó el vestido amarillo. No oyó los ladridos del perro amarillo en el patio. Dejó que él le acariciara largo tiempo la cabellera suelta, amarilla. Pensó no regresar jamás.

Coro del padre del rock

el padre Silvestre Sánchez clama en vano, la masa
    de muchachos gritaba lloraba avanza como una
    legión romana con toga de playeras coturnos y
    minifaldas totalmente Palacio y estampadas en
    las espaldas el nombre y la efigie del ídolo caído
    Daddy Juan cantando y gritando las letras de
    sus canciones
think twice before you go
when the lights go out
pretty girls dont cry
it's too late
I told you so
mientras el padre Silvestre intenta en vano contra-
    rrestar la cacofonía con la mustia cantinela del
    réquiem
calma muchachos en orden este es un oficio religioso
done eis domine
requiem aeternam
lux perpetua
el féretro de Daddy Juan ya está en la tumba abierta
    dejen que la bendiga antes de que los trabajado-
    res le echen tierra y luego la cementen bien y el
    mundo quede en paz porque ustedes muchachos

no quieren que a su ídolo se lo coman ni los
perros ni los gusanos, verdad que no?
locked up in makesicko seedy
drowning in the shit of the cow the muck
fuckin with the nuts the gland
dancing to the mock the zooma
eres divino Daddy Juan cargas a Dios a cuestas ídolo,
    aunque tú eres Dios
anatema anatema sea
Ana te manosea
Ana Zea
si tanto aman a Daddy Juan respeten la ceremonia
    niñas respeten los restos y ellas avanzan incontro-
    ladas en avalancha llorando gritando Daddy Juan
    no te nos vayas Daddy Juan déjame aventarte mis
    calzones, recibe mi sostén, ahí te va mi támpax,
    diosito santo, papacito lindo,
sólo Juan dijo Jesús es Dios
antes de él ni Mateo ni Lucas ni Marco se atrevieron
Daddy Juan es Dios
Daddy Juan es como el sol tres cosas en una sola cosa
    luz calor y astro
Ana Tema
Daddy Juan llegó como un rayo de luz a nuestras
    vidas
Cristo Jesús es efluencia protección y erección
Daddy Juan fue creado establecido y proyectado
Dios es la palabra
La palabra es Daddy Juan
Dios es el pastor la puerta la verdad la resurrección
Daddy Juan guíanos ábrenos dinos resucita
la turba de la tumba se pasa las chelas de mano en
    mano para mitigar el dolor y aumentar el adiós

cantando las canciones de Daddy Juan y empujando al padre Silvestre déjenme oficiar en nombre de Dios cállate cuervo aquí no hay más Dios que Daddy Juan

aquí es México Makesicko City aquí donde le quemaron las patas a Cow the Muck donde mataron a pedradas a Mock the Zooma aquí fue fundada la city en el agua y la roca y la espina y las tolvaneras con glándulas y tompiates la ciudad del rock and roll perpetuo a doce grados de Richter

aquí no hay más padre salvador que el papacito John rodeado de tierra suelta y polvo airado y cipreses mudos y sol a plomo daddy-oh daddy-oh

hasta empujar al padre Silvestre a la tumba abierta de Daddy Juan y ella misma la turba de la tumba de quinceañeras en minifaldas gritando y cantando le arrebatan las palas a los enterradores y empiezan a arrojar paletadas a la fosa sobre el cuerpo mudo ahora pero con la boca abierta del padre Silvestre acostado bocarriba sobre el féretro de cedro y una guitarra de plata en lugar del crucifijo

it serves you right to suffer acaba murmurando el cura bajo las paletadas de tierra, tú te buscaste el sufrimiento, señor mío Jesucristo, señor nuestro Daddy Juan

when the lights go out se apagan las luces

I'm ready canta Muddy Waters en honor de Daddy John y el padre Silvestre murmura en responso

it's too late stray cats we're underneath it all

los fantasmas se hacen presentes en la tumba de la turba

everything in a box, atrapado en el cajón

I won't stand in your way paso libre a la muerte Daddy

Juan stray cats tollin bells por quien doblan las campanas for whom the belles toil for whom the balls roll for whom the blues roll and rock baby in a deep grave grave es la muerte de la cuna a la tumba from the cradle to the grave the cradle will rock and roll

cuando se apagan las luces Daddy Juan it serves you right to suffer

amén padre Silvestre pulvis eris et in pulvis reverteris

Madre dolorosa

José Nicasio: ¿Quién era mi hija? No sé por dónde empezar a contarle. Todos descendemos de otros. Todos venimos de otra parte. Hasta los indios no son de aquí. Ni siquiera los indios. Vinieron desde Asia, hace millones de años. Aquí no había nadie. Por eso es tan hermoso sentarse a mirar el atardecer desde los escalones de las ruinas de Monte Albán. Decirse que las montañas siempre estuvieron allí, acogiendo cada crepúsculo al sol que se recuesta detrás de ellas, arrojando la luz de un reposo perdonable. Nos iluminó el día entero. Ahora desaparece. No detrás sino dentro de las montañas. El sol hace su cama en esas colinas. Tiende un lecho que llamamos "crepúsculo". Caprichoso el tramonto. Cambia de colores cada anochecer. Es rojo intenso una vez, azul nebuloso la siguiente, anaranjado una tarde, gris y añoso más tarde. Y esto viene sucediendo, José Nicasio, desde antes de que apareciera el ser humano. La naturaleza *era* sin necesidad de ser vista. Se veía a sí misma, en todo caso. Se celebraba en soledad. Las montañas de la Sierra Madre no tenían nombre entonces. Hoy, ¿sabrán que son vistas? ¿Sabrán que un hombre y una mujer se sentaron una tarde hace seis meses a mirar el espectáculo del crepúsculo en Monte Albán? Cómo no voy a entender, José Nicasio, que un hombre y una mujer jóvenes, dos seres humanos, permanezcan sentados allí, insensibles a los horarios, arrobados por ese espectáculo. Las montañas recortadas. El sol apagándose. El valle hundido ya en la sombra. Y el altísimo mirador de las ruinas, la escalinata de la pirámide. Cómo no voy a entender. Dos jóvenes, un hombre y una mujer, se olvidan de los horarios. No hacen caso de las voces lejanas y rutinarias de los guardias. Es hora de cerrar. Es hora de irse. Se clausuran las ruinas... ¿Se cierran los reinos del pasado, José Nicasio? Los monumentos eternos de una raza, ¿tienen horarios? Los constructores de las pirámides, ¿checaban sus entradas y salidas? Mire José Nicasio, mire que yo trato de entender. Trato de saber. Yo creo saber que los viejos dioses son los guardianes de sus templos. Los dioses no cobran entrada a sus sitios sagrados. ¿Por qué iban mi hija y usted a atender el silbato del guardia, es hora de irse, el sitio de Monte Albán se va a cerrar, es tiempo de regresar a la ciudad de Oaxaca, a la civilización, al techo y al lecho y la lucha y la ducha que nos esperan? Déjenle su sitio a los dioses. Que por lo menos de noche el templo sea sólo de ellos, no de los intrusos, José Nicasio y Alessandra. Cuéntenme, ¿por qué estaba usted allí?

Señora Vanina: Gracias por su carta. No esperaba para nada que tuviera usted un gesto tan bonito. Tan generoso de verdad, señora. En mi soledad, no espero que nadie se comunique conmigo. Nadie se acerca a mí. Nadie me visita. Imagínese nomás lo que fue para mí recibir su carta tan amable. Gracias por darme esta oportunidad de explicarme. Le juro que no hacía falta. Lo que es, es. Lo que fue, ya fue. ¿Se ha fijado usted cómo empleamos los mexicanos ese famoso YA? YA estuvo bien. YA me llegó la hora. YA me cansé de esperar. YA voy a irme de aquí. YA se murió. Sólo que esa tarde yo me dije: YA volví. YA puedo regresar a este lugar con otros ojos después de tan larga ausencia. Regresar como si fuera otro al sitio donde fui, la tierra donde nací. ¿Cómo no iba a estar emocionado, señora, alterado, señora…? De niño, en el pueblo, ni siquiera sabía que había un lugar así. En el pueblo, la vida se nos iba en cultivar lo que vendíamos los días de plaza en el mercado de Tlacolula. ¿Ha ido una vez allí? Todos trabajábamos mucho para que nada faltara los domingos y los jueves, que son días de plaza. Si para usted por allá verá que no falta nada. Cilantro, epazote, jitomates, ajonjolí, queso, chile de árbol, ancho, chipotle, guajillo, perejil y plátano, zapote, sandía, guajolote, hasta los famosos chapulines comestibles de nuestra tierra, todo lo que Dios Nuestro Señor le ha dado a Oaxaca para que nosotros recojamos los frutos benditos y los llevemos a mercar dos veces por semana.

"Dios nos ha dado todo porque somos muy pobres" decía mi padre.

Vaya al mercado, señora Vanina, y trate de escuchar la castilla en ese runrún de voces indias, que son altas pero dulces. Son voces de pájaro, señora, voces zapotecas llenas de tlanes y tepecs. Sólo hablamos la castilla para ofrecer las mercancías a los marchantes que nos visitan, marchantita, a dos pesos la docena, el quesito se deshebra solito de sabroso… Señora, dice usted que todos venimos de otra parte y es cierto. Yo desde chiquito empecé a jugar con los colores y los papeles de amate y luego a pintar sobre la albura de amate y a inventar cuadritos chiquitos, luego más grandes, hasta que mi señor padre me dijo, llévalos al mercado, José Nicasio y así lo hice y comencé a vender mis pinturitas. Hasta que el señor profesor de la ciudad de Oaxaca vio lo que hacía y dijo este muchacho tiene talento y me llevó a vivir a la ciudad (con permiso de mi señor padre) y allí crecí aprendiendo a leer y escribir y a pintar con una alegría tan grande, señora, como si yo mismo hubiera sido un papel de amate o un muro de adobe que poco a poco se va cubriendo de cal y canto y baba de maguey, hasta convertir la pared de tierra en algo tan suave y liso como la espalda de una mujer… No fue fácil, señora, no se ande usted creyendo. Algo en mí tiraba siempre de regreso al pueblo, como dicen que la cabra tira al monte. Mi nueva felicidad no alcanzaba a hacerme olvidar mi vieja felicidad de niño sin letras, sin la castilla, descalzo sin más vestido que un pantalón de dril y una camisa blanca ya muy luída y huaraches embarrados de lodo. Y otra camisa blanca muy tiesa y pantalón negro muy planchadito y zapatos una vez a la semana para ir como gente decente a misa… Ahora, en la ciudad, yo ya era gente decente, me educaba, leía, iba a la escuela, conocía a personas llegadas de México y a los amigos que iban a visitar el estudio del señor profesor. Pero yo le juro a usted que un cacho enorme de mi alma seguía amarrado a la vida que dejé, al pueblo, al mercado, al ruido de burros y cochinos y guajolotes, los lechos de petate, las cocinas de brasero, los guisos pobres, los olores

ricos… Sólo que al regresar al pueblo los domingos
y días de guardar, era como ofender a los que se quedaban, refregarles en la cara que yo pude salirme y
ellos ya no. Le juro que no es purita sospecha. Un día
volví por puritita emoción, señora, eso que ustedes
llaman "nostalgia" y primero nadie me reconoció pero
cuando se corrió la voz,

"Es José Nicasio que ya regresó",

me miraron con tanto rencor unos, avaricia
otros, distancia los más señora, que decidí ya nunca
volver al lugar de dónde salí. Pero ¿puede uno cor-
tarse para siempre de sus raíces? ¿No nos queda algo
que duele, como dicen que sigue doliendo un brazo
amputado…? No podía regresar a mi pueblo. Podía
solamente regresar a las ruinas de mi pueblo y desde
allí contemplar serenamente a un mundo que era mío
pero que ya no me reconocía. El mundo en denantes
del mundo.

José Nicasio: Le agradezco su carta. Le agradezco que
se haya tomado el tiempo de contestarme. Qué digo,
pensé al recibir su mensaje. Ese hombre tiene todo
el tiempo del mundo por delante. ¿Aprenderá a ser
paciente?, me pregunté desde un principio. ¿Sabrá
escucharme? ¿Le quedará un resto de ternura, una
brizna de inteligencia para entender por qué le estoy
escribiendo? Creo que sí. Leo su carta, José Nicasio, y
creo entender que sí. También creo que es usted *furbo*,
un pícaro como decimos en Italia, un abusado, como
dicen aquí en México. Se me adelantó usted. Me contó de dónde venía, la mezcla de suerte y esfuerzo que
lo sacó de su pueblo y lo llevó a la ciudad y al éxito.

José Nicasio: qué insatisfecha me deja. Menos que nunca lo comprendo. Me hago cruces para entender su conducta. Espero no ofenderlo si le digo que doy por no recibida su carta. Lo que me interesa es que sepa quién era mi hija Alessandra. Admito con culpa que tuve poca paciencia para con usted. Pero me doy cuenta de que si le escribo para que sepa quién fue mi hija, voy a tener que soportar que usted me diga quién es usted mismo… Le decía que todos venimos de otra parte. Usted de una comunidad indígena de Oaxaca. Mi familia, del exilio europeo que siguió a la guerra civil en España. Mi padre era republicano. No tuvo tiempo de escapar. Cayó en prisión y fue fusilado por los fascistas. Mi madre italiana del norte, turinesa, no pudo alejarse de la tumba de su marido, sin saber siquiera dónde habían arrojado su cadáver.

"España entera es un camposanto" dijo y desapareció en tierras de Castilla. No volví a saber de ella. Un diplomático mexicano me unió a un grupo de niños huérfanos y nos embarcó rumbo a Veracruz. Llegué a los doce años y me adoptó una familia de comerciantes españoles. Me casé con el hijo de la familia, él ya completamente mexicano. Diego Ferrer. Hombre de negocios. De esa unión nació Alessandra. Usted la vio. Su larga cabellera color de miel. Su perfil italiano, de nariz larga, finísima, sus ojos de niebla lombarda, su talle abarcable uniendo los dedos de las manos… Era distinta. Era como si en ella resucitaran los antepasados, los muertos de la casa de Italia… Se parecía a mi madre físicamente. Pero su ánimo era el de su abuelo. Mi marido la miraba crecer con asombro. Alessandra, José Nicasio, era una mujer de inteligencia extraordinaria. Adelantaba en sus estudios con tal rapidez que doblaba al más aventajado. Su vocación era la filosofía, la literatura, el arte, el universo de la cultura. Su padre mi marido la miraba con desconfianza, con extrañeza. Alessandra no se casaba. O más bien, estaba casada con el mundo de las formas estéticas. ¿Igual que usted? Sí, pero fíjese qué diferente. Ella nació en una familia acomodada. ¿Cree usted que venir de muy abajo como usted presta mayor mérito al esfuerzo por ascender? Se equivoca. Cuando se nace arriba, la tentación de dejarse ir, de *se laisser aller*, es muy grande. Combatir a la comodidad es más difícil que pelear con la penuria. Usted tenía que lograr lo que no tenía. Ella tenía que alejarse de lo que ya tenía… Su padre mi marido sentía temores. Él quería una hija "normal" que saliera a bailar y conociera muchachos de su clase, se casase y le diese nietos. No se atrevía a decírselo a ella. La mirada de mi hija era tan fuerte que prohibía la familiaridad, en casa y fuera de casa. Sus ojos nos decían a todos,

"No se acerquen. Los quiero mucho, pero me basto sola. Acéptenme como soy."

Diego mi marido no se resignaba. Para "normalizarla" la llamaba "Sandy", imagínese, como si mi hija hubiera sido mesera de un McDonald's. ¡Sandy! Fue bautizada Alejandra pero yo, para marcar la diferencia y llevarle la contraria a mi marido, siempre la llamé "Alessandra".

Es cierto. Alessandra no participaba, no hacía amigos, vivía encerrada en un globo de cultura. Se hablaba de tú con los pensadores y artistas del pasado. Me daba risa oírla hablar no sólo de "Miguel Ángel" y de "Rafael", sino de "Marcel" o de "Virginia", como si fueran sus íntimos.

Yo defendía la soledad de mi hija. Su suficiencia. Y sobre todo, su promesa. Le decía a mi marido, si Alessandra se casa y tiene hijos, como tú deseas, va a ser madre y esposa superiores no un ama de casa común y corriente. A veces, mi marido se consolaba. Ya llegaría el momento en que Alejandra —"Sandy"— sentara cabeza e hiciera una "vida normal". Para mí, en contra, su normalidad era ser como era, voraz lectora, infinitamente ávida de saber, como si su abuelo mi padre hubiese sobrevivido a la guerra y a la tiranía franquista para continuar, como un fantasma, en la existencia de su nieta disciplinada, concentrada —pero ignorante del mundo.

Inocente. Inocente pero prometedora.

Eso era mi hija, José Nicasio. Una promesa dentro de una esfera traslúcida en la que no penetraba el aire corrupto de la ciudad humana. Una promesa, José Nicasio. Repítase eso en su soledad. Repítalo noche y día. Quiero que estas palabras ocupen para siempre el centro de su vida. Usted tiene que saber quién era mi hija. Y por favor no se escude, como mi marido, tras las mentiras de una supuesta frialdad humana de Alessandra. Ah sí, luego dicen, era una muchacha prometedora, pero apenas si era humana. Carecía de calor. Carecía de emoción.

Me sublevan quienes piensan así, empezando por mi marido, se lo digo con toda franqueza. Esto es no entender que ese "tuteo" que Alessandra se traía con el genio —o la genialidad, no sé— era una forma intensa, erótica, de querer. Mi hija amaba, señor. No lo que todos, vulgarmente, atribuyen a ese verbo, la atracción física, ni siquiera la ternura y el calor prestado a otros seres humanos. Alessandra amaba a Nietzsche o las Brontë porque los sentía *solos*, solos en las tumbas de sus libros y sus pensamientos. Alessandra se acercaba a los genios del pasado para animarlos con su atención, que era la forma de su cariño: prestar *atención*.

Ella no quería quitarle nada a nadie. Quería darle a los más necesitados. ¿Los muertos? Sí, puede ser. "Qué solos están los muertos", es verdad. Pero ella buscaba la compañía de los muertos menos frecuentados. Que son los inmortales. Eso me decía ella. Quería atender, darle la mano, en tanto seres humanos, a los artistas y pensadores que son objeto de estudios, de biografías, sí, de lecturas, pero no de un *amor* equivalente al que le damos a un ser vivo y próximo. Darle la mano a los inmortales. Esa era la vocación de mi hija. Acaso por eso estaba allí, esa tarde, en Monte Albán.

José Nicasio: no me condene sin escucharme. Yo hablé mucho con mi hija. Le advertí que el amor nos puede aislar de cuanto nos rodea. Pero en su ausencia, nos puede invadir el temor de que exista algo comparable.

Yo creo que mi hija quería amar lo incomparable y que todo acatamiento a lo comparable la llenaba de inquietud. ¿Será cierto lo que digo? ¿Puede usted, si no juzgar, al menos comprender las palabras de una madre adolorida? Pensar es desear, le decía yo a mi marido. Él no me entendía. ¿Pensó usted a mi hija? ¿La deseó, José Nicasio?

Señora Vanina: Usted nunca me ha visto. Me desconoce físicamente. Yo no tengo por qué ocultar lo que soy ni de dónde vengo. Yo soy feo, señora. Yo soy un indio oaxaqueño feo. Soy bajo pero musculoso. Tengo un cuello corto, encajado en los hombros. Esto sólo hace resaltar la fuerza de mi torso. Si viera con qué fuerza me late el corazón. A veces creo que el pecho de mi camisa me traiciona. Allí mismo, si coloca usted la mano sobre mi pecho, allí mismo se nota el poder de mis latidos, señora. Tengo un corazón impaciente, señora. Subí, dejé detrás mi pueblo y mi gente y esto me hace sentirme culpable, a decir verdad. Infeliz. Tengo que comparar a cada rato lo que pudo ser —lo que dejé— y lo que soy. Por eso me siento culpable. ¿No debí seguir allá abajo, en el pueblo, en el mercado de Tlacolula? ¿Tuve derecho de ser más que todos los que me vieron nacer, crecer, jugar, trabajar? En mi corazón late siempre esta pregunta, señora Vanina, una pregunta inquietante que sube a mi cuello donde las venas palpitan muy gruesas para mantener en alto mi cabeza de desafío, lo admito, señora, tengo un rostro de indio feo, nariz chata, frente estrecha y una mueca indescifrable en la boca, que por más que hago no la logro cambiar. Me miro al espejo y me digo, José Nicasio, quítate esa mueca, sonríe, trata de ser amable. Me siento amable, pero no puedo cambiar la mueca. Ha de venirme de muy lejos mi cara. Mi máscara, claro que sí señora. Entiéndanos. Nacimos con la cara que nos dio el tiempo. Tiempo duro, casi siempre. Tiempo de sufrir. Tiempo de aguantar. ¿Qué cara quiere usted que póngamos…?

Ya ve, lo indio me sale por más que quiera ocultarlo. Nomás me sale, como un tigrillo que trajera en la panza, agazapado. Le digo que me veo al espejo y me digo, cambia de expresión, José Nicasio, dale una sonrisita amable a tu boca, no la tuerzas así, nadie te está amenazando. Y yo trato de hacer eso, señora, pero no me sale, mi cabeza llena de colores y mi pecho lleno de temblores me lo advierten. No luzcas tan feroz, José Nicasio, no muestres tan a las claras que te estás vengando, no de tu humilde origen, sino de tu éxito actual, ¿entiendes? Ya no le digas al mundo perdónenme que haya subido, soy un indio que lleva a cuestas siglos de humillación, un prieto del montón, un indígena zapoteca al que se le niega que camine por la banqueta, a chicotazos nos bajan al polvo de la calle…

Deje que me ría, señora. Voy a los museos de México y recorro las salas de las culturas indígenas —mayas, olmecas, aztecas— maravillado del arte de mis antepasados. Pues allí quieren tenernos, señora, escondidos en los museos. Como estatuas de bronce en las avenidas. ¿Qué pasa si el rey Cuauhtémoc se baja de su pedestal en el Paseo de la Reforma y camina entre la gente? Pues que le vuelven a quemar las patas…

Deje que me ría, señora. Apenas bajamos a la calle, volvemos a ser los indios mugrosos, los inditos sumisos, los prietos. Nos arrebatan las tierras antiguas, nos lanzan fugitivos al monte y al hambre, nos venden rifles y aguardiente para que nos peliemos entre nosotros. Usan el derecho de pernada con nuestras mujeres. Nos achacan todos los delitos. Averiguan que sus mujeres blancas nos desean en secreto y se vienen con nosotros arañándonos las espaldas para que la sangre oscura derrame sangre aún más negra. Nos gritan ¡indio! o nos gritan ¡prieto! cuando se vienen con nosotros. ¿No lo sabía usted, todo esto lo ignora su merced? Su merced. No somos "gente de razón". No somos "gente decente". Nos matan apenas les damos la espalda. Nos aplican la ley fuga. ¿Sabe su merced, que es gente de razón, lo que es ser un indio bruto, sin razón, un animal bruto y despreciado en este país? ¿Un indio patarrajada bajado del cerro a tamborazos?

¿Y sabe lo que quiere decir escaparse del mundo de nuestros padres? Primero a Oaxaca, por lo ameritado de mis pinturas de amate. Luego, gracias a los gringos que admiran mi trabajo, a una escuela de artesanías mexicanas en San Diego California en la mera frontera entre México y los Estados Unidos. Apartado del pueblo de mis viejos en el privilegio de Oaxaca, en casa del señor profesor que me daba un trato de hijo a medias, prueba de su generosidad con los humildes. Así lo escuché decir,

"Yo no tengo prejuicios raciales. Miren a José Nicasio. Le doy trato de hijo."

Y ahora, apartado de mi pueblo, errabundo en la frontera. Los mojados de California llegaban secos porque no hay río entre San Diego y Tijuana. Hay alambrados. Hay la migra. Hay túneles llenos de ratas. Hay camiones de la basura donde esconderse para entrar. Hay furgones abandonados en el desierto, cerrados con candado y llenos de trabajadores asfixiados que ya pagaron cien o doscientos dólares por cruzar la frontera como animales. Hay injusticia, señora. De eso no se salva uno, aunque emigre a California…

Pero yo ya estaba en "el otro lado". En todos sentidos, señora. Era respetado por los gringos porque tenía talento y sabía trabajar. Hasta me invitaban a sus fiestas para mostrarse democráticos. Era lo que ellos llaman su "token Mexican", su mexicanito de muestra y dicen que para muestra basta un botón. Yo era el mexicano-botón.

Más feo me miraban los mexicanos recién llegados. No los fuera a delatar. No me anduviera creyendo que los iba a desplazar. Yo estaba fuera de lugar en todas partes, en mi pueblo de indios, en la capital de Oaxaca, en San Diego de California. Yo sólo he conocido la discriminación, señora, hasta cuando soy aceptado sólo sirvo para poner en paz los malos pensamientos.

—Mira cómo hemos avanzado, José Nicasio. Antes poníamos letreros afuera de los restoranes NO DOGS OR MEXICANS ALLOWED. Antes los llamábamos *greasers*, los grasientos, los inmundos, los intocables.

—Y ahora no pueden vivir sin nuestro trabajo —les decía yo y quedaba mal con todos, con los gringos, con los mojados, hasta conmigo mismo.

Para qué andas de bocón, José Nicasio.

Aprende a sosegarte.

La vida te ha tratado bien.

Pero la mueca seguía allí, señora, como si no hubiera pasado nada.

José Nicasio: Se equivoca si cree que mi hija Alessandra lo discriminó a usted. Ella era incapaz de semejante bajeza. No le digo que Sandra fuese una hermana de la caridad. No desplegaba condescendencia. Eso la horrorizaba. Simplemente, trataba con respeto y dignidad a los inferiores. Quiero decir, a la gente distinta de ella. Era consciente de las hipocresías de nuestra sociedad y las rechazaba. Cuántas veces le pedí, hazte amiga de esta chica, acércate a esa señora y ella no mamá, no has visto que esa muchacha ya aprendió el arte del disimulo, no has visto que esa señora es maestra del engaño.

—¿Cómo lo sabes, Alessandra? No es gente mala. Los conozco.

—No, no es que sean malos. Es que están obligados a pretender que son buenos. Han sido educados para engañar y maliciar, para defenderse de nuestra sociedad. Yo no quiero ser así. Prefiero la compañía de los espíritus…

—Por favor, acepta los límites de los demás. Vas a tener que conocer algo a la sociedad, tarde o temprano.

Ella me respondía con altivez.

—Nunca.

Le está hablando una madre, José Nicasio. Le hablo con libertad y con la fútil esperanza de que usted mismo se sienta libre. Lo que le digo sobre Alessandra lo digo para que sepa quién era mi hija. Al mismo tiempo, yo me estoy preguntando: ¿Quién era Alessandra? Creía conocer su carácter. Es el que le describo. Pero también sabía que cada carácter tiene su excepción. ¿Es esto lo que le sucedió a usted? Ese atardecer en Monte Albán, ¿le tocó ver la excepción de mi hija? ¿Descubrió la falla, la fisura de una personalidad tan cuidadosamente construida?

Su padre, mi marido, un hombre práctico, se desesperaba,

—Dime, Vanina, ¿nuestra hija no tiene un solo defecto?

Yo le decía que no, que Sandra era perfecta, porque yo jamás iba a admitir que su propio padre la diseccionara como a un insecto. Para mí, Alessandra era sagrada. Pero yo misma no lo soy y tenía, a escondidas de mi marido, que buscar los resquicios de imperfección en mi hija.

El amor.

¿Amaba en verdad Alessandra? ¿Su amor hacia los artistas y pensadores muertos ocultaba un profundo desprecio hacia la gente común y corriente? Perdóneme, José Nicasio, ¿era mi hija una snob social, una *bas-bleu* cualquiera? Perdone, le ruego, mi franqueza. Mi marido y yo nos amamos. Mi marido es un excelente amante. Sabe hacerme gozar. Perdón. Quiero decir que Alessandra no nació de la obligación rutinaria del matrimonio. No, mi marido sabía agitarme, transportarme, elevarme al goce propio de una mujer que se sabe no sólo deseada, sino físicamente *arrebatada*. Alessandra nació del placer. Pero ese placer que le describo no parece haberla tocado nunca mientras vivió.

Temí, observando el desinterés sexual de mi hija, que su frialdad me condujese a mí misma, a su madre, a esa tristeza que es el precio del amor no compartido con los seres queridos. Sandra tenía que saberse bella. Por lo menos, yo lo sabía. Me pedía, convertida ya en mujer, que la secase después del baño. Recorriendo con la toalla su cuerpo húmedo, me decía a mí misma, qué bella, qué deseable es mi hija, ¿lo sabrá ella misma?, ¿o sigue siendo la nena chiquita a la que yo secaba con el amor más delicado durante la infancia?

Sabe usted, José Nicasio, no hay cuerpo humano que no sea a la vez algo visible y algo oculto. Lo que se manifiesta en nuestros cuerpos es tan importante como lo que se esconde en ellos. Con mi hija, yo tenía la secreta sensación de que lo visible y lo invisible eran la misma cosa. Ella no ocultaba nada de su cuerpo porque su misterio estaba sólo en su mente. Esa era para mí, para el mundo, la parte invisible de Alejandra. Así me lo ofrecía a mí, a su madre. Tuve que preguntarme, ¿cómo se lo ofrecía a un hombre? ¿Qué sucederá el día que Alessandra le abra su cuerpo visible a un hombre que la desea sólo por su cuerpo y por su alma sólo más tarde? Porque en Alessandra, tal y como era, no había insatisfacción.

Dígame, José Nicasio, ¿cree usted haber despertado la insatisfacción latente, corporal de mi hija? ¿Usted, que se describe a sí mismo como un hombre feo, perdone que se lo repita, casi un chango, un mono vestido, un simio de frente estrecha y cuello corto y brazos largos? Perdón. Perdón. Quiero verlo como lo vio mi hija esa tarde. Usted, usted no pudo despertar el deseo de mi hija. Usted, usted, aunque jamás lo admita, deseó esa tarde a mi hija. Usted le hizo sentir que el sexo de un hombre la amenazaba. Usted quería ser amado por una mujer que no lo deseaba. Mirado por una mujer que no le dirigía la mirada. Saludado por…

Usted agredió sexualmente a Sandra. Usted se aprovechó de la soledad del crepúsculo en Monte Albán para desatar su instinto bestial sobre mi hija indefensa. Dígame que así fue, José Nicasio. Necesito saber la verdad. Yo he sido sincera con usted. Yo le he escrito a la cárcel para que sepa quién fue mi hija. Usted tiene que saber a quién mató esa tarde en Monte Albán.

Contésteme.

Dígame que entiende.

Conozco su situación. Se hizo usted ciudadano norteamericano en San Diego. Era un paso necesario, imagino, para superar por poquito que fuera, la discriminación. Ahora su ambición se ha volteado contra usted. Si fuese mexicano, cuando mucho le darían cárcel perpetua y las influencias, al cabo, lo habrían liberado. En California no. Será juzgado como ciudadano de los Estados Unidos. Será condenado a muerte.

Dígame la verdad antes de morir. ¿Por qué mató a mi hija?

Señora Vanina: Créame que yo le agradezco profundamente sus cartas. Palabra de honor que yo respeto a lo que más da su coraje y su espíritu. Yo sé lo que me espera. No necesita recordármelo. Le juro que quiero decirle la verdad. Estábamos solos, su hija y yo, aquella tarde, viendo el crepúsculo en Monte Albán. Era claro que por eso nos quedamos allí cuando todos los visitantes se habían ido. Admirar la puesta del sol sentados en la escalinata del templo zapoteca.

¿Qué significa una mirada, señora? ¿Es lo mismo una mirada dirigida a la montaña que una mirada dirigida a una persona? ¿Se mira igual a un crepúsculo que a una mujer? Yo no quería mirar a su hija, señora, pero sí quería mirarla mirando lo mismo que yo y saber que compartía con ella el sentimiento de la belleza natural. Quizás debí aguantarme. Quizás debí repetir la lección de toda mi vida y seguir siendo el agachado. El indio que no tiene permiso de levantar la vista del suelo.

Me rebelé, señora. Quise mirar a su hija. La miré. No como el agachado, sino como el altivo. ¿El altanero? ¿El igualado? ¿O el redimido? Juzgue como quiera. El artista. El que ve.

Ahora me culpo a mí mismo. Pero usted, señora, ¿me disculpa de haber buscado, solos los dos, su hija y yo, en ese momento del atardecer, rodeados de silencio, la mirada de la muchacha sentada a tres metros de mí? ¿Me disculpa por haberme creído digno de la mirada de su hija? ¿Me perdona el atrevimiento de buscar los ojos de Alejandra para compartir la belleza de mi tierra? ¿Me dispensa que me haya puesto de pie sin hacer caso del grito de alarma que se escapó como un pájaro de los labios de su hija? ¿Me absuelve de mi incapacidad para pasarle la simpatía de mis ojos a la amargura de mis labios?

Su hija me miró, señora, y yo hubiera querido decirle:

"Sufro porque no puedo ayudar a nadie. ¿Qué voy a darle a mi viejo pueblo de indios?, ¿qué voy a darles a los mexicanos mestizos que me detestan porque les recuerdo que en parte son indios y corren el peligro de regresar a la tribu? ¿Qué puedo darles a los gringos que me usan de excusa para sentirse humanitarios? Soy cuota en todas partes, nunca un ser entero: ¿una cuota, una cantidad entre dos partes, nunca un ser entero?"

Su hija me miró con miedo. Me miró diciéndome, no me toques, no te acerques, me miró diciendo no te salgas de tu lugar, no te salgas de tu sitio. ¿Cuál es mi sitio? Abajo, mi lugar es abajo, siempre abajo, por más alto que suba siempre estaré *abajo*. Y por eso mis manos ascendieron, mis brazos no pudieron contenerse, mis uñas las sentí como puñales y sólo pude decirle a su hija mientras la ahorcaba a caricias, con fuerza, soy tu indio, soy el indio que no quieres ver en ti misma, no te estoy matando a ti, me estoy matando a mí mismo, veo con claridad que si te mato me mato, si te condeno me condeno, pero ya no puedo detenerme, mi vida entera va cuesta abajo y no voy a caerme solo, tú te vas a caer conmigo, tú vas a pagar tu mirada de miedo al indio que se atrevió a mirarte, sé que no puedo poseerte nunca, cómo te llamas mujer, llámame hombre, llámame indio, sé que me mandarías azotar si te dejo libre, te quiero, pero eso no te da derecho a tenerme miedo, puedes sentir lo que quieras hacia mí, repugnancia física, desprecio social, discriminación racial, pero no sientas *miedo*, miedo no, por favor, por vida tuya, no me tengas miedo, si me sigues mirando con miedo no podré soltarte, aprieto más y más los puños alrededor de tu cuello, no me temas sin razón alguna, no soy malo, no soy malo, ¿es eso lo que quieres oír ahora que ya no puedes hablar y sólo enseñas la lengua y no puedes cerrar los ojos llenos del terror del crepúsculo porque sabes que no habrá otro día, porque cada noche es la última noche del mundo, Alejandra, Alejandra, te mato sin saber siquiera cómo te llamas, Alejandra, perdóname, perdóname el dolor que me hiciste sentir cuando sin abrir la boca me dijiste:

"No te acerques. Te tengo miedo."

Toda mi vida quise apartar el miedo de mi cabeza. Señora: Su hija me tuvo miedo a mí pero yo le tuve más miedo a ella por temerme y me tuve miedo a mí mismo por no saber dominar mi miedo.

Por favor ya no me escriba, señora Vanina. Dice usted que tengo todo el tiempo del mundo por delante. Voy a creerle. Que Dios la bendiga. Gracias por escribirme. Gracias por hacerme caso.

José Nicasio, no tienes nada que agradecerme. Quería tan sólo que supieras a quién le quitaste la vida. Gracias a ti por escucharme. Gracias por hacerme caso.

Alessandra, mi hija. Me he comunicado con el hombre que te mató. Quise que supiera a quién había matado. No quería que él mismo se fuese a la muerte sin entender *quién eras tú*. No sé si cumplí con mi propósito. Sentí que en este hombre existe algo cerrado, una puerta que nadie —ni él mismo— sabría abrir. Por eso te escribo a ti. Una carta con apartado mortal. Me siento insatisfecha, hija, disminuida por todo lo que hubiese querido decirle a ese hombre y no pude. No sé si por un secreto desprecio a su inteligencia, lo cual vulneraría la base de mi intuición: Señor, sepa usted quién era mi hija Alessandra, Alejandra, Sandra, Sandy. Sepa usted a quién mató. Sea mi cómplice. Sea, antes de morir, la memoria de la muerte de mi hija.

¿Me habrá entendido? No podía decirle que tú te libraste al verdugo. No con tu sexo. Sólo con tu mirada. Pero quise liberar al verdugo, ¿me entiendes, hijita? Mejor, ¿me apruebas? Alessandra hija mía, ¿acaso le dije a ese hombre,

—Haz un reino de tu prisión. No te muevas más. Ya nunca te muevas? Ya no toques nada.

¿Recuerdas, Alessandra? Me tenías una confianza tan grande, la confianza que siempre le negaste a tu padre, que sólo me reservaste a mí y que es la razón por la cual *tuve* que comunicarme con tu asesino, para que entendiera a quién le había dado la muerte. Recuerdas: leías a Pascal y me lo citabas. Todos los males del mundo vienen de nuestra incapacidad para quedarnos quietos, sentados en nuestro sillón.

Ahora yo le he escrito a un hombre encerrado en una celda de California sobre una mujer amurallada en una iglesia de Coyoacán. Todos venimos de otra parte. Todos dejamos el sillón de Pascal y nos dejamos llevar por el gran magnetismo del mundo. Imagino a ese hombre al que nunca he de ver en persona y veo a un peregrino oscuro cuyos antepasados llegaron a la tierra donde los dioses tienen sus montañas, emigró a Oaxaca y terminó en California.

La nación se llama USA. ¿Cómo se llama el mexicano encerrado en esa prisión? ¿Puedo confortarle desde mi propia errancia, hijita, puedo hablar de mi padre español asesinado por la Falange, puedo hablar por mi madre fugitiva del Fascio italiano? ¿Puedo hablar a nombre de mi propia orfandad, enviada de niña a Veracruz en un buque cargado de huérfanos? ¿Puedo hablar a nombre de todo este trasiego sin fin de una humanidad errada y errante, fugitiva y fugaz, incapaz de quedarse quieta porque cree que la inmovilidad es lo contrario de la libertad?

Somos libres porque nos movemos. Salimos de una herida que se llama la soledad y viajamos a otra herida que se llama la muerte. Hay un cruce de caminos entre el punto de partida y el puerto de llegada. En ese *carrefour*, mi niña adorada, encontramos siempre al otro, al que no es como nosotros, y nos vemos obligados a entender que si nos movemos y nos encontramos, debemos amarnos a partir del contraste. ¿Sentiste ese contraste con tu asesino? ¿Lo sintió él contigo, mi amor? ¿O acaso salimos al mundo para escoger, fatalmente, el mal?

Fatalmente, porque en el cruce de caminos encontramos a la otra persona y actuamos *sobre* ella, dando rienda suelta a nuestra libertad que es siempre libertad para afectar la vida de los otros. Quizás José Nicasio, al verte esa tarde en Monte Albán, tuvo un temor secreto que fue el de no ser *libre* contigo, traicionar su libertad si te dejaba pasar. Tenía que actuar ante ti, contigo, pero *no sabía cómo*. Tú le diste la ocasión. *Le tuviste miedo.*

Tú decidiste por él, mi niña adorada. Él quería escoger a otra persona como prenda de su libertad. Sólo que esa tarde no había otro ser más que tú. Si José Nicasio no se acerca a ti, se hubiese traicionado a sí mismo. Vivió para ese momento, ¿te das cuenta? Imagínalo solo ante una persona ajena y prohibida, atreviéndose a mirarla en busca de una sonrisa. En cambio, sólo vio el miedo en tus ojos. Vio el mal, Alessandra. El miedo hacia él era el mal para él. Vivió su vida para ganarse respeto. Sobre todo el respeto de no ser visto como un hombre temible, malo, escondido, feo, indio.

Si no te mata, José Nicasio se hubiera traicionado a sí mismo. Tenía que matarte para saber que existía. Que culminaba su vida diciendo

"No me teman. Por favor. No me den miedo. Denme amor."

Y tú le diste miedo.

Él te mató por miedo a sí mismo, a su esfuerzo por salir de la oscuridad. Lo traicionaste con tu rechazo, hija.

Ahora, hincada ante la urna que guarda tus restos, te digo que acaso tú no supiste apartar el miedo de tu conciencia. Tu inteligencia, tan brillante, tuvo esa enorme grieta. Tenías miedo. Es mi culpa. Me diste muchísimo. Si puedo escribir estas líneas es porque educándote me educaste. Pero yo, por amor protector, por mi cariño protector, no supe decirte a tiempo:

—No tengas miedo. Hay un día en que la inteligencia no basta. Hay que saber amar.

Hija, seme propicia.

Esta es mi oración.

Viviré transformando tu muerte en mi reconciliación con el mundo que me dejaste al morir.

Coro de la perfecta casada

antes que nada la exfoliación
la hidratación
eliminar impurezas
que el novio no encuentre una sola mancha
el scrub y lista para probarte el traje de novia
escoge: cuento de hadas sueño de oro o diosa
    primaveral
adiós a la soltería
todas tus cuatitas
beben martinis de café
te ofrecen un kit-spa un kit-moon un kit-honey un
    honeymoon-kit
te dan un bronceado exprés para que no llegues blanca
    como un ghost
te echan las cartas pura buena suerte cien años de vida
    ocho hijos veinte nietos
sobrevivirás a tu marido
uo uo
llora sólo en la iglesia
no oigas el sermón del cura contra el aborto contra
    la píldora contra el condón pro vida
olvídate de la epístola de melchor la mujer es débil
    debe obediencia el hombre es

fuerte el hombre manda
tú nomás oye al DJ del banquete cantando I will
    always love you
tú nomás extasíate en el jardín mágico de tu banquete
    de bodas
todo de ensueño todo tan in espejos en vez de
    manteles colgantes de swarowski
mágnums de champaña ceviche de mango rollitos de
    puerco helado de iguana
pastel de cacto
el superambiente el reventón a pasarlo bomba a
    pasarla increíble
uo uo
la pareja de oro
no paramos de bailar
entrándole al brinquito
mucho beso y apapacho
todo tan in
i will always love you
pon cara de angelito
suertudote tu novio digo marido digo mono bestia
    peluda horrendo king kong
mamá mamámamá mamamá
allons enfants de la patrie
una foto sentada en el inodoro
cabrón pervertido
nos vamos a Cancún

La madre del mariachi

1. Usted la conoce. Nadie la conoce mejor que usted. Pero ahora no la reconocería. ¿Cómo va a ser? ¿Doña Medea Batalla encuerada? ¿Una mujer de edad —sesenta, setenta años— desnuda en un separo de la policía? ¿La abuela con cabecita gris sin más ropa que un pañal sostenido con alfileres, dice usted? ¿El pecho vencido como por un orgullo demasiado frecuente? ¿Los brazos delgados y recios acostumbrados al trabajo y no a la penitencia?

¿A cuál trabajo, pregunta usted? Muchos quehaceres le atribuyen en el barrio a doña Mede, tal es su ir y venir desde muy temprano en el mercado. Quiere ser la primera en escoger las papas y los chiles secos y en temporada los chapulines y los escamoles. Luego se retira a su casa de un solo piso entre una vulcanizadora y una miscelánea, al fondo de un estacionamiento, y extrae del rebozo su verdadero tesoro. El cascabel de culebra. Doña Mede sabe que sobrevive gracias al cascabel que es pócima de larga vida. Cada serpiente tiene cinco cascabeles. Con dos tomas se cumple la semana y se goza de salud.

Este es un secreto que usted quizás no sabía y que yo le cuento ahora para que se vaya enterando. Porque en el caso de doña Mede todo son suposiciones y adivinanzas, ya que ella se encarga de guardar dentro del rebozo —de arrebozar— sus secretos, dejando que corran las voces del barrio. Que si es costurera. ¿No la ha mirado usted entrar a la casa con todo un tambache de ropa y luego salir con unos bultos que podrían ser camisas o blusas o faldas? Que si es alfarera. ¿La ha escuchado usted girar el torno y salir a lavarse las manos manchadas de barro en el grifo de afuera de su casa? Que si es partera. ¿A dónde sale apresurada cuando un chiquillo del barrio llega corriendo a avisarle venga, doña Medea, véngase ya, volandito, mi hermana grita y dice que venga usted a aliviarla? Que si es bruja, predicadora protestante, alcahueta de inexistentes millonarios locales, que a doña Medea Batalla le cuelgan más milagros que los que ella le agradece, con persistentes exvotos particulares, a la Virgen aquí en la iglesia de la Purísima Concepción.

Una trenza color de heno le adorna la nuca y la espalda. Usted recuerda que de joven era su pelo negro y restirado colgándole hasta las nalgas lo que volvía locos a los hombres. Ahora dicen que está a un paso de la tumba. Aunque eso vienen diciendo desde hace muchos años.

—Doña Mede está a un paso de la tumba.

—Va que vuela al camposanto.

—Doña Mede ya se va a petatear.

—Cualquier día de estos, doña Mede estira la pata.

—La muerte ya le alquiló el cuerpo.

—Tiene la mirada de otro mundo.

No es cierto. Usted sabe que doña Medea no tiene mirada de muerte, sino ojos de tristeza. Usted sabe que los ires y venires de la señora no delatan su verdadera ocupación. Ella tiene otra voluntad, secreta. ¿Tiene que ver con los hombres que conoció en su vida? Quién sabe si usted sabe. Doña Medea tiene ojos de pura desolación.

Usted ha oído decir que hubo hombres en la vida de doña Medea. Pero ni usted ni nadie les vio jamás la cara. Una cosa es cierta: esta mujer perdió a todos sus hombres en las pulquerías.

Fue su destino. Y el destino es como la liebre. Salta donde menos se le espera. Nada más que el conejo de la fatalidad resulta que a doña Medea le saltó en las pulquerías. Este es un cantón espeso, usted lo sabe bien. Aquí las vidas como que se confunden. Los nombres se extravían. Los hombres cambian de vida y de nombre sin deberlo ni temerlo. Como los artistas de cine, los luchadores enmascarados y los criminales. El Santo. El Floridito. El Pifas. El Tasajeado. Puro nombre maldito. El Cacomixtle. Y en cambio, como para compensar, están todos los nombres benditos. El Santo Niño de Atocha, el Cristo de los Afligidos, la Virgen de los Remedios.

Así se reparten las llamaradas, que eso eran para doña Mede lo que la gente se llamaba o era llamada. Llamaradas de la ciudad. Fulgores repentinos. Fuego de petate.

—¿Y a usted por qué le pusieron ese nombre tan raro, doña Medea?

—Por la emperatriz Carlota.

—¿Qué tiene que ver?

—Mi mamá vio una película con una artista que siempre hacía el papel de Carlota.

—¿Cómo se llamaba?

—Medea. La emperatriz Medea de Navarra.

—¿No sería Novara?

—Navarra, Novara, a estas alturas de la vida, ¿qué más da? Todos tenemos los nombres que ái nos van poniendo los demás según su fantasía. ¡Verdad de Dios!

Los hombres cambian de nombre y de vida. Por eso es extraño que todos los amores de doña Mede hayan sido pulqueros. No exactamente dueños sino víctimas de las pulquerías. En "La Solitaria" se le perdió un marido entre espejos de plata y barriles de madera. En "La Bella Bárbara" otro hombre se le ahogó para siempre en curado de avena. Y dicen que un tercer esposo fue tragado por la mezcla de huevos tibios, chile cascabel y leche aguada de la pulquería "El Hijo de los Aztecas".

Por eso nadie sabía quién era el padre del único hijo de doña Mede. El mariachi.

2. ¿Sabe usted por qué se encuentra doña Medea Batalla en la comisaría, vestida sólo con pañal? Porque sólo le faltaba esto, dirá usted. ¿Sólo esto? Ni que su vida fuese tan atribulada. Doña Medea, aparte sus escarceos amorosos en las pulquerías, ha sido siempre mujer ordenada. Su día suele empezar con una visita a los mercados. La mañana entera se le va mirando sin comprar, escogiendo sin pagar, sintiendo que la bulliciosa paz de los viejos tianguis citadinos la compensa de la vida, o por lo menos le apacigua la curiosidad de vivir. Se acerca a los expendios y le dan risa los juguetes de hoy, las muñecas Barbie, los Dragonball y los Bob Esponja. Ella recuerda con cariño los monigotes de antes. Los títeres de toreros con

medias color de rosa, los charros Mamertos bigotones y sombrerudos, las señoras Torcuatas gordas con sus faldas amponas y sus trenzas arremangadas.

Pide que le pongan los discos de vinilo con los viejos boleros y rancheras. Y contra sus sentimientos encontrados, quiere enojarse, quiere llorar, finalmente asiente, la música de mariachi la atrapa, la silencia, la pone a llorar y la encabrona también.

Para tranquilizarse, se acerca a un merendero y mientras come hace remembranzas muy apreciadas por las mayoras de los restoranes que le ofrecen platillos gratis mientras doña Medea platica las cosas del pasado. Es como si un gran río de recuerdos corriera sin detenerse nunca, pues en las caras de las nuevas cocineras y sirvientas ve doña Medea su propia juventud y adivina los mismos sentimientos de amor, tristeza, esperanza, rencor y tradición que cuentan las letras de las canciones. Moles, pozoles, enchiladas. El sentimiento se alimenta, la comida se siente. Así pasa, usted lo sabe de sobra. ¡Vive Dios!

Doña Medea se mueve por el mercado y no compra nada porque siente que es suyo todo lo que le entra por la mirada. Por eso para ella no hay objeto sin precio. Todo lo que se usa contiene un valor perdido que regresa de una manera mágica, inesperada, a una vitrina con vestidos de novia empolvados, a un disco de música ranchera, a un exvoto dando gracias a la Virgen por habernos salvado de una muerte segura… Ella es devota de la Inmaculada Concepción de María y visita todos los días la pequeña iglesia presidida por la Madre de Dios. Usted que la conoce sabe que ella no es una beata cualquiera. Su devoción tiene misión. ¿Por qué entra de rodillas? ¿Por qué prende cirios? ¿Por qué, en fin, le reza a la Virgen? ¿Por qué, es más, lee con tanta atención los exvotos, como si esperase encontrar en uno —sólo uno— el mensaje que aguarda, el telegrama del cielo, el anuncio que la Virgen le manda a ella y a nadie más?

Se detiene a leer ese exvoto. Una muerte segura. ¿Ha notado usted con qué salivación la ve pasar el agente funerario de la esquina? Ella se ríe de esto. El agente quiere espantarla, precisa doña Medea. La está midiendo para el cajón. Pero a ella le falta mucho para acostarse en un estuche de muerte.

—No sea tan metiche —le dice al enterrador.

—Ni usted tan obsequiosa —y con una sonrisa—: Hágame caso. Pase a verme. Más vale que de una santa vez le tome la medida.

—No sea zonzo. Morir no importa. Lo terrible es morirse.

—Aquí la espero, doña Medea. Sea más precavida.

—Pues tenga mucha paciencia, porque cuando usted llegue con su cajita, yo ya habré resucitado.

Lo cierto es que doña Medea no quiere rendirse así como así a las sombras eternas. A ella el guacamole no se le sale del taco. Ve a las otras mujeres para compararse con ellas y adivinar sus destinos. Las clasifica con certeza. Unas le parecen burras de carga. Otras se pasan de listas. Doña Medea se huele de lejos a las mujeres alimaña que intrigan el día entero y a las mujeres que parecen tan resignadas que ya ni rezongan.

El barrio entero es un hervidero de chismes, ambiciones, deseos de largarse para salir del atolladero de la ciudad. Así lo dice usted, señor.

—Una ciudad sin esperanza, destruida por dentro y por fuera, alimentada sin embargo por unas ilusiones que con suerte se dan el lujo de ser más abusadas que una fatalidad que se lo va chupando todo, hasta dejar a los habitantes del barrio sin más recurso que el crimen. La violencia como último refugio de la esperanza, por raro que esto suene.

—De repente, la violencia le tiene miedo a doña Medea. Es que ella ha construido su vida entera como una defensa contra dos cosas.

—A saber.

—Una, el latido de violencia que siente a su alrededor y que ella vence con su rutina ordinaria.

—¿Y la otra cosa era?

—Ah, ese es su secreto. Por ahora, bástele a usted saber que ella duerme con el Cancionero Picot a guisa de almohada. Cree que las letras le entran por ese hoyo que dice don Lupino el boticario que tenemos en el descanso del cráneo y así el peligro se desvanece como el cascabel de víbora en su boca. A lo que verdaderamente le teme, sin entenderlo del todo, es a la ola urbana que puede arrasarlo todo, licenciado, arrastrarla ella misma pues a un destino que no es el suyo, implicarla en faltas que no ha cometido…

Hasta acabar en pañales en manos de la policía, ella que siempre se ha llevado a todo taco con los gendarmes que necesitan, quién sabe, conocer a una persona como ella que les devuelva la confianza en la vida. ¡Ay!

Ella se dice todo esto y usted, con razón, la recrimina.

La violencia hace tiempo que se hizo presente en casa de doña Medea. El dolor tocó a su puerta con alevosía. Con nudillos trinantes y voces de jilguero. Pura farsa. Si la violencia ya la trae ella por dentro, sin necesidad de todo lo que ha pasado.

La violencia en casa.

Y la violencia en la calle.

El dolor en todas partes.

3. Por eso circula la vieja señora por los mercados y los merenderos, por eso platica lo mismo con las placeras que con los policías. Por eso oye música de Agustín Lara y de José Alfredo Jiménez. Para creer que la vida del barrio tiene remedio. Que es hoy la misma de antes. Y si no lo es, entonces para exorcizar la amenaza que ella siente en la piel y en los huesos, todo lo que aquí existe y que ella no quiere admitir, como si un buen mole amarillo bastara para asentar el goce y la tranquilidad de la vida. Como si el arrullo de un bolero pudiera espantar, nombrándolos, todos los males de la existencia…

Pues resulta que doña Medea Batalla es una mujer con antenas y sabe muy bien que están pasando cosas no sólo desagradables sino malditas. Detrás de la fachada muy limpiecita que ella se ha levantado hay mucha mugre, mucha pena, mucho delito, mucho resentimiento. Ella sabe que si algunos se han largado de aquí, otros más se han quedado, convirtiendo la necesidad en virtud, sea del pícaro que encuentra la manera de sacarle raja a la desgracia o la del sinvergüenza de abajo que decide ser más listo que los sinvergüenzas de arriba.

—¿Quieres hacerme un trabajo?

—¿Rival de amores?

—No, enemigo del negocio.

—Dile a tu hijo que saque a pasear al perro amarrado.

—¿Esa es la señal?

—Pasear mascotas.

—El miedo no anda en burro.

—¿Cero tolerancia?

—Qué va. Cero remordimiento.

—¿Qué dices? No te oigo bien.

—Aclárate la voz con té de malva.

—Ah, ya te entiendo.

—¿Verdad que sí?

—A todo meter.

—Nomás no comas ansias.

—Seguro. Se avanza despacio.

—¿Verdad que sí?

—Y nunca camines bajo los árboles de noche.

—Me cae de madre.

Claro que ella entiende todo esto. Por eso mismo es como es, hace lo que hace. Para vivir otra vida distinta de la de todos. Para creer que aunque su ejemplo de disponibilidad benéfica a nadie beneficia, por lo menos crea una como aureola de normalidad bondadosa en un barrio sin más norma que el mal.

—Eso usted ya lo sabe.

Por eso sale Medea Batalla aquella noche de su pobre casa adonde nadie ha entrado desde que su hijo la abandonó, empujada por una rara mezcla de razonamiento y presagio.

¿Qué pasa?

¿Por qué salen todos de sus casas, por qué cierran los comercios, por qué se quedan en luz verde todos los semáforos? ¿Por qué se inundan las calles de gente, de gritos, de sirenas ululantes?

Ella se conoce a la gente del barrio. Sólo que no los conocía tan encabronados. Avanzan los vecinos, hombres y mujeres, avanzan como un solo tigre, avanzan sin orden pero con la fuerza de una marejada. Avanzan y van rodeando a los policías. Los policías amenazan con puños en alto y voces sin timbre, apagadas por el tumulto creciente. La gente aprieta el círculo, ustedes no son policías, son secuestradores, venimos a protegerlos, ¿de qué?, mejor nos protegemos solos. Nos avisaron, aquí hay droga, ustedes viven del tráfico de droga. Miren pinches polacos, aquí nos gobernamos solos, mientras menos policías mejor, nosotros nos sabemos proteger. El círculo se está cerrando y ya Medea Batalla, sin quererlo, es parte de la ola. La jalan, la empujan, la apartan con violencia, la pegan como chicle contra la muralla en movimiento del barrio entero rodeando a los cinco policías que protestan cada vez con menos energía. Hay droga, vamos a catear las casas, vamos a protegerlos. Nos protegemos mejor solos, ustedes no son policías, son secuestradores, son robachicos. Cero violencia, señora, cero remordimiento, cuico, ya los conocemos, llevan semanas tomando fotos a la salida de la escuela. Ladrones de niños, de aquí no salen vivos. Mátenlos a golpes. No los dejen escapar. Miren ese que quiere subirse al toldo del coche. Cójanlo. Arrástrenlo. A patadas. Túmbenlo. A trompadas. Al suelo. Madreados. Chorreando sangre los culeros. Ahora riéguenlos de gasolina. Préndanles fuego. Que no quede de ellos más que la ceniza de la sombra, la calcomanía del perfil, el fantasma de los huesos. Quémenlos vivos. Que ardan. Que se achicharren.

Hay gritos de júbilo cuando rocían de gasolina a los policías y les prenden fuego. Doña Medea se une al coro de la alegría. El barrio ha derrotado a la violencia que vino desde afuera con la violencia que viene de adentro. Dos de los policías arden vivos con gritos que silencian a las sirenas. Las cámaras de televisión lo transmiten todo. En vivo. Los helicópteros del señor alcalde y los del Señor Presidente nomás vuelan como abejorros mafufos encima de la turba dejando hacer, confirmando a los ojos del barrio que hacemos bien en matar a los agentes de seguridad. Que el barrio se gobierna solo y que el barrio no anda en burro. Desde el aire, ¿habrán visto bien a los policías quemados por la gente del barrio? ¿Vendrán a recoger lo que queda de la autoridad: los pantalones azules y los zapatos con tachuela? Achicharrados en pira ardiente. Fogatas de ramas y pajuelas.

—¡Quémenlos!

—¡No hace falta el gobierno!

—¡Somos barrios libres para mercar y moler, mentar y matar, mugir y morir!

—¡Ái les vamos!

—¡Cuídense, pinches ricos, cabrones políticos!

—¡Ái les vamos!

—Véannos bien en sus teles.

—Véannos sin credencial cual ninguna.

—Más les vale.

—Ay Diosito santo —rueda doña Medea arrastrada por los rumores de la multitud—. No dejes que usen mis huesos como garrote.

El linchamiento es visto por todo el país pero doña Medea sólo tiene ojos para un hombre. Un hombre madreado por la multitud porque la multitud no sabe que entre el humo y la sangre y el alarido de las sirenas hay otra voz que se apaga a golpes.

Ella la oye. Cómo no la va a oír. Si la ha escuchado toda la vida. Si ahora grita con rabia y desesperación y derrota, otro día cantaba muy bonito. Era una voz muy chula. Ahora la voz se va apagando a golpes en medio de la muchedumbre nocturna del barrio vigilado por las fuerzas del orden que ahora provocan la fuerza del desorden en medio del humo y la niebla de llantas incendiadas y automóviles volteados y policías quemados vivos achicharrados con olor a pelo y hule y tripas indigestas. Liberando con su muerte el olor colectivo de fritangas elotes tortilla tibia sobacos patas pedos overoles rebozos aserrín heno cuero madera mojada tejas ardientes. Brotan de las panzas acuchilladas las insignias sin número de la muerte.

4. Desde niño, Maximiliano Batalla cantó muy bonito. Salía al patio y mientras se duchaba a cubetazos cantaba las canciones de moda. De niño, vinieron a proponerle que cantara en el coro de la Iglesia de la Purísima Concepción. Él dijo que no porque sus canciones eran sólo para su mamá.

Doña Medea (ingenuo de mí) se creyó que ese canto filial duraría toda la vida porque la fortaleza de un hijo depende de la fortaleza de la madre. Por más agresiva que sea la del hijo y más angustiosa la de la madre. Es algo que se hereda. Al fin y al cabo, Maximiliano había sido destetado con pulque y así quedaba libre para salir a buscar leches. Medea miraba a Max y el chico debió sentir que tanto amor compensaba una pobreza sometida al proverbio nacional:

—Llevamos siglos comiendo tortilla y frijoles, hijito. Qué poco se necesita para sobrevivir.

Si Maximiliano era feliz, es porque no pedía nada. Un niño tranquilo y quizás resignado. Qué poco se necesita para sobrevivir.

Ahora, años más tarde, doña Medea cree que cometió un solo grave, gravísimo error. Regalarle a Maxi un muñeco encontrado por casualidad en el mercado. Un Niño Jesús vestido de charro.

Un niño feliz.

Sólo que a los quince años llegó con la cara demudada y le espetó a doña Medea:

—¿Quién es mi papi?

Ella se encogió de hombros. Maximiliano era tan dócil e inteligente que la pregunta salía sobrando en una relación tan tierna como la de madre e hijo. Sólo que esta vez el chamaco insistió:

—Quiero saber de quién soy hijo.

—Eres mi hijo —contestó con naturalidad sonriente doña Medea.

—¿Y del Espíritu Santo? —dijo con actitud de falsa devoción el muchacho.

—Ándale —sonrió Medea, totalmente fuera de onda—. Canta "Cucurrucucú paloma".

—Mejor "Paloma negra".

—No, esa es muy triste.

—Pues como dicen que soy hijo de la tristeza.

—¿Quién te lo dice?

—¿A poco no se imagina? En la escuela.

—Mándalos a la…

—¿Chingada? Pero si ya vivo con mi chingada madre.

—¡Ay hijo! ¿Qué demonio se te ha metido?

—El diablo de la vergüenza, señora.

Maximiliano aguantó un año más en la casucha al fondo del estacionamiento. Ella quiso apaciguarlo. Lo llevó a la parroquia para animarlo a cantar en el coro. Maxi le mentó la madre al señor cura. Medea se resignó. Le regaló un traje de charro igualito al del Niño Jesús. Tapizó la recámara con fotos de Jorge Negrete y Pedro Infante halladas en el mercado de las pulgas. Le hizo mandas a la Purísima Concepción para que el hijo quisiera de vuelta a la madre. Siempre supo —usted la conoce— que estos actos externos no bastan, no eran importantes. Si el amor del niño se había perdido, no era con regalitos como iba a recuperarlo. Algo latía en el corazón de doña Medea y era la certeza de que por muy independiente o lejano que resultara su hijo, necesitaría a su madre para sacar las fuerzas que les faltaban aún a los más poderosos. Llámelo usted como guste. Ternura. Paciencia. Aceptación de los accidentes. Calibración del tropiezo definitivo.

Maximiliano, en el imaginario de doña Medea, iba a ser el hijo protector de su madre. Cuando le preguntaron por su papá, Maxi se dio de cates con los compañeros, les sacó el mole, por valiente no quedó. El director de la escuela se lo contó, recriminando, a Medea. Ella se sintió orgullosa, más que nada, porque sabía que la rabia del hijo tenía su raíz en la fuerza nerviosa de la madre. En las reservas de resistencia pura de doña Medea. Maximiliano aprendía a pelear porque su madre lo protegía, aunque él no lo supiera.

Esta certeza, creo que usted lo entiende, jamás abandonó a la madre. Buena falta le hizo su fe cuando el hijo se largó sin decir adiós.

No lo volvió a ver. Supo de él por esa especie de coro que acompaña sin quererlo a cada citadino y se va transmitiendo de voz en voz, pasando por oídos indiferentes que desconocen su propia función de transmitir noticias hasta dar, sin voluntad cualquiera, en la oreja de un lejano destinatario. La ciudad y sus barrios forman así una aureola involuntaria de deseos, memorias, adivinanzas, pleonasmos, instancias lúdicas que crean un arco suspendido sobre cada barrio, cada calle, cada familia y cada vida. Lo sabemos, lo sentimos usted y yo. No hay necesidad alguna de separar lo personal de lo colectivo, lo vivido de lo soñado, lo que falta hacer de lo que ya se hizo. La ciudad es generosa y lo abarca todo, desde lo más chico hasta lo más grande, desde lo más secreto hasta lo más público, desde lo más personal hasta lo más social. No vale andar dividiendo y separando nada de lo que crea una gran ciudad como la nuestra. Sólo la ideología separa sin respetar el todo, mi amigo. Eso usted lo sabe. La ideología vuelve camaradas a los imbéciles y a los sabios. Pero eso usted ya lo sabe.

Así, gracias al silencioso coro de la ciudad, fue que doña Medea fue sabiendo que Maxi se integró a un conjunto de mariachis en la Plaza Garibaldi y que por ser el nene del grupo le regalaron un lujoso traje negro de charro con botonadura de plata y el águila y la serpiente bordados en la espalda. Una corbatita tricolor y un sombrero negro con orlas de plata.

Se veía tan jovencito y tan guapo que lo empujaron al frente del grupo porque atraía a las chamacas ricas que pasaban en grandes Lincoln descapotables en aquella época anterior a la violencia generalizada y lo contrataban para cantar al grito de qué lindo se ve mi Dios cuando lo visten de charro y para coger al susurro de amanecí otra vez entre tus brazos.

Así se hizo hombre Maximiliano Batalla, sólo que por los rumbos del callejón de San Camilito. Ser hombre no es dejar de ser niño sino empezar a ser delincuente. Hay unos quinientos músicos registrados en la Plaza Garibaldi para prestar servicios a quienes se los soliciten, ora junto al coche detenido en la plaza misma, ora para llevarle serenata a una muchacha en Las Lomas de Chapultepec, a veces, con suerte, para tocar en una fiesta de postín y otras, a veces también, pero sin suerte, para animar una parranda de esas de a tostón.

No importa. Guitarras, trompetas, violines y tololoches bastan para vivir a toda madre una vida padre y encarnan, noche tras noche, las letras del mariachi.

El mariachi canta con alegre son.

Suena la guitarra, suena el guitarrón.

El violín se queja lo mismo que yo.

Sólo que a los veinte años, con un lustro de mariachi a sus espaldas, Maxi sintió que ni el traje de luces —sólo comparable al de un torero— ni el sexo gratis con señoras y señoritas motorizadas ni las ocasionales libaciones en las cantinas le bastaban. Porque en Maxi había una necesidad latente y esta era la necesidad de peligro. Llegó a sentir que si no se exponía al peligro, lo que hacía no tenía sentido. Ni porvenir ni pasado, puesto que el peligro era tanto la herencia de su madre como el desafío que ella se merecía.

Cómo y cuándo se desprendió del grupo que lo escogió de jovencito al abandonar el hogar para integrarse a la pandilla mariachi llamada "El Sabor de la Tierra", ni usted ni yo estamos para contarlo. El hecho es que el hombrecito de veintiún años, muy lampiño, muy suave de cutis, sin baches de adolescencia ni cicatrices de experiencia en la carita de ángel ni falsos pudores en el cuerpo de demonio, con unos ojos robados al altar del Niño Aparecido, se convertía en el anzuelo perfecto para la banda de criptomariachis que lo empleaban, con su inocente apariencia, para contratar los servicios de la orquesta a cambio de cinco mil pesos adelantados. Maxi recibía el dinero y dejaba plantados a los clientes. Así nomás. Con la idea superior de ganarse la vida sin trabajar. Aunque a Maximiliano Batalla le daba gusto cantar y lo hubiera hecho sin necesidad de robar. Pero a sus compañeros no les cuadraba esta idea. Lo sabroso era ganar la lana sin fatigar la voz. El dinero se repartía entre los otros cuatro falsos mariachis, a mil varos por cabeza.

Fue cuestión de tiempo que les cayeran a los cinco estafadores y aunque El Florido y El Pifas lograron escabullirse, El Tasajeado (por feo) y El Cacomixtle (por pendejo) fueron a dar a la cárcel, en tanto que al guapo Maxi le ofrecieron redimirse ingresando al cuerpo de la policía preventiva, donde su aspecto de angelito y su voz sentimental le vendrían de pelos a los policías que se dedicaban a extorsionar, intimidar y prestar falsos juramentos. ¿Quién dejaría de creerle al bello Maxi?

Lo apostaron en el barrio donde nació. Él opuso resistencia. Lo iban a reconocer. Lo iban, literalmente, a madrear. Lo amenazaron. Por eso estaría allí: porque conocía a todos y nadie, después de diez años de ausencia, lo reconocería a él. Se fue cabrito y regresó cabrón. Ese era el chiste. Iría de casa en casa amenazando y proponiendo. Todos tranquilos si nos pasan la mitad de la droga, el alcohol, las chamacas, o si prefieren el jodín, el tirso y las jainas. Cobrando contribuciones, pagando el impuesto de la tranquilidad, los agentes y Maxi se empezaban a enriquecer cuando cometieron el grandísimo error de vigilar la escuelita del cantón pretextando que allí se vendía lo mismo que ellos llegaron a ofrecer.

Entonces sí que los vecinos, igual los delincuentes que los honrados, se preguntaron, ¿qué quieren estos malditos?, ¿sorprender a nuestros hijos, plantarles drogas, enviarlos a la prostitución? En la duda, la comunidad decidió actuar y acabar, por el puro ejemplo, con los cinco agentes.

Dos fueron quemados vivos.

Tres, golpeados.

Entre ellos, Maximiliano Batalla.

Un garrotazo en el cuello lo tumbo y lo dejó, para siempre, mudo.

5. Doña Medea lo tomó en brazos, sangrante y aturdido como el Santo Cristo de los Afligidos. Tambaleantes llegaron madre e hijo al cuartucho escondido al fondo de un estacionamiento, Maxi apoyado contra los automóviles, manchando con las manos rojas los parabrisas, gimiendo como un bello animal que se sabe no sólo herido sino extraviado y no sólo extraviado sino extinguido para siempre. Era el fantasma del mariachi. Cuando mucho.

No podía ver claro con la nube de sangre que le cubría los ojos. Quizás ni siquiera sabía dónde estaba, a menos que reconociera los olores familiares, aunque éstos eran bien comunes. El epazote. El tomillo. La mejorana. Todo el herbolario de la cocina de doña Medea, que era la cocina de todo el mundo. Porque la señora —usted conoce su carácter— no se había identificado. Auxiliaba a su hijo como lo haría la Verónica a Cristo. Invisible. Silente. Inesperada pero tolerada… Porque la virilidad apaleada no es virilidad derrotada, sino hombría dispuesta a dar la siguiente pelea. Aunque mirando a Maxi, doña Medea no creía que este gallo volviera a cacarear…

Pasó algo a la vez insólito y previsible. Con el paso de los días, el hijo fue recuperando los sentidos. Doña Medea le ministró yerbas, vendajes, pozoles y esencias de culebra cascabel. Aporreado y al borde de la muerte, Maxi primero pudo escuchar los ires y venires de su ignorada madrecita sin atribuírselos a ella. Luego olfateó los guisos y quizás reconoció algo familiar en los sabores de las sopas que Medea le sirvió con cuchara. Finalmente, los ojos se le deshincharon y pudo mirar alrededor. Entonces una de dos. Reconoció y no quiso admitir o no reconoció y admitió. ¿Qué cosa aceptó, si así fue? Que no era dueño de su persona. Sus movimientos de lentitud moribunda lo delataban. No sabía dónde estaba. O fingía ignorarlo.

Medea ni lo reconoció ni se dejó reconocer. Una sabiduría muy antigua en su persona le dijo que era mejor así. Si Maxi quería reconocerla, tendría que hacerlo por su cuenta. Ella no se prestaría a ningún soborno sentimental. Tal fue la fortaleza de su carácter que al cabo de las desdichadas experiencias de los últimos días ella extrajo de sí misma como de esas viejas minas abandonadas cuyo tesoro único es el misterio la plata que hace tiempo se creía agotada.

Maxi oía. Maxi olía. Maxi sentía. Al cabo, Maxi veía. Medea esperaba ansiosa que su hijo cantara. Ella hizo algunas cosas inútiles. Puso un disco de Cuco Sánchez. Alborotó a los canarios. Chifló el tango "Madreselva". Todo en vano. Maxi seguía allí, recostado en la cama de tijera con dos sarapes cobijándolo y el Cancionero Picot a guisa de almohada. La mirada lejana y la boca cerrada.

Fue cuando Medea se dijo que a los grandes males, grandes remedios.

Se fue a ver a la mayora del comedor vecino para pedirle prestada la silla de ruedas reservada para la clientela inválida. De vuelta en su casa, sentó como pudo a Maxi en la silla y salió a la calle empujándola.

Sabía muy bien a dónde se dirigía.

Apostó su destino y el de su hijo a la fecha faustísima del 22 de noviembre, día de Santa Cecilia, patrona de los músicos.

Entró a la Iglesia de la Purísima Concepción. Un muro entero estaba dedicado a los exvotos agradeciendo milagros que iban de salvarse de un accidente de carretera a una resurrección a los dos días de muerto. ¿Tendría Medea Batalla ocasión de añadir su propio exvoto a esta galería? ¿Le devolvería la Virgen la voz a su hijo del mariachi?

Madre e hijo se llegaron hasta el altar. Maximiliano parecía embelesado y lejano, como si estar vivo fuese milagro suficiente. Doña Medea esperaba el milagro. No lo daba por hecho.

Se hincó frente a la imagen de la Virgen vestida de azul con estrellitas bordadas y la media luna a sus pies. Era una imagen milagrosa. De ella se contaba que resucitó a la hija de un volatinero de feria que se cayó de la silla y fue atravesada en su pecho por estacas, salvándose cuando la imagen de la Virgen apareció en lo alto de la rueda de la fortuna.

Ahora Medea pedía un milagro nuevo pero menor: que la Virgen le devolviese la voz a su hijo. Que Maxi volviera a cantar. Que el mariachi no se quedara mudo, con catastróficas consecuencias para todos: el mundo, la patria, la música, Maxi y Mede.

Medea se dirigía a la Virgen dirigiéndose a su hijo.

—No importa que no me quieras, Maxi. Tu verdadera madre es la Virgen.

Y a la Virgen:

—Madre de Dios, devuélvele la voz a mi hijo para que te alabe.

Y a Maximiliano:

—Anda, Maxi, anda, ¿no ves que te lo pide Nuestra Señora? ¡No te hagas el remolón!

Entonces dicen —¿usted no lo ha oído contar?— que sucedió el milagro. La Virgen le tendió una mano a Medea Batalla y le entregó un manojo de pequeñas llavecitas.

—Esto es para que entres a mi casa, Medea.

La mujer tomó las llaves, las besó, las puso sobre los labios de Maxi y le dijo:

—Anda hijo. Canta. La Virgen te ha devuelto la voz.

Pero Maxi no abrió la boca. Sólo abrió los ojos, siempre entre azorado y ausente. Y sin embargo, la

Virgen le dirigía la mirada. Maxi no se la devolvía. En cambio, Medea sí. La madre miró a la Virgen como hubiera querido que su hijo la mirara a ella. En esa mirada reunió Medea su vida entera, sus amores extremados, la alegría del parto veinticinco años antes, el alivio del cascabel de culebra, las tareas minúsculas del lavado ajeno, las medianas de la alfarería y las mayúsculas de asistir al parto de las mujeres del barrio. Todo se le juntó en ese momento de la reunión de la Virgen y el hijo, hijo de Medea e hijo de María, el mariachi que perdió la voz de un garrotazo el día de la trifulca, el cantante que ahora, si la Virgen era de verdad milagrosa, recobraría aquí mismo la voz…

Hubo un enorme silencio.

Todo se iluminó.

Cada exvoto se prendió como un foco de la esperanza.

Las veladoras brillaron.

Maximiliano se quedó callado.

Medea abrió la boca y empezó a cantar.

Pavorreal que eres correo
y que vas pal Real del Oro,
Pavorreal si te preguntan,
Pavorreal diles que lloro
lagrimitas de mi sangre
por un hijito que adoro.

Medea cantaba frente a las veladoras con un inconsciente deseo de que su aliento las extinguiese. Pero las veladoras no se apagaban. Crecían con la canción de Medea. Se animaban con la vida de su voz. Una voz clara, fuerte, sonora, como para animar un palenque de gallos. Una voz de hombre, una voz de mariachi. Una voz que salía de la madre del mariachi, iluminando los exvotos, las veladoras, las llaves que la Virgen le entregó, el paletó con la imagen de la cena de Jerusalén…

Una voz que llenaba de luz la ciudad entera.

6. Doña Medea Batalla está encuerada en un separo de la comisaría. Sólo trae puesto un pañal sujeto con alfileres. La arrastraron en la redada general el día del tumulto. Los tecolotes, los azules, los gendarmes como ella los llamaba delatando su propia antigüedad verbal. Pero a los vecinos más cercanos al mitote los acarrearon, los desnudaron, los encerraron. Por lo menos a ella le permitieron seguir con ese vergonzoso pañal que ella se resignó a usar para protegerse de la incontinencia.

Ahora Medea espera que usted venga a rescatarla. Que pague la fianza. Tuvo que dar el nombre de usted. ¿A quién más podía referirse? ¿Al agente de pompas fúnebres? ¿A las mayoras de los restoranes? ¿A los amantes muertos en las pulquerías? ¿A la banda de mariachis "El Sabor de la Tierra"? ¿Al hijo que creyó adivinar en medio de la turba de la noche anterior?

Para nada, señor. Sólo a usted. Usted que tenía veinte años cuando ella cumplía cuarenta y todos en el barrio la seguían por su belleza fresca y morena, guiados por la trenza negra que a Medea le daba a las nalgas, ¿ya no se acuerda señor licenciado pintiflorido?, ¿ya perdió la memoria, don catrín?, ¿ya no se acuerda de lo linda que fue Medea y de la decisión que tomó de tener un hijo sólo con usted, el padre del mariachi? Tenga vergüenza. Sólo usted puede venir a salvarla. No sea cabrón. Reconózcalo. Hágase responsable. Por una vez en su santa vida, señor. Olvídese de quién es y vuelva a ser el que fue. Por su madre.

Y no me salga con lo de siempre:

—Estamos en México. Reza.

Mejor tómese un cascabel de culebra.

Coro de la luna de miel desnuda

Regino y Regina se presentaron a protestar en las oficinas de equipajes perdidos del aeropuerto, vienen en luna de miel desde Tuxtla Gutiérrez a Acapulco vía el D.F., cómo van a llegar sin sus maletas, qué pasa, dónde están, uy señores —Regino, Regina— no se impacienten, en media hora se las tenemos, mientras tómense un cafecito, oiga ya pasaron los treinta minutos, ¿qué pasó?, ¿dónde están? Y Regina pensando en la exquisita ropa interior que le regalaron sus amigas con propósitos eróticos en el shower de Tuxtla y el aeropuerto pues todavía no llegan las maletas saben un choque de coches, ¿dónde? en Chiapas en la pista del aeropuerto de manera que nunca subieron al avión no con la novedad de que las maletas quedaron destruidas pero si era pura ropa nueva, ropa de recién casada ¿se da cuenta?, ay señorita pues yo le recomiendo, por favor soy señora, señora que no empaque nada que pueda perder, pero si es mi trusó de novia, ay aquí se pierde cada cosa si supiera usted, quien sabe qué pasó con su trusa, pero a veces lo que desaparece son miembros artificiales, armaduras medievales y hasta muñecas de contrabando con drogas escondidas en la cabecita desatornillable, ¡lo que no veremos aquí! y usted se queja de que se le perdió el camisón, más respeto a mi esposa, sí señor sólo que sabe usted, hay más de dos millones de personas que pierden anualmente las maletas en el aeropuerto de manera que nuestro consejo es que la gente viaje con lo que va a necesitar puesto o sea ropa interior camisas y calcetines y una maleta chiquita para empacar lo que la familia no quiera perder y si quieren tomen fotos de lo que llevan en la maleta y así no hay pierde, saben, todas las maletas son iguales todas negras porque eso es lo elegante y dense de santos porque una vez llegaron más de quinientas maletas para un tal mister Mazatlán que los gringos en Los Ángeles creían que era un pasajero y no un aeropuerto de manera que pongan si quieren una queja dirigida al depósito de Scottsboro Alabama que es el cementerio de todas las maletas perdidas de la América del Norte y oye tú de qué se queja esta pareja como si les hiciera falta ropa para la luna de miel en Acapulco, ni falta que hace

Los novios

Manuel Toledano tomó el barco en Venecia para hacer el recorrido Trieste-Split-Dubrovnik durante los cinco días siguientes. El *vaporetto* lo trajo del hotel en el Canal Grande hasta la Dársena, pero la ciudad ducal permanecía en los ojos del viajero como un espejismo perdurable y duplicado. Alejándose de Venecia, Manuel se apartaba de una fantasía que, en el recuerdo, se convertía en espectro de sí misma. Pensó por un momento que, acaso, el fantasma de Venecia poseía más realidad que la ilusoria realidad municipal de calles, canales, plazas e iglesias.

La *dogana* cimentada era un recuerdo de que todas las galas de Venecia —el fasto de la Perla del Adriático— eran fruto de una simulación ancestral, de un perdurable gusto por la teatralidad italiana. Venecia apostaba su escenario dramático —suntuoso telón de fondo— a algo que al cabo era un emporio comercial tan desnudo como el embarcadero donde Toledano puso pie esta mañana, con la sensación de pisar la olvidada tierra firme, confirmando así que Venecia *flotaba* y el viajero, allí, debía acostumbrarse al vaivén de la piedra.

La ciudad, sin embargo, le reservaba, después del adiós aduanal, una última ilusión, un resplandor que se levantaba como un velo sobre Venecia: luz, respiración, latido, espuma de aire, salivación del mar.

Tras de instalarse en su camarote, Manuel salió a pasear por cubierta. No quería perderse el arribo a Trieste y la aparición, asimismo espectral, de Miramar, la añorada sede de la triste pareja imperial Maximiliano y Carlota.

Cuando el puerto se aproximó a su mirada, Manuel descubrió el palacio y sintió un relámpago de piedad hacia la inocencia y la ilusión que apartó a unos príncipes jóvenes, ingenuos y ambiciosos a la vez, de una vida de tranquilidad hereditaria en Europa y los arrojó a una muerte de metralla y locura en México.

Eran, al cabo, sólo dos novios desgraciados.

—Mira hacia el palacio, chiquita… Ay, no seas chocante. ¡Chambona!

Hubo un rumor desastroso de sillas abandonadas seguido de un suspiro resignado que se convertía en respiración trabajosa. Manuel dio la vuelta a la esquina de la cubierta y vio a la mujer que intentaba poner de pie una silla volteada. Se apresuró a ayudarla. La contrariada señora pudo reclinarse de vuelta en su *deck-chair*.

—*Grazie* —le dijo a Manuel.

—De nada, señora —sonrió Manuel pero ella no le devolvió la amabilidad, lo miró con curiosidad y regresó a la fingida lectura de una revista de modas.

Por un instante, sin embargo, las miradas se habían cruzado con una interrogante que Manuel, regresando a su puesto de falso vigía junto a la barandilla (los viajeros viajan como si de ellos dependiese la buena marcha del tren, del avión o del barco), se atrevió a formular en secreto, la señora era mexicana, sus localismos verbales la delataban, ¿la conocía?, ¿la había visto antes? Y ella ¿lo reconoció a él?

Manuel le sonrió a Trieste. Demasiadas veces se había equivocado, buscando en la lucecilla más recóndita de una mirada antigua, en el tono más cansado de una voz otrora fresca, a una amistad de la juventud…

En ocasiones, acertaba, ¿tú eres el Borras Barroso, campeón de basket en el Colegio Francés Morelos?, a veces no, ¿no te sentabas en primera fila del curso de Derecho Civil en San Ildefonso? Con los hombres el asunto era más neto: sí o no. Con las mujeres, más complicado, no sea fresco, señor, su táctica está muy manida, perdón, se equivoca e incluso qué lástima, me hubiera gustado conocerlo de joven o francamente es usted un viejo muy girito, muy bien conservado pero un poco inoportuno…

Sesenta y cinco años bien conservados. Como una mermelada…

La señora se concentró en su lectura. Manuel la miró de reojo. Los dos tendrían la misma edad, así como la misma nacionalidad. Quizás, con suerte, a la hora de la cena les tocaría la misma mesa, habría la oportunidad de acercarse con naturalidad, con cortesía, sin pretextos ridículos o peligrosos…

Ella no se presentó a cenar. El vapor hacía escala en Trieste toda la noche. Quizás ella bajó a un restorán del puerto. Ella. Él se quedó pensando, ¿la había visto antes?, ¿dónde?, ¿cuándo?

La memoria debería tener unos espejuelos suplementarios capaces de sobreponer, con capa tras capa de piel, los rostros anteriores al rostro actual, hasta develar el rostro final de la muerte. Asimismo, este proceso debería ordenarse retrospectivamente, hasta mostrar, a su vez, el primer perfil, el de la juventud añorada, junto con el sentimiento irrenunciable de que fuimos jóvenes y por serlo fuimos felices, fuertes, atractivos, singulares...

Pero el pasado es una neblina que avanza invisible sobre nuestras cabezas, sin que nos demos cuenta. Hasta el día en que llueve.

El corazón de Manuel latía aún con esa sensación de plenitud juvenil. No se alarmaba de ello. Se asombraba. Los calendarios, los espejos, sobre todo las miradas de quienes ya no lo reconocían, no lograban vencer la imagen que Manuel Toledano se hacía de sí mismo. Su mirada *interior* conservaba viva una mirada *anterior*, la de su juventud. Era una visión que él juzgaba fiel, convocable, persistente en mil y un rasgos de su rostro remodelado por el tiempo.

Si los demás no veían al Manuel Toledano que fue, él sí. Él era el mejor, el más certero guardián de su propia y verdadera imagen: la de la juventud.

¿Y ella? ¿Era esa mirada interior y anterior suya la de una memoria que guardaba, en archivo fiel, los rostros de los familiares más cercanos, de los amigos perdidos, de las novias olvidadas?

Y ella...

Al día siguiente, paseándose por la cubierta y evitando el heroico sol adriático con una mano colocada, a guisa de visera, sobre la frente, Manuel aprovechó para dirigir miradas subrepticias a la señora enmascarada por su revista de modas y desenmascarada por una distracción impaciente, como si la lectura fuese el disfraz de otra cosa, una vigilancia constantemente desviada, un deber a la vez enojoso e imperativo… La mujer pasaba, sin mirar, las páginas de la revista. Casi las arañaba como si la memoria fuese una uña aguda.

Por fin —¿inevitablemente?— las miradas se cruzaron, cegada la de ella por la resolana del mar, la de él por la sombra de su propia mano. Manuel le sonrió a la señora:

—Perdone. Es que la oí ayer y me dije es mexicana.

Ella asintió sin decir palabra.

Él insistió, consciente de que practicaba una peligrosa audacia.

—Es más. Tengo la impresión de que nos hemos visto antes.

Se rió de sí mismo, entrecerrando los ojos. Ahora venía la sonora cacheteada verbal, no nunca nos hemos visto, no sea insolente e inoportuno, ese truco es muy viejo.

Ella levantó la mirada.

—Sí. Yo tuve la misma impresión.

—Soy Manuel Toledano…

—¡Manuel! ¡Manolo!

Él asintió sorprendido.

—Manuel, pero si yo soy Lucy, Lucila Casares, ¿no te acuerdas?

Cómo no se iba a acordar. Por la cabeza de Manuel pasaron imágenes a la vez dulces y violentas de la primera juventud, los diecinueve, los veinte años, ardientes noches sólo enfriadas por las estrellas. Las playas. El perfume de la carne joven, el sudor lavado por el mar y restaurado por los besos. El baile apretado e inmóvil en la pista del cabaret *La Perla* en Acapulco… … Perfumes huidizos. Aromas muertos.

Lucila Casares. La miró con infinita ternura, ya sin un trazo de sorpresa o prevención. No vio a una mujer de más de sesenta años, contemporánea de él. Vio a la muchacha de pelo rizado y color indefinible, rubio pero oscuro, cobre sobre oro, trigo sobre cebada, pequeña, sensual, consciente de cada movimiento que realizaba, Lucila la de los brazos suaves y las piernas doradas y el rostro iluminado para siempre por el trópico… Manuel sintió en los labios la espuma de la melancolía.

—Lucila…

—¡Mira qué milagro, Manuel!

—¿El azar?

—Como tú quieras. ¡Qué alegría!

Ella hizo un gesto coqueto con la mano, palmeando suavemente la poltrona vecina a la suya e instando a Manuel a ocuparla.

Manuel temió una sola cosa. Que la información sobre la actualidad —la vida presente de un hombre y una mujer sesentones— desplazara el delicioso regreso a la primera juventud, el amor de muchachos que ambos gozaron tanto. Él, Manuel. Ella, Lucila.

—¿De veras eres tú, Manolo?

—Sí, Lucila. Mira, toca mi mano. ¿No la reconoces?

Ella negó, sonriendo.

—Eso no cambia. La palma de la mano —insistió él.

—Ah sí, la línea de la vida. Dicen que se acorta con los años.

—No, se hace más honda.

—Manuel, Manuel, qué sorpresa…

—Como antes, como Acapulco en 1949…

Ella rió. Se llevó un dedo a los labios y abrió, con falsa alarma, los ojos.

Él rió.

—Bueno, Acapulco siempre.

Sintió que tenía derecho a recordar y rogó que ella lo acompañase. El Adriático, mar calmoso y colorido, también ofreció esta mañana un cielo irrepetible.

—Fíjate que te escuché antes de conocerte.

—¿Y eso? ¿Cuándo?

—Durante las fiestas del 49. Estaba en el cuarto de al lado en el Hotel Anáhuac. Te oí reír. Bueno, lo que en inglés se dice *giggle*, esa risa fresca, juvenil, ingenua…

—Engañosa —sonrió Lucila, arqueando con intención la ceja.

Pero el encuentro esa misma noche en el coctel no fue un engaño. Él la vio acercarse, vaporosa, radiante, con esos tonos de oro y de cobre que la iluminaban de la cabeza a los pies, linda muchacha, la vio entrar y dijo esa sólo puede ser ella, la chica del cuarto vecino, se acercó, se presentó.

—Manuel Toledano. Su vecino, señorita.

—Lástima.

Él inquirió desconcertado.

—Sí —prosiguió la muchacha—. Las paredes nos separan.

Ya no se separaron más durante ese inolvidable diciembre del año 49 que se prolongó, tras los festejos de San Silvestre, en la vacación de enero y la repetición tierna y asombrosa del primer encuentro, en el coctel sólo tú y yo nos hablamos nos miramos los demás en el party no existían decían tonterías desde el primer momento sólo estábamos allí tú y yo Lucila y Manuel Lucy y Manolo.

Los días eran largos. Las noches demasiado breves.

—Bailábamos en la pista de *La Perla*, ¿te acuerdas?

—¿Te acuerdas de la música que tocaban?

—Voy por la vereda tropical...

—La noche plena de inquietud...

—En la brisa que viene del mar...

—No, te equivocas. Primero dice "Con su perfume de humedad..."

Los dos rieron.

—Qué cursilería —dijo Lucila.

Un Acapulco pequeño, adolescente como ellos, a medio crecer, siempre dividido entre cerro y playa, pobre y rico, habitante y turista, dueño aún, Acapulco, de mar limpio y noches claras, familias que se querían y noviazgos iniciales: aguas cálidas y mansas de Caleta y Caletilla, aguas bravas del Revolcadero, olas estruendosas de Playa de Hornos, olas silentes de Puerto Marqués, precipicios de piedra de La Quebrada, hoteles recién estrenados —Las Américas, Club de Pesca— y hoteles vetustos —La Marina, la Quebrada—, pero todos ellos, castillos de arena.

—Los boleros nos permitían bailar muy pegaditos.

—Recuerdo.

—En la brisa que viene del mar...

—Se oye el rumor de una canción...

Un lugar de vacaciones a la vez intrépido y tranquilo, inseguro entre su humilde pasado y su probable porvenir paradisíaco. Ya vibraba en el aire del aeropuerto otro Acapulco de grandes aviones, grandes millonarios, grandes celebridades. En 1949, todavía no. Aunque la placidez doméstica de entonces no alcanzaba a disimular un abismo social más hondo que la propia Quebrada.

—Recuerdo —sonrió Manuel.

—Es verdad —dijo Lucy.

El perfume de dos cuerpos florecientes. El olor del sol de Acapulco. Manuel un sudor contagioso. Lucila un sudor dulce. Transformados ambos por la experiencia inédita del amor cachorro… Un día que a veces nos acompaña Lucy a veces no Manolo.

La perfecta simetría del día y de la vida durante un mes de vacaciones en Acapulco.

Hablaron con una emoción retenida, separados del mundo por el viaje en barco y unidos a la tierra por la memoria compartida. Acapulco en las vacaciones del año 49. Acapulco en el despertar de la nueva década de los cincuenta. Un tiempo de paz, de ilusión, de confianza. Y ellos dos, Lucila y Manuel, abrazados en el centro del mundo. ¿Qué se decían?

—No recuerdo. ¿Tú sí?

—Lo que se dicen dos cachorros —rió Manuel—. Lo que hacen…

—Sabes que nunca fui más feliz en toda mi vida, Manolo.

—Yo tampoco.

—Qué maravilla cómo en cinco semanas puedes vivir más que en cincuenta años… Perdona mi franqueza. La edad autoriza lo que antes era prohibido decir.

Se atropellaron con recuerdos minuciosos, las playas de entonces, Caleta de día, Hornos al atardecer, los niños jugando con la arena, los padres paseándose junto al mar vestidos de pantalón largo y camisas de manga corta, las mamás de trajes floreados y sombreros de paja, jamás en traje de baño, vigilantes los padres, mirando a los adolescentes alejarse de la playa, nadando hasta la isla de la Roqueta donde las miradas paternas no llegaban donde el amor cachorro se podía aliar con el solo amor visible amor cachorro cachondo entrega del alma más que del cuerpo pero latir insensato e incontenible del pulso la carne la mirada de párpados cerrados —¿recuerdas Lucy recuerdas Manolo?— el tacto incierto más que sabio y sensual explorativo y auroral, Lucy, Manolo, mientras desde Caleta los padres miran ansiosos hacia la isla y sólo se preguntan ¿regresarán a tiempo para la comida? y las mamás abrirán aún más las sombrillas y los papás agitarán los sombreros panamá pidiéndoles regresen regresen ya es hora…

—¿Así fue, Manolo?

—No sé. El primer encuentro siempre es un día sin memoria.

—Fueron muchos días, un amor que me pareció muy largo, muy largo…

—No, recuérdalo como un solo día, el día de nuestro encuentro.

Lucila estuvo a punto de tomar la mano de Manuel. Se retuvo. Sólo dijo:

—Qué dedos tan largos. Creo que es lo que más recuerdo. Lo que más me gustó de ti. Tus dedos tan largos.

Lo miró fijamente, con un brillo cruel que lo sorprendió.

—Tanto preguntarme ¿qué habrá sido de él?, ¿será feliz, desgraciado, pobre, rico?

Sonrió.

—Y sólo me quedó una certidumbre. Manuel tiene dedos muy finos, muy largos, muy adorables… Dime, entonces ¿éramos tan inexpertos?

Él le devolvió la sonrisa.

—Sabes que en la Rusia zarista las parejas de más de cincuenta años necesitaban permiso de sus hijos para casarse.

Lucila bajó la cabeza.

—Cuarenta años más tarde, ¿aún me lo reprochas?

No, negó Manuel, no.

—¿Sabes que me moría por ti?

—Entonces por qué no me lo dijiste, ¿entonces?

Ella no contestó directamente. Se abanicó con lasitud sin mirar al hombre.

—La perfección es lo que esperaban de mí.

Dejó caer el abanico sobre el regazo, junto a la revista de modas.

—¿Quién es perfecto? Ni siquiera los que te lo exigen.

—Me doliste mucho, Lucila.

—Imagina lo que me costó a mí decirte vete, no te quiero más.

—¿Eso te pidieron tus padres?

Ella se turbó.

—Eso tenía que decirte para que te alejaras, para que ya no me quisieras…

—No, dime de veras, ¿lo creías?

—Cómo crees —ella levantó la voz sin quererlo.

—¿Te lo pidieron?

—Sí, pero esa no fue la razón por la que te rechacé.

Manuel se guardó lo que sabía. Lucila estaba destinada a casarse con un muchacho rico y de buena sociedad. Manuel era "gente decente" —así se decía— pero sin cuenta de banco apreciable. Esa fue la razón verdadera, una orden terminante, rompe con ese pobretón, el tal Manuel no puede darte la vida que mereces, el amor romántico se acaba, envejeces y lo que quieres es seguridad, confort, chofer, casa en Las Lomas, vacaciones en Europa, ir de compras a Houston, Texas…

—¿Entonces cuál?

Ella se irguió orgullosa.

—"Vete. No te quiero."

Lo miró de frente.

—Creí que así te retenía.

—Quiero entenderte… —murmuró Manuel.

Lucila bajó la mirada.

—Además, eso me excitaba. Despedirte…

—Como a un criado.

—Sí. Y excitarme. A ver si tú te rebelabas y te negabas a creer esa razón y me colocabas contra la pared…

—Fue decisión de tus padres.

—Y tú me arrebatabas, no sé, me secuestrabas, no te dabas por vencido… Fue decisión mía. Fue mi esperanza.

Pasaron con el servicio de consomé y galletas. Manuel se quedó pensando, absorto en sí mismo y luchando contra ese indeseable pensamiento: ver en la separación de los dos jóvenes novios sólo un episodio de la autobiografía de un egoísta. Tenía que haber algo más. Sorbió el consomé.

—Nos dimos cita, ¿recuerdas? —dijo Manuel.

—Y la pospusimos una y otra vez —dijo Lucila.

—¿Cómo íbamos a perder la esperanza?

—Tanto preguntarme, ¿qué habrá sido de él? Tanto recriminarme, ¿por qué lo dejé ir? No fui feliz con el marido que me impusieron. Fui feliz contigo, Manuel…

Se miraron. Dos viejos. Dos viejos recordando tiempos lejanos. ¿Pensaron los dos que, al cabo, nada de esto ocurrió? ¿O que, dada la circunstancia del azar, pudo ocurrir de maneras muy distintas? Mirándose ahora como nunca se miraron cuando la nostalgia estaba exiliada por la presencia, ambos pensaron que si nada de esto ocurrió ayer, ocurría ahora y sólo así lo podrían recordar de hoy en adelante. Sería un momento irrepetible de nuestras vidas. Suplantaría con su actualidad toda nostalgia del pasado. Acaso, todo anhelo de porvenir.

—El dulce dolor de la separación. ¿Quién lo dijo? —murmuró él.

—El dolor, el dolor de perderte —dijo ella en voz muy baja—. Y la obligación de ocultar las emociones… ¿Sabes que me moría por ti?

—Entonces por qué no lo dijiste, ¿entonces?

Lucila cambió abruptamente de tema. No, su matrimonio no fue feliz. Aunque ella sí fue feliz porque tuvo tres hijas. Todas mujeres —sonrió—. ¿Y él? No, él solterón empedernido.

—Nunca es tarde —sonrió Lucila.

Él le devolvió la sonrisa.

—Es mejor casarse por cuarta vez a los sesenta años, no por primera vez…

Ella estuvo a punto de reír. Se contuvo. Había una tristeza superficial pero respetable en las palabras del hombre. Un sentimentalismo necesario para la vida actual de ambos. Sin embargo, Lucila registró cierta frialdad en él apenas pasaron de la evocación de la juventud al destino de la madurez.

—¿Cómo te fue, Lucila?

—Viví rodeada de gente cuya compañía era preferible a su inteligencia.

—Gente desapasionada.

—Sí, gente decente. A veces doy gracias de que ya no soy joven.

—¿Por qué?

—Ya no tengo que seducir. ¿Y tú?

—Lo contrario. Ser viejo es estar obligado a seducir.

—¿Qué busca un solterón? —retomó Lucila con una voz juguetona.

—Un lugar tranquilo donde trabajar.

—¿Lo encontraste?

—No sé. Creo que sí. No tengo obligaciones de familia. Puedo viajar.

Decidió no decir dónde. Temió comprometer este encuentro milagroso. Abrir de nuevo la puerta a las asignaciones pospuestas, como si volviesen a tener veinte años y a punto de romper su noviazgo por presiones ajenas. Imposiciones de voluntades que no entendían el amor de dos jóvenes sin pericia para vivir sus vidas.

¿Quiénes entendían? Los que desconocían el milagro de los enamorados que no eran desconocidos al conocerse. Adivinados. Quizás deseados sin nombre ni perfil todavía. Para ellos, la primera vez es ya la siguiente ocasión.

—Imagino que no vives en México.

—No. Regreso a México de tarde en tarde.

—¿Por qué?

—Antes, por nostalgia de la tranquilidad. Los horarios pausados. Las comidas más lentas aún. Todo era tan humano entonces. Ahora regreso por miedo a la muerte.

—¿Cómo…?

—Sí. No quiero morirme sin ver a México por última vez.

—Pero hoy la ciudad es muy insegura. Es hostil.

Él sonrió.

—No para un hombre romántico y dañado como…

Se detuvo y cambió abruptamente de tema y de tono.

—Déjame decirte que tu amor yo lo preví. Ya lo traía dentro de mí desde siempre.

Se detuvo a mirarle los ojos.

—¿Cómo renunciar a lo que ya existía antes de siquiera verte? ¿Admitiendo que sólo podía perdurar al perderte?

Se detuvo al borde de lo que más detestaba. *Self-pity*. Autocompasión. Quizás ella pensaría lo mismo que él callaba… Dañado por amor a la mujer equivocada y no poder evitar…

—Quererla…

—¿Qué?

—Mira el mar —señaló él—. ¿No ves pasar a unas monjas nadando vestidas?

Al fin ella rió.

—Siempre me divertiste, Manuel.

—Perdí la brújula. Sin ti, tuve que reorientar mi vida entera.

—No digas eso. No lo pienses siquiera.

—No. ¿Y tú?

—Vivo en Nueva York. La ciudad de México es demasiado insegura. Raptaron al marido de una de mis hijas. Lo mataron. Pagamos el rescate. Aun así, lo mataron. Mis otras dos hijas siguen en el D.F. porque allí trabajan sus maridos, con coches de vidrio antibalas y ejércitos de guardaespaldas. Las necesito. Sobre todo a los nietecitos. Los visito. Me visitan.

Rió suavemente.

—Ay Manuel.

Soltó un sollozo. Él la abrazó. Ella dijo entre sacudidas llevo años mirando de reojo lo que se acerca y no me atrevo a mirarlo de frente, no me atrevo a mirar lo que se acerca, ahora creo que siempre eras tú, como un fantasma de mi juventud, ¿por qué todo lo que no debemos hacer prohíbe las excepciones mientras que lo que nos gusta hacer es siempre excepcional?

—Yo no —contestó él, con una especie de certeza creciente—. Yo sigo esperando. Sigo oyendo ese rumor a mis espaldas. Yo no estoy seguro de nada. Desde antes de adivinarte en el cuarto de al lado en Acapulco, tu delicia yo la traía prevista desde siempre, muy dentro de mí. Sólo faltabas tú para desalojar al fantasma.

La abrazó muy fuerte. Unió los labios a la sien de la mujer.

—¿Cómo quieres que renuncie a algo que existía desde siempre? ¿Admitiendo que sólo podía perdurar después de que te fuiste de mí?

Él la soltó y los dos se quedaron un rato mirando al mar, pensando ella que no hay nada más melancólico que la pasión juvenil desengañada, pensando él que cuando sacrificamos la emoción inmediata ganamos la serenidad de ser remotos, preguntándose ambos, sin atreverse a decirlo, si sólo vivieron una fantasía adolescente o un acto indispensable para crecer.

—Qué bueno que nos encontramos —insistió al cabo Lucila con una sinceridad que no deseaba—. Cada uno pudo haberse muerto sin volver a ver al otro, ¿te das cuenta? Sabes —inflexionó la voz—, a veces he pensado con alegría y dolor, las dos cosas, en todo lo que pudimos hacer juntos, sabes, leer, platicar, pensar… Ir juntos al cine, a un restorán…

—Yo no —replicó Manuel—. Date cuenta que nos salvamos de la costumbre y la indiferencia.

Lo dijo como no quería decirlo. Tajante, desagradable, ocultando las razones que ella desconocía y que él nunca le diría a la muchacha del año 49 pero que con vergüenza violenta le dijo a la mujer de hoy, no fue sólo decisión tuya, Lucila, no sólo tus padres se opusieron a mí, mi madre también se opuso, mi madre se paraba detrás de mí en el espejo mientras yo me rasuraba, me tomaba de los hombros, me abrazaba con un tacto de mariposa que yo sentía como el apretón mortal de un pulpo y me decía es que te pareces tanto a mí mi bebé mírate en el espejo esa muchacha no te merece no te conviene su gente te va a humillar déjala pronto no quiero que sufras como yo sufro desde que tu padre se fue y se murió hijito querido piénsalo bien ¿te conviene?

—¿Por qué nos separamos, Manuel?

—Porque tú me exigiste una entrega total.

—¿Yo? —sonrió una mujer acostumbrada a conformarse.

—Olvidar a mis amigos. Olvidar mi trabajo. Olvidar a mi madre. Entrar a tu mundo exclusivo. Y excluyente.

Lucila reaccionó con una extraña voluntad de no decepcionar a Manuel.

—Y tú no supiste cómo. O no pudiste, ¿verdad?

—Todos, todititos quisimos hacer otras cosas y nos perdimos, Lucy. Vamos contentándonos con lo que logramos hacer. Las familias nos obligan a reconocer nuestras diferencias. Tú dejaste a un pobre rico por un rico pobre.

Se detuvo un segundo para cambiar de postura y mirarla de frente.

—¿Es más angustiosa la espera del amor por venir o la tristeza del amor perdido? Si te consuela, déjame decirte que es bonito amar a alguien que no quisimos, sólo porque con esa persona fuimos una promesa y lo seguiremos siendo siempre…

—No me has dicho —Lucila habló con una pizca de desdén—. ¿En qué te ocupas?

Él se encogió de hombros.

—Palabras finales —concluyó Lucila.

—Sí —se separó Manuel, se inclinó con cortesía y se fue caminando por la cubierta, murmurando entre dientes: —Nos volvimos parásitos de nosotros mismos —incierto de este encuentro, turbado por la duda.

Lucila sonrió para sí. Cuántas cosas se habían dicho y cuántas, muchas más, dejaron de decirse. ¿Cómo le iba a decir a este hombre, sabes, vivo esperando que alguien me cuente los sucesos del día, sabes, esas cosas pequeñas con las que llenamos las horas, al fin de que yo pueda decirme a mí misma la cosa mayúscula?

—¿Sabes? Te vas a morir. Esta es tu última vacación. Sácale todo el jugo. Te vas a morir. Invéntate una vida.

Agradeció lo ocurrido. La memoria de la adolescencia y el amor cachorro llenaba por completo el vacío de la separación y el cariño frustrado. No era soportable morir sin darse cuenta. De la muerte pero también del amor. Comunicarlo a quien fuese, a la primera persona que se acercara con el velo de la ignorancia cubriéndole el rostro y los guantes del pasado disfrazándole las manos… Contarle estas cosas al primero que se acercase a ella, conocido o desconocido. Y si fuese un desconocido, contar con la astuta complicidad del viajero solitario ansioso, como ella, de compartir la memoria de lo que nunca fue…

En cambio, caminando hacia la proa del barco, Manuel Toledano pensó que una memoria, mientras más intocable, resulta más completa.

Apretó el paso para regresar a Lucila. Se detuvo al verla de lejos, acompañada de una muchacha adolescente. Dio la vuelta para acercarse sin ser visto desde un pasaje próximo a la cubierta.

—¿Con quién hablabas, abuela?

—Con nadie, Mercedes.

—Los vi. No quise interrumpir.

—Nada, te digo. Sólo miradas. Piensa, niña, cuántas veces cruzamos miradas con alguien y luego nos apartamos.

—¿Y no pasó nada? —dijo con picardía Mercedes.

—No. No pasó nada.

—¿De qué hablaron pues?

—¡Mocosa curiosa! —exclamó Lucila—. De lugares que ya no existen.

—¿Cómo cuál?

—De Acapulco. De las musarañas.

—¿Y qué pasó?

—Nada, te digo. Aprende a darle emoción a los lugares. Aunque sean puras mentiras.

La abuela acarició la mejilla de la muchacha.

—Y ahora ándale, Meche. Vamos a buscar a la traviesa de tu hermanita. Ya es la hora de la comida. Ándale.

Manuel las escuchó hasta que la muchacha ayudó a la abuela a levantarse y ambas se alejaron. Quizás volvería a encontrarlas durante el viaje. Quizás se atrevería a abordar a Lucila y decirle:

—No nos conocimos de veras. Todas son ficciones. Decidimos crearnos un pasado nostálgico. Puras mentiras. Atribúyelo al puro azar. No te preocupes. No hubo pasado. Sólo hay el presente y sus instantes.

Miró hacia la costa dálmata. Se acercaban al puerto de Spalato, en realidad un vasto palacio convertido en ciudad. Aquí habitó el emperador Diocleciano en patios que hoy son plazas, muros que hoy son restoranes, aposentos que hoy son apartamentos, galerías que hoy son calles, baños que hoy son atarjeas.

Desde la cubierta del barco, Manuel no vio estos detalles. Vio el espejismo de la vieja ciudad imperial, la ficción de su grandeza perdida y restaurada sólo por la imaginación, por el hambre de conocer mejor lo que fue que lo que es y lo que pudo ser más que cualquier otra cosa.

De *mirage* en *mirage*, de Venecia a Spalato, el mundo de los recuerdos se convertía en el mundo de los deseos y, entre ambos, latía un corazón compartido por el amor puesto a prueba entre pasado y presente.

Entonces sopló el viento del Adriático, el siroco húmedo y tibio, cargado con las amenazas de lluvia y niebla. Seco en su origen norafricano, el mar lo preña de humo y agua.

Aún no. El viento soplaba suave y la ciudad dálmata brillaba como una ilusión más del dios Apolo.

Manuel sólo murmuró:

—Sigo pensando en ti.

Coro de la familia asesinada

Mi padre y mi madre
murieron en la masacre de El Mozote
el once de diciembre de 1981
como el ejército de la dictadura no lograba vencer a
   los guerrilleros del Frente Farabundo Martí
decidieron matar a los inocentes para espantar a la
   población
mandaron decir que iban a invadirnos pero que no
   matarían a
los que se quedaran en sus casas
sólo a los que anduvieran sueltos por las calles y los
   aledaños
a esos los matarían como conejos
entonces el batallón Atlácatl financiado y entrenado
   por los USA
atacó por sorpresa y exterminó a todos los habitantes
   de El Mozote
hombres mujeres niños
el diez de diciembre los soldados del batallón entra-
   ron a
El Mozote
sacaron a todos de sus casas
los juntaron en la plaza central

les ordenaron echarse bocabajo
patearon a la gente
acusándolos de ser guerrilleros
les exigieron revelar dónde escondían las armas
pero sólo había semilla arado clavo martillo teja
después de una hora les ordenaron regresar a sus
    casas y no
mostrar ni las narices
nos amontonamos en las casas teníamos hambre
sólo oíamos a los del batallón en las calles riendo
    bebiendo
celebrando la victoria
entonces al amanecer
del once de diciembre
nos sacaron de las casas
nos juntaron en el llano frente a la iglesia de los Tres
    Reyes
nos tuvieron parados allí horas y horas
luego a los hombres y a los muchachos los metieron
    a la iglesia
las mujeres y los cipotes a una casa abandonada
éramos como seiscientas gentes
a los hombres nos pusieron bocabajo y nos ataron
    las manos
y otra vez a preguntarnos por las armas escondidas
y como no sabíamos nada a la mañana siguiente
    empezaron a
matarnos
a los hombres en la iglesia nos fueron decapitando
    con
machetes
uno tras otro
para que viéramos lo que nos aguardaba

luego arrastraban los cuerpos y las cabezas a la sacristía
una montaña de cabezas mirándose sin verse allí
como se cansaron de decapitar
a los demás nos fusilaron afuera
apoyados contra los ladrillos colorados y bajo las
tejas
coloradas de la escuela
así murieron cientos de hombres
a las mujeres las marcharon a Cerro Cruz y a Cerro
Chingo
y se las cogieron
una y otra y otra vez
y luego las ahorcaron, las apuñalaron
les prendieron fuego
los niños murieron llorando fuerte
los soldados dijeron los cipotes que quedan son muy
monos
mejor nos los llevamos a casa
pero el comandante dijo no
o matamos a los niños o nos matan a nosotros
los niños gritaron mientras los mataban
maten a todos los cabrones mátenlos bien que no
chillen más
y pronto no se oyeron más gritos
mi abuela me escondió entre sus faldas
los dos vimos la matanza desde los árboles
yo juro que cuando los del batallón Atácatl pasaron
los árboles se movieron para protegernos
a mi abuela y a mí
luego se supo en toda la región
que los soldados del ejército regular
regresaron a limpiar El Mozote

desde las rancherías se olía la carne descompuesta
sacaron los cadáveres de la iglesia de los Tres Reyes
y los enterraron todos juntos
pero seguía oliendo a cadáver dulce
los cerdos se paseaban comiéndoles los tobillos a los
    muertos
por eso los soldados dijeron no coman a esa cochino
    que ya comió carne humana
nadie recoge las muñecas, las barajas, las peinetas, los
    brasieres, los zapatos regados
por todo el pueblo
nadie les reza a las vírgenes tiroteadas de la iglesia ni
    a las cabezas de los santos
decapitados
en el confesionario queda una calavera
y en el muro una inscripción
el batallón Atácatl estuvo aquí
aquí nos cagamos en los hijos de puta
y si no encuentras tus güevos
diles que te los mande por correo el Batallón
    Atácatl
somos los angelitos del infierno
queremos acabar con todos
a ver quién nos emula
yo y yo y yo y yo y yo y yo
la mera mara?
los hijos de los soldados del año ochenta y uno
los hijos de los sacrificados del año ochenta y uno
nada se pierde en Centroamérica
la delgada cintura de un continente
todo se hereda
todo el rencor pasa de mano en mano

La familia armada

Cuando el general Marcelino Miles se internó en la sierra de Guerrero, sabía muy bien qué terreno pisaba. Al mando del quinto batallón de infantería, su misión era clara: acabar con el llamado Ejército Popular "Vicente Guerrero", así bautizado en honor del último guerrillero de la Revolución de Independencia, fusilado en 1831. Su lección fue la nuestra, musitó el general Miles al frente de la columna que ascendía penosamente las laderas de la Sierra Madre del Sur.

Tenía que convencerse a sí mismo, en todas las circunstancias, de que el Ejército obedecía, no se rebelaba. Esta norma había establecido la diferencia, durante setenta años, entre México y el resto de Latinoamérica: las fuerzas armadas obedecían al poder civil, al Presidente de la República. Así de claro.

Pero esta mañana, el general sentía que su misión era turbia: al frente del grupo rebelde se encontraba su propio hijo, Andrés Miles, levantado en armas después de la gran decepción democrática de México. Desde muy joven, Andrés luchó por causas de izquierda, dentro de la ley y con la esperanza de que la acción política alcanzara las metas populares.

—Un país de cien millones de habitantes. La mitad viviendo en la miseria.

Era el mantra de Andrés a la hora de la cena y su hermano Roberto le llevaba la contraria de una manera suave. Había que mantener la paz social a toda costa. Empezando por la paz de las familias.

—¿Al precio de aplazamiento tras aplazamiento? —protestaba Andrés, sentado, naturalmente, a la izquierda del padre.

—La democracia avanza con lentitud. El autoritarismo es más veloz. Más vale conformarse con una democracia lenta —decía Roberto con aire de suficiencia.

—Lo más veloz es la revolución, hermano —se impacientaba Andrés—. Si la democracia no resuelve las cosas por la vía pacífica, van a lanzar a la izquierda de vuelta al monte.

El general Miles, árbitro entre sus hijos, tenía memoria más larga que ellos. Recordaba la historia de motín y sangre de México y la gratitud por los setenta años de partido único y sucesiones tranquilas que habían permitido, en 2000, llegar a la alternancia democrática.

—Alternancia sí. Transición no —decía con energía Andrés, reteniéndose de golpear la cucharilla contra la taza de café y volviéndose hacia su hermano—. No nos cierren las puertas. No nos acosen con triquiñuelas legales. No nos desprecien con soberbia.

"No nos devuelvan al monte."

En el monte estaba ahora Andrés, al frente de un ejército de las sombras que sólo atacaba al amanecer y al ponerse el sol, esfumándose de noche en las montañas y desapareciendo de día entre los hombres de los pueblos de la sierra. Imposible distinguir a un cabecilla rebelde entre cien campesinos idénticos entre sí. Bien sabía Andrés Miles que a los ojos de la ciudad, todos los labriegos eran iguales, tan indistinguibles como un chino de otro chino.

Por eso lo habían escogido a él, al general Miles, con perfidia. Él sabría reconocer al cabecilla. Porque era su propio hijo. Y no hay poder mimético en la espesura gris, espinosa, empinada, sin senderos —la gran sombrilla de la insurrección—, que disfrace a un hijo cuando se encuentra con su padre.

El general Marcelino Miles maldecía entre dientes la torpeza del gobierno derechista que le había ido cerrando, una a una, las puertas de la acción legítima a la izquierda, persiguiendo a sus líderes, despojándoles de inmunidad a base de chapuzas legalistas, animando campañas de prensa en contra de ellos, hasta arrinconarlos y no dejarles más salida que la insurrección armada.

Tantos años de apertura y conciliación estropeados de un golpe por una derecha incompetente ahogada en un pozo de soberbia y vanidad. La corrupción creciente del régimen rompió el hilo por lo más delgado y Andrés le declaró a su padre:

—No hay más salida que las armas.

—Ten paciencia, hijo.

—Sólo me adelanto a ti —dijo con sencillez profética Andrés—. Al final del camino, cuando se agoten todos los recursos políticos, ustedes, los generales, no tendrán más remedio que tomar el poder y acabar con la frivolidad pasiva del gobierno.

—Y en medio, te voy a tener que fusilar —dijo con severidad el padre.

—Así sea —bajó la cabeza Andrés.

En esto pensaba Marcelino Miles durante el ascenso por las estribaciones de la Sierra Madre del Sur. Cumplía con su deber pero lo hacía contra su voluntad. Como la avanzada de la tropa se abría paso a machetazos entre las lianas y bajo la sombra impenetrable de los amates y los ficus entrelazados por los papelillos y abrazados por las trepadoras, así en su conciencia combatían y se enredaban el amor a su hijo y el deber militar. Acaso Andrés tenía razón y, una vez más, el sacrificio del rebelde sería el precio de la paz.

Sólo que ¿cuál paz? El general Miles pensaba (ya que había que pensar en todo o en nada para vencer el penoso ascenso a una montaña indomable, santo y seña de un país tan arrugado como un pergamino) que México no cabía en el puño cerrado de una montaña. Al abrir la mano, surgían de la piel herida espinas y lodazales, dientes verdes de nopal, dientes amarillos de puma, roca veteada y mierda seca, olores pungentes de animales extraviados o habituados en las sierras de Coatepec, La Cuchilla y La Tentación. A cada paso, a la mano siempre, se buscaba lo intangible —el ejército revolucionario— y se encontraba lo más concreto: las pruebas nimias y agresivas de una naturaleza que nos rechaza porque nos ignora.

¿Cómo no iba a oponerse Roberto Miles a su hermano Andrés? El general había criado a sus hijos con modestia cómoda. Nunca les faltó nada. Tampoco les sobró algo. El general quería demostrar que al menos en el Ejército el pasatiempo nacional de la corrupción no tenía cabida. Él era un espartano del Sur de México, donde las dificultades de la vida y la inmensidad de la naturaleza salvan o pierden a los hombres. El que mantiene un mínimo de valores que ni la selva ni el monte ni el trópico logran avasallar, se salva.

Marcelino Miles era de éstos. Pero desde el momento en que la superioridad lo trasladó de Chilpancingo a la ciudad de México, las tendencias de los hijos se revelaron fuera de las reglas que el padre (su pacto con la naturaleza) había impuesto.

La selva y la montaña eran las aliadas irónicas del divisionario Miles. Cumplía con su deber ascendiendo a machetazos por la sierra. Se fugaba de su obligación pensando que los guerrilleros nunca se muestran en combate formal. Atacan al ejército acuartelado o lo sorprenden en el monte. Luego se desvanecen como quimeras, turbios espejos en la magia sobrecogedora e impenetrable de la selva.

Atacaban y desaparecían. No era posible prever el ataque. Las lecciones del pasado fueron aprendidas. Hoy Zapata no caería en la trampa del gobierno, creyendo de buena fe que el enemigo se había pasado de su lado y le daba cita en Chinameca para sellar la doble tradición. Traición fingida del ejército gubernamental a su jefe Carranza. Pronóstico claro de la traición cierta a cada Zapata.

Traición era el nombre de la batalla final.

Había ahora un déficit de ingenuidad, como ayer un exceso de confianza. Marcelino Miles lo pensó con amargura, porque si él, Marcelino Miles, le ofrecía amnistía a su hijo Andrés a cambio de la rendición, el hijo vería una triquiñuela en la generosidad del padre. El hijo no le tendría confianza al padre. El hijo sabía que el padre estaba obligado a capturarlo y fusilarlo.

Dos cálculos se presentaban en la cabeza del general Marcelino Miles mientras guiaba a su tropa por las montañas. Una, que las poblaciones de la montaña y del llano le ofrecían su lealtad a los insurgentes. No porque se identificaran con la causa. No los apoyaban ni por necesidad ni por convicción. Les eran fieles porque los guerrilleros eran sus hermanos, sus maridos, sus padres, sus amigos. Eran *ellos*, en otra actividad tan normal como sembrar y cosechar, cocinar y bailar, vender y comprar: balas, adobes, maíz, tejas, huapangos, guitarras, cántaros, más balas… Era ese vínculo familiar lo que fortalecía a las guerrillas, las albergaba, las escondía, las alimentaba.

El otro cálculo del general, esta noche de zumbidos de macacos y nubes tan bajas que parecían a punto de cantar cobijando a la columna y enloqueciéndola como si el verdadero rumor de las sirenas viniese del aire mismo y no del lejano y atávico mar, era que, tarde o temprano, el campo se cansara de la guerra y abandonara a los rebeldes. Él rogaba que ese momento llegara pronto: no tendría que capturar y juzgar a su propio hijo.

Se engañaba a sí mismo, pensó en seguida. Aunque las aldeas lo abandonaran, Andrés Miles no era de los que se rendían fácilmente. Era de los que seguían en la lucha, aunque no le quedaran más de seis, dos o un solo guerrillero: él mismo. Andrés Miles con su cara tostada y sus ojos melancólicos, su mata de pelo prematuramente encanecido a los treinta años de edad, su cuerpo esbelto, nervioso, impaciente, agazapado, siempre a punto de saltar como un animal del monte. Claro, no pertenecía a los pavimentos, no era bicho de acera. El monte lo llamaba, nostálgico de él. Desde la niñez en Guerrero, a veces se perdía, subía a la montaña y no se sabía de él durante un día entero. Luego regresaba a casa pero jamás admitía haberse perdido. Un orgullo admirablemente necio lo distinguió desde chiquillo.

¿Era mejor su hermano? Roberto era listo, Andrés era inteligente. Roberto calculador, Andrés espontáneo. Roberto actor de un engaño con sonrisa, Andrés, protagonista del drama de la sinceridad. Víctimas los dos, sospechaba con dolor el padre. Andrés se comprometió desde la adolescencia con la lucha de izquierda. No se casó. La política, dijo, era su esposa legítima. Su amante, una novia de la adolescencia en Chilpancingo. A veces él la visitaba. Otras, ella se acercaba a la capital. Andrés vivía en casa del general su padre, pero no mostraba a la muchacha. No por convención burguesa. Más bien porque la quería sólo para él y no deseaba que nadie la juzgara, ni siquiera él mismo.

En cambio Roberto, a los veintiocho años, ya se había casado y divorciado dos veces. Cambiaba de esposa de acuerdo con su propia idea del prestigio social. Empezó en una empresa de alta tecnología, decidió establecer su propio negocio de aparatos electromagnéticos pero aspiraba a ser magnate de software. Ahora le iba regular nada más y por eso regresó, divorciado, al hogar, de acuerdo con la ley "italiana", hoy universal, de quedarse en casa el mayor tiempo posible y así ahorrar renta, comida y criados. Siempre conseguía mujeres, pues era buen tipo, "carita", se decía el padre, sólo que no las mostraba ni las mencionaba.

Unía a padre e hijos una sola mujer, la madre Peregrina Valdés, muerta de cólicos cuando los chicos aún no llegaban a la adolescencia.

—Cuídamelos, Marcelino. Conozco tu disciplina. Dales, además, el cariño que me obsequiaste a mí.

Era muy distinto Roberto de su hermano. Más claro de piel, con una mirada de ojos verdes amurallada por la desconfianza y rostro rasurado dos veces al día como para limar toda aspereza escamosa en una fisonomía que reclamaba confianza sin jamás recibirla del todo.

El cálido recuerdo de la familia no impidió que el general admitiese el desaliento de su tropa. Todos los días exploraban las montañas de Guerrero palmo a palmo. El general era metódico. Que nadie le echara en cara negligencia en su misión, que era buscar a los rebeldes en cada rincón de la Sierra. Miles sabía que su esfuerzo era inútil. Primero, porque la banda rebelde era pequeña y la montaña inmensa. Los revolucionarios lo sabían y se escondían con facilidad, cambiando de ubicación constantemente. Eran las agujas de un gigantesco pajar. El general exploró la sierra desde el aire y no pudo divisar un solo camino, mucho menos una sola aldea. En la vasta extensión de la montaña, ni siquiera un humo solitario delataba vida. La maciza espesura no admitía otro espacio que su propia compacta y verdosa naturaleza.

Y segundo, porque la tropa a su mando sabía que él sabía. Emprendían cada día la marcha conscientes de que no encontrarían jamás al enemigo. Nadie se atrevía a decir en voz alta lo que pensaba: que esta campaña inútil del general Miles los salvaba del enfrentamiento con los rebeldes. Hasta ahora, sólo habían disparado contra los conejos y los zopilotes. Aquéllos eran veloces y ofrecían un excitante juego de puntería. Estos eran devoradores de los conejos muertos, robándoselos a los soldados.

El pacto de engaños entre el comandante y la tropa le permitía a Marcelino Miles gozar de la gratitud

de sus hombres y evadir respingos de la Superioridad.
Que le preguntaran a cualquier soldado si el general
había cumplido o no con el encargo de buscar a los
rebeldes de la sierra. Que preguntaran nomás. La
salud del comandante era la de la tropa.

Llevaban seis semanas en esta campaña espectral
cuando ocurrió lo que el general no sospechaba y la
tropa jamás imaginaría.

Acantonados en Chilpancingo después de tres
semanas de exploración del monte, Marcelino Miles
y sus soldados se comportaban con un aire de deber
cumplido que les autorizaba un par de días de tranquilidad. Por más que el general entendiese que la
tropa, igual que él, sabía que los guerrilleros no andaban en la montaña, el esfuerzo físico de escalarla y
explorarla los redimía de toda culpa: ¿qué tal si, ahora sí, los rebeldes se escabullían a las alturas y ahora
sí, el general y sus gentes los capturaban allí?

Si en la cabeza de Miles y los soldados rodaba
este doble juego, uno y otros lo disfrazaban sin dificultad. El general mandaba, la tropa obedecía. El
general cumplía a plenitud su deber de explorar la
sierra. La tropa, también, el de cubrir cada palmo del
empinado, solitario y boscoso terreno. ¿Quién podía
echarles en cara que evadían su deber?

Roberto Miles. Ese mero. El hijo menor del
general. Roberto Miles, vestido de guayabera y con
un insolente y fálico puro entre los dientes. Roberto
Miles sentado en el patio del hotel con una chilindrina y un cafecito amargo sobre la mesa, enfriándose
en espera de que se apareciera el padre y no mostrara
—porque le era ajena— sorpresa alguna.

Marcelino se sentó tranquilo junto a Roberto, pidió otro café y no le preguntó nada. No se miraron siquiera. La severidad del padre era un reproche mudo. ¿Qué hacía aquí el hijo? ¿Cómo se atrevía a interrumpir una campaña profesional con una presencia no sólo inútil sino inoportuna? Su presencia era impertinente, un desacato. ¿No sabía que el padre perseguía por la sierra al hermano mayor?

—Ya no lo busque en la sierra, padre —dijo Roberto sorbiendo con lentitud voluntaria el café—. Allí no lo va a encontrar.

El general se volvió para mirar con frialdad al hijo. No preguntó nada. No iba a comprometer —o a frustrar, lo admitió para sus adentros— su proyecto íntimo de *no encontrar* al rebelde, de engañar a la Superioridad sin incurrir en culpa alguna.

Que Roberto hablara. El general no diría nada. Una profunda intuición le ordenaba esta conducta. No mirar. No decir.

Cuando se vio en el espejo la mañana siguiente, al general le pareció ridículo su bigotillo fino, tan delgado como la línea de un lápiz, y de un par de navajazos Gillette se lo afeitó, viéndose de repente limpio de pasado, de hábitos, de presunciones inútiles. Se vio como un comandante derrotado. La camiseta le quedaba floja y los pantalones le colgaban con desgano.

Reaccionó. Se apretó el cinturón, se enjuagó las axilas sudorosas y se puso la casaca abotonada con ira y desgano conflictivos.

Andrés Miles ya estaba en la cárcel. Le sonrió a su padre cuando lo detuvieron en casa de su novia, Esperanza Abarca.

—No hay mejor disfraz que la invisibilidad —sonrió el hijo mayor al ser detenido—. O mejor dicho, hay que saber mirar lo evidente.

Se metió a la boca un pequeño plátano dominico y se entregó sin resistir. Le bastaba ver los rostros igualmente tristes de su padre y de la tropa para entender que lo que hacían lo hacían contra su voluntad. Fue casi como si tanto el padre como los soldados perdiesen de un golpe la razón de ser de esta campaña dirigida hacia lo que ahora sucedió —la captura del cabecilla rebelde Andrés Miles—, llegando a una conclusión indeseada que colocaba a todos ante la decisión fatal. Eliminar al rebelde.

—Nomás no me apliquen la ley fuga —sonrió Andrés cuando le ataron las manos.

—Hijo… —se atrevió a murmurar el padre.

—Mi general —le contestó el hijo con acero en la voz.

Y así pasó toda la noche Marcelino Miles debatiendo consigo mismo. ¿Debía juzgar al hijo de acuerdo con el procedimiento sumario dictado por el código militar? Qué cómodo para la autoridad política era fusilar al rebelde sin dejar rastro… —desaparecerlo, atizar una protesta pasajera y asegurar el triunfo eventual del olvido—. Qué complicado llevar al rebelde ante jueces que calificarían la pena merecida por la sublevación y el motín. Qué destructivo para la moral paterna asistir al juicio del hijo y obligarse a presentar la prueba infame: su hermano lo delató. ¿No era mejor que Roberto quedase fuera de causa, que el padre asumiera la responsabilidad completa?

—Lo capturé en la sierra. Mis hombres darán fe. Misión cumplida. Procedan en justicia…

Recordó la cara de Roberto cuando delató a su hermano…

—Es que como que dos y dos son cuatro —se atrevió a ironizar—. ¿No me diga, padre, que nunca se le ocurrió que el levantado estaría escondido como un cobarde entre las faldas de su vieja aquí en Chilpancingo?

Rió.

—Y usted perdido en la sierra, mire nomás…

—¿Por qué, Roberto?

La máscara irónica se hizo pedazos.

—¿Calculó, padre, el costo de tener un hermano que sale un día sí y otro también en los periódicos como un prófugo insurgente? ¿Ha pensado en el gravísimo daño que todo esto le hace a mis negocios? ¿Cree que la gente, la gente, mi general, el gobierno, los empresarios, los socios gringos, todos, cree que me van a tener confianza así, con un hermanito guerrillero? Por Dios, papá, piense en mí, tengo veintiocho años, no me ha ido bien en los negocios, déme un chance, porfa…

—Era cuestión de tiempo capturarlo. No me tuviste paciencia —dijo con un gran esfuerzo de conciliación Marcelino Miles.

—Naaaaa —se burló abiertamente el hijo menor—. ¡Niguas! Usted se andaba haciendo el tonto, para decirlo con suavidad, usted…

El general se incorporó, le cruzó la cara con el fuete a su hijo Roberto y se encaminó a la prisión.

—Déjenlo suelto —le dijo al capitán de la guardia—. Díganle que esta vez se pierda de veras, porque la segunda es la vencida…

—Pero mi general… Si la Superioridad se entera, a usted le van…

Miles lo interrumpió brutalmente.

—¿Quién va a contar lo que pasó? —dijo con una firmeza de basalto.

—No sé… —titubeó el capitán—. Los soldados…

—Me son fieles —contestó sin dudas el brigadier—. Ninguno quería capturar a mi hijo. A usted le consta.

—Entonces, mi general, su otro hijo —le devolvió el tono firme el capitán—. El que lo entregó, el…

—¿El Judas, mi capitán?

—Bueno, yo…

—¿Mi hijo Caín, capitán?

—Usted dirá…

—¿Qué le parece la ley fuga, capitán?

Éste tragó gordo.

—Bueno, que a veces no hay más remedio…

—¿Y qué le parece peor, mi capitán, la rebeldía o la traición? Le repito: ¿qué cosa mancha más el honor de la institución armada? ¿Un rebelde o un delator?

—¿El honor del ejército?

—O el de la familia, si prefiere…

—Ni hablar, mi general —ahora pestañeó el capitán Alvarado—. El traidor es execrable, el rebelde es respetable…

Nadie sabe quién le disparó por la espalda a Roberto Miles cuando entraba al hotel *La Gloria* de Chilpancingo. Cayó muerto de un golpe en la calle, rodeado de un flujo igualmente instantáneo de espesa sangre que manaba con un brillo siniestro de la blanquísima guayabera.

El general Marcelino Miles comunicó a la Superioridad que el rebelde Andrés Miles había logrado escapar a la detención militar.

—Ya sé, Señor Secretario, que este drama de familia es muy doloroso. Entenderá usted que me costó mucho capturar a mi propio hijo después de seis semanas de peinar el monte en su búsqueda. Cumplí la misión. No pude imaginar que mi otro hijo, Roberto Miles, le pondría una pistola en la cabeza al pundonoroso capitán Alvarado para que dejara escapar a su hermano Andrés.

—¿Y a Roberto, quién lo mató, mi general?

—El propio capitán Alvarado, señor secretario. Un soldado valiente, se lo aseguro a usted. No iba a dejar que mi hijo Roberto mancillase su honra de oficial…

—Es un asesinato.

—Así lo entiende el capitán Alvarado.

—¿Lo cree? ¿O lo sabe? ¿Nada más lo cree? —dijo con pasión contenida el señor secretario de la Defensa Nacional.

—Mi general, el capitán Alvarado se ha unido a los rebeldes del Ejército Popular "Vicente Guerrero" en la Sierra Madre del Sur.

—Vaya, mejor que se una con la guerrilla y no con los narcos.

—Así es, mi general. Ya ve que cuatro de cada diez se nos van con los narcos.

—Pues ya sabe su deber, general Miles. Siga buscándolos —dijo el secretario con una sonrisa de larga ironía en la que el general Marcelino Miles adivinó el anuncio de un porvenir poco deseado.

***

Marcelino Miles regresa con gusto a la sierra de Guerrero. Él ama las plantas y los pájaros del monte. Nada le proporciona un placer más grande que identificar de lejos un almendro tropical, alto vigía de las selvas, incendiado cada otoño para desnudarse y renovarse enseguida: flores que son estrellas, perfume que convoca abejorros, amarillos frutos de carne. Y también, de muy cerca, le agrada sorprender a la iguana negra —la garrobo— buscando la roca ardiente de la montaña. Cuenta los cinco pétalos del tulipán de canasta; se admira de que la flor exista fuera de un patio y se adentre en la espesura. Alza la mirada y sorprende el vuelo ruidoso de la urraca cariblanca con sus crestas negras, la alta garganta del luis social y su corona manchada, el pico en aguja del colibrí canelo. El pájaro-reloj marca las horas con su pico oscuro, platicando con el cucú-ardilla de vuelo ondulante... Este es el placer más grande de Marcelino Miles. Identificar árboles. Admirar aves. Por eso ama la montaña de Guerrero. No busca a Andrés. Olvida a Roberto. Está en el ejército por su pasión natural.

Coro de los niños adoloridos

¿por qué nos largamos?
porque mi papá me prohibía juntarme con otros niños
        nadie podía venir a jugar
conmigo no podía ir de excursión
porque mi padre nos golpeaba parejo a mi mamá y a mí
porque mi madre tenía miedo y yo con ella igual
porque encerrada en mi cuarto oigo los insultos los
        golpes
porque tengo pesadillas
porque no duermo
porque mi padre no respeta a mi madre y si no la
        respeta a ella no me puede respetar
a mí
porque mi papá me obliga a tomar una regadera
        helada para portarme bien
porque mi papá me obliga a ver películas porno en
        la tele con él
porque si mi papá insulta a mi mamá ¿por qué yo no?
¿por qué nos largamos?
porque abusaron de nosotros nos madrearon nos
        amenazaron con arma blanca
porque nos corrieron de la casa
papá y mamá, papá abusivo, madre soltera, padre
        y madre divorciados, padres drogados, padres

borrachos, padres sin empleo

porque papá y mamá no tienen más espejo que nosotros su juventud perdida

porque papá y mamá se resienten de sus vidas y nos amuelan las nuestras para que no nos atrevamos a ser mejores

porque no tenemos abuelos y los abuelos no tienen abuela

porque mi marido quería un heredero macho y me hizo abortar cuando el doctor le dijo

que mi bebé era mujercita como yo

ultrasonido ultrasonido no hay fetos secretos ya

montañas de fetos

más fetos que basura

la niña es indeseable se acabará yendo con el marido perderá el nombre del padre

educar a una niña es tirar agua al mar el marido se aprovechará de la educación que con tanto sacrificio le dimos

malagradecidos

(el sexo de un feto ya no es secreto)

(al sexo lo bautiza el basurero)

sálvate de las familias felices

mira a tus padres: sólo la violencia arregla las cosas

mira a tus padres: no respetes a las mujeres

mira a tus padres: tu padre te mató porque quería matar a tu mamá y tú estabas a la mano

¿y ora dónde?

escapa de la familia pendeja la escuela atontante la oficina asfixiante la soledad de

las calles

chavo, hazte motoboy! te dan una moto te ríes de los semáforos las mentadas las policías los retrasos interminables

zigzag motoboy mata peatones librelibrelibre velozvelozveloz

adrenalina express

balamoto motoboy urban cowboy

aunque seas el que puntualmente muere cada día el único entre mil motoboys que se

salvan un día para morir estrellados uno por uno los días siguientes

¿y ora dónde?

únete a los flashmobs la razarrelámpago verigua dónde es hoy la jalada

escapa: llega y júntate dispérsate no más de dos minutos juntos esta es la fiesta de la

amistad pasajera de la comunicación imposible de la fuga instantánea

sorbe la coca y corre

no hay salida

lárgate antes de que te toquen de queda te entamben te apliquen la ley fuga

rápido rápido el beso el saludo el pase

¿y ora dónde?

demonizado pinche güey sin rumbo

¿no tienes hogar? no tengo hogar porque nadie me busca y nadie me busca porque no

tengo hogar

¿cuántos son? ¿cuántas moscas hay en un retrete con ventanas abiertas?

¿por qué no regresas?

porque ya no soy un pinche niño soy un hombre como mi padre

¿por qué no regresas? Porque estoy destanteado

ayúdame

The gay divorcee

Guy Furlong y José Luis Palma se conocieron en el viejo cine *Balmori* de la Avenida Álvaro Obregón, un suntuoso palacio *art deco* con el mejor equipo sonoro de la época y un brillo seductor de bronces, espejos y mármoles lustrosos. Se sentaron fortuitamente el uno al lado del otro. El primer roce de las rodillas fue evitado con premura nerviosa. El de los codos, perdonado. El de las manos al unirse durante la carcajada solicitada por la pantalla, espontáneo, embarazoso sólo durante un minuto —el instante previo al encuentro de las miradas que con su intensidad opacaron el ballet erótico de Fred y Ginger en la pantalla.

The Gay Divorcee era el título de la película con la pareja Rogers-Astaire. Luego vinieron *The Gay Desperado*, con un cantante italiano disfrazado de charro mexicano, y más tarde *Our Hearts Were Young and Gay*, autobiografía de una actriz de Broadway. Sólo que entonces la palabra "gay" sólo quería decir "alegre, despreocupado, feliz" en tanto que a los homosexuales se les reservaban apelativos de desprecio e insulto. Marica. Mariquita. Maricón. Toda una escala. Cuarenta y uno, a causa de un antiguo club de burgueses travestis con ese número de miembros. Adelitas, por ser "populares entre la tropa" en razón de la relativa facilidad de contratar a soldados indiferentes para funciones apresuradas. Jotos por el Méjico con Jota de García Lorca y con el poeta asesinado pájaros de La Habana, apios de Sevilla, floras de Alicante y adelaidas de Portugal.

Y de nuevo en México, jotería para clasificar a todo un grupo sexual. Le hace agua la canoa. Le gusta el arroz con popote. Goza con la cocacola hervida. La lluvia de desprecios sustantivos y adjetivos sobre los homosexuales mexicanos acaso sólo escondía, con torpeza, las propias inclinaciones, muy disfrazadas, de los machos más machos: los que engañaban a sus mujeres con hombres y traían al hogar decente el mal venéreo. Las enchiladas con *coldcream*. Los putos.

José Luis y Guy, desde el primer momento, por un acuerdo no dicho sino practicado, se establecieron como una pareja ajena tanto al disimulo como a la excusa. Fue propicio que los reuniese el cine cuando ambos tenían sólo dieciocho años de edad. Aún no estaban emancipados, pero su temprana relación los empujó a buscar cuanto antes la manera de dejar a sus familias (indiferentes a la situación porque así lo decidieron los amantes) y vivir juntos. Guy lo logró primero, pues su éxito como promotor artístico le produjo buenas comisiones y le permitió establecer una agencia titulada *Artvertising* que pronto contó con una distinguida clientela. En tanto que José Luis terminaba, a los veintitrés años, la carrera de abogado.

Fue propicio que los reuniese el cine. En las imágenes de plata del *Balmori* habían encontrado una capacidad de asombro que encendió y mantuvo vivo el amor. Repartieron la atracción fílmica entre los varios modelos inalcanzables que les ofrecía la oscuridad irremplazable de la cueva cinematográfica. Dejaron pasar a los bonitos como Robert Taylor, a los rudos como James Cagney, a los extrovertidos como Cary Grant, a los introvertidos como Gary Cooper para instalarse en la admiración, secreta en su androginia, de Greta Garbo, la mujer que quisieran ser los hombres pero la mujer que ningún hombre llegaría a ser. "Mademoiselle Hamlet", como la llamó Gertrude Stein (¿o fue Alice Toklas?). "La esfinge". Su rostro de ausencia invernal se proyectaba desde la pantalla como un ofrecimiento y un desafío. Dejadme sola, como los toreros, pero hacedme vuestra, como las cortesanas.

En cuanto pudieron instalarse juntos en un lindo apartamento de arquitectura neoclásica en la colonia Roma, Guy y José Luis colocaron algunas fotos de la Garbo en sitios estratégicos, aunque los cuadros principales les fueron obsequiados por Alfonso Michel y Manuel Rodríguez Lozano. Una naturaleza muerta que palpitaba con respiros vitales en el exuberante, despeinado, fornido Michel (un partero de la pintura) y un cortejo fúnebre en negros, blancos y grises, debido a Rodríguez Lozano (su enterrador).

Encontraron juntos sus profesiones. Guy Furlong abrió una galería de arte en la calle de Praga para darle cabida a los pintores de caballete y demostrar que no todo era arte mural en México. José Luis inauguró un bufete de abogados en la Avenida Juárez que pronto se especializó en discretos trámites de divorcio, separación de bienes, adjudicación de tutela y otros engorrosos asuntos de la vida familiar que debían apartarse de la opinión común y corriente.

—Para ser como somos, necesitamos dinero —dijo juiciosamente José Luis y desde luego Guy estuvo de acuerdo.

Para no preocuparse por el dinero había que hacer dinero. Sin ostentación. Lo importante era mantener vivo el deseo, la capacidad de asombro, compartir tiempos, crearse un fondo común de recuerdos y un oasis evanescente de deseos. Si el amor se repartía entre varios modelos inalcanzables, el cariño se concentraba en un solo modelo íntimo. Ellos mismos.

Los dos muchachos establecieron ciertas reglas para su vida en común. Lo dijo Guy una noche:

—La primera vez que me amaste me aceptaste de una vez por todas sin necesidad de ponerme a prueba o de reafirmar a cada rato los lazos que nos unen. Entre nosotros, las complicaciones sobran.

No fue necesario, en verdad, reafirmar un amor que se daba de modo tan espontáneo como el flujo de un surtidor, aunque con referencias constantes a todo lo que, en la vida del mundo, les agradaba y los identificaba. La intimidad era lo sagrado, lo intocable, el diamante impalpable que, sobado en demasía, podría transformarse en carbón. En la cámara secreta de la intimidad, Guy y José Luis establecieron una relación tan cercana a sí misma como el agua a su continente. *Muerte sin fin*, el gran poema de José Gorostiza, fue una de las biblias vitales de la pareja. La forma era el fondo y el fondo la forma, sin más razón que las normales delicias del tacto iniciadas aquella cada vez más lejana tarde de cine. La alegría de la contemplación mutua. La sabiduría del debido respeto a cada uno y a la pareja.

En cuanto al mundo… No eran ingenuos. Se sabían en la sociedad y la sociedad nos pone a prueba, exige exámenes periódicos, sobre todo a los amantes homosexuales que tenían la osadía de ser felices. José Luis y Guy se prepararon con buen humor a soportar la prueba mundana, conscientes de que querían tener el contacto de grupo pero evitar (como la sarna) la promiscuidad.

—No eres coqueto —le decía José Luis a Guy—. Nada más te exhibes. Te gusta mostrarte. Haces bien. Eres guapo y debes dejarte admirar. Me gusta que seas así. Me gusta que te admiren.

—No te engañes —le replicaba Guy—. Se necesita conocerme para quererme. Al que no me conoce, es difícil que le guste.

Reían de estos propósitos y admitían:

—Siempre puede haber alguien que nos seduzca.

Hasta ahora, nadie se había interpuesto entre los dos. La conducta seria y amable de los muchachos, su estabilidad como pareja, los hacía simpáticos. Vestían bien, hablaban bien, les iba bien en sus respectivas carreras. Se guardaban las críticas hacia los demás para su intimidad. No eran "chismosos".

—¿Viste las fachas de Villarino? Te echó los perros.

—Y a ti te gusta que me admiren, ¿no lo has dicho?

—Lúcete ahora que eres joven. Mira bien a Villarino para que nunca seas coqueto de viejo. ¡Qué horror!

—No. ¡Qué ridículo!

Ambos habían sido educados en escuelas inglesas pero jamás se refirieron a eso que es llamado "el vicio inglés". Admitían, en cambio, una regla de conducta aprendida a bastonazos educativos en los glúteos.

—*Never complain. Never explain.*

Ni quejarse ni explicarse. Las exigencias del amor se imponían de manera natural, sin necesidad de quejas o de explicaciones, en el acto mismo del amor. Las exigencias antes del amor solían matar el placer, abstrayendo sus implícitas satisfacciones, perdidas en la severa antagonista del amor, que es la lógica, aunque esto sólo reforzaba la competencia profesional de ambos hombres.

Había pues un muy atractivo equilibrio en sus vidas, dosificadas entre el trabajo y la vida privada. Lo cual no significa que mis amigos Guy y José Luis no hayan tenido una vida social en la muy animada ciudad de México de los años cuarenta, cincuenta y hasta mediados de los sesenta. Participaron en diversos grupos fundados al ritmo casi biológico de las décadas y sus extensiones novedosas, sus decaimientos inevitables, las adherencias y desprendimientos de los grupos sociales y en particular, de la buena burguesía a la que ambos pertenecían. Les tocó el fin de la fiesta dominada por Diego Rivera y Frida Kahlo, dos grandes piñatas coloridas que con habilidad evitaban los palos de gobiernos, partidos políticos o clases sociales. El artista comía aparte. No le debía nada a nadie sino al arte. Frida y Diego se columpiaban pintorescos en una altura inalcanzable a la que sólo accedías si te llamabas Trotsky, Breton o Rockefeller o si eras, en cambio, un modesto cantinero, el cácaro del cine o la indispensable enfermera de hospital. A José Luis y Guy, en la década del cuarenta, sólo les tocó el fin de la pachanga, la cola del cometa que arrastraba en su cauda generosa luces de creatividad artística, confusión sexual y arbitrariedad política.

Luego se movieron entre los violines románticos del *Rendez Vous* de Reyes Albarrán y el *Jockey Club* que llegó a ser el lugar de cita dominical más discretamente alegre y refinado gracias a la gerencia de un hombre dotado de simpatía y elegancia inseparables, Jaime Saldívar, capaz de hacerse seguir, como el flautista de Hamelin, por los infantes de nuevo cuño y los patriarcas de antigua estirpe. Aunque la mezcla de *épaves* europeos de la Segunda Guerra y estrellas de un Hollywood indeciso entre el Nuevo Trato de Roosevelt y la Cacería de Brujas de McCarthy, se daba cita en el *Ciro's* del enanito A. C. Blumenthal, socio del gángster Bugsy Siegel y en lo que quedaba de los íntimos cabarets de la época bélica, *Casanova, Minuit, Sans Souci...*

Siguieron las aventuras de grupo basfumista, ardoroso y anárquico, inventado por el pintor Adolfo Best Maugard, antiguo asistente de Sergei Eisenstein en México y dotado de una vestal en residencia, Mercedes Azcárate y de un filósofo rubio y delgado, Ernesto de la Peña, que sabía veintitantas lenguas, incluyendo la de Cristo y dueño, el grupo, de una distraída vocación de alarma en una sociedad aún capaz de asombrarse y olvidarse de un día para otro de su propia novedad. El basfumismo nunca se definió más allá del llamado de atención chaplinesco ante la sociedad deshumanizada.

Fue la última clarinada de los años cuarenta, antes de que la ciudad inmensa devorase todo intento de agruparse bajo el amparo de la cultura y darse personalidad mediante círculos de vanguardia. En el horizonte rayaba ya la Zona Rosa, mezcla de St Germain des Prés y Greenwich Village en torno a un *Café Tyrol* presidido, tarde con tarde, por un escritor colombiano radicado desde 1960 en México, Gabriel García Márquez, y bautizada por el pintor José Luis Cuevas, un gato que seducía a arañazos.

Pero para entonces Guy Furlong y José Luis Palma eran ya los únicos mexicanos que se vestían de smoking para cenar. Los distinguía la reticencia a abandonar los estilos de su juventud. Ambos fundaban la elegancia en el estilo, no en las modas. Lo malo es que ya en los sesentas vestir smoking en un coctel o un *vernissage* era exponerse a ser confundido con los camareros. El viejo seductor de adolescentes, Agustín Villarino, ha tiempo había entregado los documentos a la Eternidad. No sin dejar, empero, un sucesor en México, su sobrino Curly Villarino, y aquí empieza propiamente nuestra historia.

Guy y José Luis no querían quedarse atrás. Los grupos y cónclaves mencionados proclamaban tácitamente su modernidad, su cosmopolitismo y su juventud. Los tres propósitos los condenaban a desaparecer. Lo moderno está destinado a esfumarse con velocidad en aras de su propia actualidad periclitada y en favor de la siguiente novísima novedad que, llámese postmoderna o retro, rehusando o evocando sus nostalgias, no hace sino repetir la advertencia de la Muerte a la Moda en los *Pensieri* de Giacomo Leopardi: Madama la Morte, madama la morte, no me preguntes quién soy: yo soy la moda, la muerte… Yo soy tú.

Luego, la farra se fue extinguiendo en un desangelado *slumming* por cabarets de buena vida y mala muerte en la colonia Guerrero y en San Juan de Letrán. *El Golpe*, el *King Kong*, *El Burro*, el *Club de los Artistas*... Y si uno quería bailar el mambo el domingo con sus criados, el *Salón Los Ángeles* disolvía, con gusto de vacilón y falsa democracia, las barreras entre las clases. Murieron de muerte natural los cabarets de danzón y fichadoras, el *Río Rosa* junto a la Plaza de Toros y el *Waikiki* sin más vegetación que los cactus del Paseo de la Reforma. Sobrevivía, gracias a su consagración por Aaron Copland, el *Salón México* con su célebre aviso: No arroje cigarrillos encendidos al piso, las muchachas pueden quemarse los pies.

El cosmopolitismo al uso requería un centro de atracción mundial, como lo fue París en el siglo XIX o Nueva York en el XX. La caída de los imperios coloniales después de la Segunda Guerra significó el fin de una o incluso dos metrópolis de la cultura a favor de una reivindicación de tradiciones ancladas, cada una, en un calendario distinto del occidental. Para un mexicano, en todo caso, era más fácil referirse a los mayas o al barroco que a las aportaciones de Kenya, Indonesia o Timbuctú, nuevas capitales de la antropología disfrazada de revolución tercermundista.

Por lo que hace a la juventud, ésta se iba convirtiendo en una avenida solitaria que José Luis y Guy dejaron de recorrer con la impresión de ser fantasmas. Les costaba abandonar la obligación de ser los representantes de *una* juventud. Les quedaba el desconsuelo de ir perdiendo —abandono, muerte, abulia— a la gente que, autoelogio de por medio, se llamara a sí misma *our crowd, our set*. Estos piropos no fueron, empero, el réquiem de una certeza constante de Guy y José Luis: nosotros no nos dejamos ir con un grupo de gente dispensable, nosotros no fuimos intercanjeables, nosotros fuimos *irremplazables* como pareja.

En medio de estos cambios, ambos retuvieron a los amigos que no se entregaron a la violencia ni fueron librados a la muerte. Hacen falta amigos tristes a los que se les puede contar lo que no se le dice al amante. Hacen falta amigos pacientes que nos dan el tiempo que el amante nos niega. Hace falta el amigo que nos habla de nuestro amante y evoca en nosotros una suerte de calidez compartida que requiere la presencia de una tercera persona, un confidente especial. Y sobre todo, hace falta respetar la relación con el amigo que no es amante y nos da la seguridad que la pasión podría alterar.

Para Guy y José Luis la relación con amigos planteaba en secreto una obligación, que era evitar la promiscuidad. Implícito quedaba que una amistad, por más cercana que fuese, nunca cruzaría la frontera del amor físico. A lo largo de su juventud y de su incipiente madurez, Guy y José Luis se propusieron participar en todo pero con mesura, sin grosería, sin faltas de respeto. Comentaban entre sí que la pareja necesita a los demás pero debe reservarse el diálogo entre tú y yo, jamás rindiendo la intimidad al grupo, a los demás. Y sobre todo, hace falta respetar la relación con el amigo que no es amante y nos da la seguridad que la pasión podría arrebatarnos.

Tanto Guy como José Luis, ya en retirada vanguardista, creyeron que este amigo era Curly Villarino, puente entre los sesenta años de nuestra pareja y los treinta y pico del resto del mundo. Guy y José Luis sufrieron la sensación de pérdida del "grupo", el círculo que los acompañó entre los veinte y los cincuenta años, diezmado ahora por la edad, la muerte, la desidia, la pérdida del centro y la excursión a las afueras de una ciudad dantesca: selva selvática.

En suma: cada grupo trae su pregunta: "¿Qué impresión hacemos?" Aristócratas del *Jockey*, juventud dorada de *L'Aiglon*, artistas e intelectuales de la Zona Rosa. Todos deseaban impresionar y en esta aspiración radicaba la derrota o el triunfo de sus integrantes. Pasajeros ambos, sólo que los fracasados tenían que optar entre retornar a sus familias o, al grito de André Gide —familias, os detesto— entregarse a una bohemia triste, pobre, solitaria, casposa y tan dependiente de lo que se alcanzaba a mendigar como el más "asujetado" hijo de casa. Sólo unos cuantos sobrenadaron en las marejadas de los "grupos" de antaño, imponiendo su talento gracias a duras exigencias de indisciplina, purgas de monogamia (sucesivas a veces) y ausencias bien dosificadas de la patria devoradora. La ciudad de México amenazaba con comerse vivos a cada uno de sus habitantes, fuesen víctimas o victimarios.

En vez de un solo centro —entre el Zócalo y el Ángel—, el D.F. se desplazaba a concéntricos cada vez más alejados de lo que Guy y José Luis consideraban el "corazón" de la ciudad. La Zona Rosa acabaría, más tarde, prostituida y prostibularia, exiliando su geografía móvil de restoranes, cafés y boutiques a la Avenida Masaryk, de donde no tardaría en desplazarse el centro, ahora expulsado por bandas de asaltantes de autos, ladrones de relojes, familias enteras de rateros especializados en desvalijar casas, robar bancos, manejar ganzúas, asesinar a sueldo, pegar palizas y dar cuchilladas, alcahuetear y amancebar. Antiguos pensionistas sin pensión, prófugos de la justicia, simuladores… ¿Qué quedaba de la antigua Ciudad de los Palacios? ¿Un gran supermercado lleno de latas de sangre y botellas de humo? Sangre y hambre, artículos de primera necesidad de la ciudad-monstruo.

—La sociedad de consumo —escribió Georges Bataille en *La parte maldita*— la inventaron los aztecas. Consumían corazones.

Guy y José Luis creían haber salvado sus corazones de la antropofagia ritual mexicana. A los cincuenta y seis años de edad, podían mirar con nostálgica aprensión su encuentro juvenil en el cine *Balmori* y decirse creo que nos salvamos, creemos que no nos han tocado las emociones indeseables, creemos que a estas alturas ya nada nos puede perturbar… A la ciudad la condenaron a muerte.

No contaron con la oposición de Curly Villarino, empeñado en revivir los tiempos de una libertad aristocrática reservada, a estas alturas de la historia, sólo a un puñado de multimillonarios y a miembros de las realezas europea y árabe. Tal fue la tarjeta de visita de Curly: un llamado a la nostalgia de la época juvenil de Guy y José Luis, una dulce evocación del tiempo perdido que él, Curly Villarino, parecía o pretendía reencarnar sólo en beneficio de los dos amigos.

—Todos los amigos de mi tío Agustín se han muerto. De aquella época sólo quedan ustedes, Guy, José Luis… amores míos. Sois mis aromas seductores.

Lo decía de manera tan infantil y adorable. Se hacía perdonar con su voz y sus modales el aspecto un tanto estrafalario de niño gordo que no acabó de crecer. El *baby-fat* de las mejillas se balanceaba de un lado a otro con el movimiento enfático de sus rosados labios de querube, aunque el gordo seráfico era desmentido por los ojillos miopes detrás de unos pequeños anteojos a la Schubert que, Curly *dixit*, acabarían por imponerse a los megalentes de aviador propios de la deplorable década de la minifalda, el macrocinturón y los pantalones de campana.

Toda la esférica existencia de Curly era coronada por una masa de pelo rizado, antaño rubio pero ahora rayado de gris, parecida a la inspirada peluca del gran Harpo Marx. Pero si éste era famosamente mudo, Curly hablaba sin cesar, con chispa y libertad. Les cayó en gracia a mis amigos que, al presentarse, Curly les dijera:

—No soy desinteresado, no se lo vayan a creer ni un minuto. Ustedes son mis clásicos. Y yo necesito un "clásico" para vivir y morir. Ustedes (los miró con inocencia) me parecen el colmo de la raza. Son de *mon genre*, si tal cosa es repetible. No, en serio. Todo sería perfecto si fuésemos inmortales. Como no lo somos, seamos al menos interminables. O sea, preguntémonos: ¿por qué nos toleran a los homos? Respuesta: para no discriminarnos. Aceptada esta verdad, admitamos sus consecuencias. Yo sólo me dedico a buscar oportunidades que la "normalidad" me negaría.

Y luego de un largo suspiro:

—A veces se me dan, a veces no. Todos somos como submarinos que surcamos las marinas de postín averiguando si los yates tienen ancla o no, cuántos percebes se les han pegado, si el barco es viejo o nuevo. Entonces —se los advierto— *ataco*. Ataco en serio. Con torpedos. Lo advierto para que nadie se llame a engaño. Si sospecho que una pareja no se lleva, voy a intentar seducirla…

Comentaron Guy y José Luis que Curly era un amable bufón, reminiscente de los excesos más notables de otra época. Ahora, las personalidades singulares se perdían en el sulfuroso magma urbano, los grupos se desintegraban y no quedaba más recurso que buscar en el pajar la brillante aguja de la brillante excentricidad de antes.

—¿Te das cuenta que empezamos a hablar como un par de vejestorios? —comentó Guy.

José Luis no dejó traslucir ni melancolía ni fatalidad.

—Por eso nos cae bien Curly. Siendo joven, está en sintonía con nosotros.

—Antes no necesitábamos payasos —frunció Guy.

—No, sólo porque todos eran cómicos, salvo tú y yo.

—¿Tan ufano te sientes de nuestra conducta?

—Ufano no es la palabra. No seas pedante. Quizás serios, serios en medio del circo. *Serios* sería la palabra. Nunca engañamos ni nos dejamos engañar. Si miras bien nuestra vida, Guy, admitirás que fuimos observadores pero nunca partícipes plenos.

—¿Que nunca permitimos que nuestra relación privada se confundiera con nuestra vida social?

—Algo mejor. Que fuimos testigos para ser sobrevivientes.

—¿Crees que hemos sobrevivido? ¿En qué medida?

—En la medida de lo que nos propusimos ser. Una pareja fiel, Guy. Creo que los dos sabemos muy bien que nunca hemos faltado a nuestra lealtad. Nos rodeaba la promiscuidad. Jamás caímos en ella.

—No estés tan seguro —bromeó Guy—. Todavía estamos a tiempo.

A punto de cumplir sesenta años, Guy y José Luis habían solidificado tanto su relación personal como su vida profesional como su trato —cada vez más ralo— con una sociedad en la que ya no se reconocían. Ascensos y descensos demasiado abruptos. Nombres famosos se volvían infames. Gente anónima alcanzaba los cinco minutos de fama warholiana antes de dar una maroma y desaparecer. Las antipáticas normas de la hipócrita moral católica habían desaparecido, sólo para ser sustituidas por el no menos hipócrita culto de la inmoralidad: placer, dinero, consumo traqueteado como prueba de libertad y sofisticada indiferencia con máscara de sinceridades aun por quienes no la practicaban pero se sentían compelidos a celebrarla. No quedaban islotes bien enraizados. Todo era como un vasto Xochimilco político y social flotando a la deriva, surcado por trajineras con nombres escritos en flores que se marchitaban de un día para otro. Cambiaban los hombres en el poder. Permanecían los vicios del poder.

Curly, entonces, era un islote tanto de regocijo como de nostalgia por un mundo perdido: el de la juventud de Guy y José Luis. Les traía el gusto privado de la broma audaz, el exceso caricaturesco, que la naturaleza *expectante* de la pareja Furlong-De Palma reclamaba, casi, como un derecho adquirido. Curly era su show.

Claro que el joven gordinflón se excedía en actos y palabras. O sea, suplía él solo a varias generaciones del pasado social. Era parte de su gracia. Era inevitable. Era, para Guy y José Luis, una reminiscencia. Como un Oscar Wilde menor, Curly disparaba paradojas y *bon mots* a diestra y siniestra.

—La vida sería perfecta si yo fuera inmortal.

—La promiscuidad es que te gustes tú.

—El sexo no da la felicidad, pero calma los nervios.

—Amity es tan borracha que hasta se bebe los floreros.

—Nada tan excitante como ventilarse a un hombre en la iglesia.

—El problema con Rudy es que está ortopédico.

—Gustavito tiene una cataplasma en la cabeza.

Estas gracejadas maliciosas eran recibidas con risas, más alegres las de Guy que las de José Luis, a quien —se lo confesó a su amante— los excesos verbales de Curly empezaron a fatigarle.

—Puede ser muy impertinente. No es nuestro estilo.

—No le hagas caso, José Luis. La impertinencia sólo oculta vacuidad. ¿No esperabas profundidad de un chico así?

—Profundidad no. Impertinencia tampoco.

—Déjalo pasar. ¿Con quién sustituiríamos a este bendito Rigoletto caído del cielo?

—O surgido de un hoyo de azufre, ve tú a saber…

Le tuvieron pena una noche en que, reunidos a cenar en un restorán de la calle de Havre, la mirada de Curly empezó a distraerse peligrosamente. Guy le daba la espalda al comedor. José Luis, al lado de Curly, pudo apreciar el oscuro objeto del deseo.

Un muchacho moreno iba y venía con movimientos de ligereza ancestral, como si un antepasado remoto se hubiera hecho cargo de traerle pescado fresco de la costa al emperador Moctezuma en su palacio de la meseta.

Ligero, alado, esbelto, sin un gramo excesivo en la cara o en el cuerpo, Curly lo miraba con un deseo cada vez más inocultable, al grado que dejó de platicar con mis amigos y, distraído, cometió el imperdonable error de quedarse con la boca abierta, la mirada perdida en los movimientos del camarero, cosa que causó la risa de José Luis y el comentario de "en boca cerrada no entran mozos" que provocó la irritación de Curly y el acto siguiente, revelador para quien quisiera calibrarlo, de la natura naturata y naturante del gracioso gordito.

El hecho es que Curly, al paso del joven mesero indígena, dejó caer la servilleta al piso y miró con una mezcla de indignación y desprecio al servidor.

—¿Qué esperas? —dijo Curly.

—¿Mande? —respondió el mozo.

—Indio bruto. Recoge la servilleta.

El mozo se inclinó y recogió la servilleta ligeramente manchada de lápiz labial, como pudieron observar con sonrisas Guy y José Luis pero no el objeto servil del desprecio herido de Curly. El criado.

—Aprende a servir —continuó Curly—. Aprende a distinguir.

Y machacando las dos palabras, culminó:

—Yo soy *un señor*.

Lo dijo con una altanería insufrible que abochornó a Guy y José Luis, cuyas miradas, dirigidas una a Curly y la otra al camarero, eran ambas de excusa y de pena ajena. El servidor se inclinó ante Curly con seriedad y se retiró a continuar su trabajo.

—Son nuestros únicos aristócratas —comentó José Luis cuando las aguas se calmaron.

—¿Quiénes? —preguntó enrojecido Curly.

José Luis no contestó y en la mirada de Curly esto fue registrado como una seria ofensa.

—¿Te das cuenta? —dijo José Luis ya en casa y con un *New Yorker* entre las manos—. Como no te pudo castigar por haberlo visto hecho un bobo con la boca abierta, se fue contra el débil, el criado.

Guy se abotonaba el pijama y no decía nada.

—Es un cobardón —sentenció José Luis—. No sé si vale la pena seguirlo cultivando.

—Sí —bostezó Guy—. Es probable que ya haya servido su propósito…

—¿Que fue? —insinuó José Luis dejando la revista de lado.

Guy se encogió de hombros.

—Francamente, me da igual que lo frecuentemos o no…

—Ah —exclamó José Luis, acostumbrado a respuestas menos ambiguas o contradictorias de su compañero—. Entonces, crees que se trata de uno de esos incidentes *superables*.

No lo preguntó. Lo afirmó.

La conversación se iba por rumbos inéditos. Por lo general, Guy y José Luis estaban de acuerdo porque se sabían unidos contra un mundo que hubiese querido ser hostil si ellos mismos no lo volviesen habitable. El acuerdo de la pareja ante la sociedad se traducía en una afirmación de la pareja en la intimidad. Una cosa, lo sabían muy bien, defendía y potenciaba a la otra.

Ahora, algo sucedía que obligó a Guy a decir con sarcasmo: —¿Sabes cómo nos llaman en secreto?

—No —sonrió José Luis.

—Tweedledum y Tweedledee, los mellizos de Alicia que dicen lo mismo al mismo tiempo…

—Pero nunca dicen estupideces —escaló José Luis el diálogo.

—No me martirices —volvió a sonreír Guy.

Luego se durmieron sin volver a hablar o tocarse siquiera. A la mañana siguiente, mientras se rasuraban lado a lado en la sala de baño *art nouveau*, Guy rompió el hielo.

—Si lo prefieres, ya no lo vemos más.

—¿A quién, tú? —dijo José Luis detrás de la espuma.

—Por favor, José Luis.

—Me tiene sin cuidado.

—No es cierto.

—Palabra. En todo caso, no voy a admitir que ese flan con patas nos arruine la vida. No le debemos nada.

—Nada —dijo Guy sin convicción—. Exactamente nada.

Curly no dejó de manifestarse esa misma mañana con un ramo de rosas y una notita escrita a mano.

"Queridos amigos. ¿Por qué les soy indiferente? Como los brasileños, guardo ausencias de vosotros dos. Los quiere, C. V."

Decidieron invitarlo a comer en casa al día siguiente. La buena educación lo exigía. El no darse por ofendidos, aún más. Y negarle poderes a Curly, más que nada.

Como era de rigor, se vistieron de smoking.

—Por nostalgia —dijo Guy.

—Por costumbre —apostilló José Luis.

—Por desidia —rió Curly, vestido de terciopelo rojo con camisa de olanes.

—¿Saben? Yo sé que ustedes saben que ese chico me rechazó y vengo a pedirles que no se lo cuenten a nadie.

Guy no comentó nada. José Luis se indignó ante una provocación tan grosera. Dejó caer con estruendo los cubiertos.

—Esperaba más buen gusto o al menos mejor ironía de ti —le dijo a Curly.

—No estoy para ironías esta noche —suspiró Curly—. Sufro mal de amores.

Se volvió, rechoncho, hacia Guy.

—Pero tú sabes de eso, ¿verdad querido?

José Luis no pudo creerlo. Guy se sonrojó. José Luis zarpó a la defensa.

—Nosotros sólo sabemos lo que nos importa saber. Tú nos estás poniendo las banderillas y nosotros no te lo vamos a soportar.

—¿No? —sonrió el efebo—. Pues mira, José Luis, a mí puedes meterme banderillas, picos y espadas sin que yo me altere. Trátalo con tu amiguito, a ver si te lo tolera…

—No te entiendo. ¿Qué te traes? —le preguntó José Luis a Curly, aunque mirando a Guy.

—Por Dios —respondió éste—. No armes una tormenta en un vaso de agua.

Curly rió a carcajadas.

—¡No doy crédito! Por favor, dejen de ofrecerme oportunidades tan gloriosas. Únanse contra mí, se los ruego. Defiéndanse de su pequeño espía Curly Villarino, el metiche que todo lo sabe y todo lo propala. ¿Verdad que sí? ¡Ay, la discreción no es mi fuerte!

De súbito, cambió de tono.

—¿Qué quieren que les diga? ¿Que sólo la novedad me excita? ¿Que estoy desesperado porque anteanoche no seduje al *bus-boy?* ¿Que no necesito testigos para mis fracasos amatorios? ¿Que he venido de rodillas a pedirles que guarden silencio? ¿Que voy a buscar la manera de joderlos si me delatan ante los demás?

José Luis luego me dijo que eso de "los demás" era demasiado vasto para referirse a un círculo cada vez más reducido. El hecho es que ese día en que fue a comer Curly inició un lamento ante mis amigos. Ambos, ahora, unidos en su vieja costumbre de mantenerse al margen de las pasiones de otros, de ser pareja discreta, solitaria si fuese preciso, pero nunca sentenciada a participar en lo que pudo llamarse radionovela ayer, telenovela hoy, melodrama siempre. Y el melodrama, ya se sabe, es la comedia sin humor.

—¿Ser siempre un *outsider?* —continuó Curly—. ¿Vivir siempre al margen? ¿Salir del clóset sin que nadie me siga?

Tronó de repente los dedos imitando el chasquido de las castañuelas.

—¿O ser *the life of the party?* —se rió a carcajada limpia—. Y a veces, *the death of the party.*

Asumió un aire fúnebre y se puso de pie.

—Ya sé. Quieren que me largue. No quieren que les ensucie su nidito de amor. Está bien, mis pájaros. No me haré del rogar. Creen que me han vencido. Está bien. Veremos.

Hizo una ridícula pirueta, levitando a veces a pesar de su gran masa corpórea, en ese mismo acto revelada como la de un globo lleno nada más que de autocomplacencia.

—Está bien. Me retiro. Pero no agoto mi caja de sorpresas. Espérense tantito. Una abeja pica más mientras más retiene el veneno.

La insólita lejanía espiritual de Guy durante los días siguientes era entendida por José Luis como una inquietud más que como una irritación debida a las escenas provocadas por Curly. Sin embargo, en su fuero más inteligente, José Luis decidió tratar lo que parecía serio como si fuese frívolo, lo que parecía profundo como si fuese superficial. No alteró su trato, el ritmo de sus acciones cotidianas, el cotorreo usual de unas vidas demasiado íntimas, demasiado antiguas como para no entender que los espacios de la normalidad más plana no excluían, sino que destacaban, los momentos más plenos tanto del amor físico como del trato inteligente entre dos seres humanos.

José Luis, un tanto ensimismado, le dirigía en silencio preguntas a Guy. ¿De qué está hecha nuestra relación? ¿De deseo y de envidia? ¿O de inocencia y desprecio? ¿Me vas a querer siempre de manera natural como hasta ahora? ¿O me vas a hacer sentir que me consientes? ¿No sería el consentimiento la forma más engañosa de la tolerancia?

(—Nunca nos hemos tolerado tú y yo. No habríamos vivido juntos tanto tiempo si sólo nos tolerásemos.)

Su mirada cayó por casualidad sobre un retrato de cuando eran jóvenes. Guy y José Luis lado a lado, sonrientes pero serios, sin abrazarse, ostentando la seriedad de su relación porque no era demostrativa, era discreta. Le bastó verse así a los veintitantos años, cuando la relación ya era un hecho irreversible, para saber que él y Guy supieron siempre sobrellevar los malos momentos y que esta convicción desvió las irritaciones propias de toda vida compartida, intensa, prolongada. Aplazaron las explosiones de mal humor. Exiliaron los malentendidos. Desterraron el tedio y la indiferencia. Precisamente porque todo ello se dio en la relación, no porque faltase.

Acaso lo inevitable fue tratado por la pareja no como algo de lo que no se hablaba —hipocresía— sino como algo que era lo contrario —imaginación—. El mal humor salvado por la broma oportuna. Los malentendidos elevados al grado de posibilidad fantasiosa. El tedio desviado por una referencia al cine, a la literatura, al arte, a todo a lo que, siendo de ellos, debía ser de todos…

Esta era la diferencia. Ahora pareciera que los papeles que antes se compartían se iban volviendo monólogos. José Luis se resistía a ser el actor de la envidia frente al protagonismo del deseo en la mirada esquiva de Guy. Temía que la envidia se transformase en desprecio a medida que el deseo de Guy se disfrazaba, ridículamente, de inocencia.

El hecho es que José Luis, conociendo tan íntimamente a Guy, sabía distinguir las temperaturas del deseo en su amante. Lo que le inquietaba es que, de unos días para acá, no alcanzaba a identificar el objeto de ese deseo. Porque no era él, José Luis, ni objeto ni sujeto de los palpitares reconocidos de Guy.

Estaba José Luis en su despacho al caer la tarde cuando Curly telefoneó para invitarlo a cenar en su penthouse aquí cerca, frente a la Diana Cazadora. José Luis intentó confirmar lo dicho por el ahora poco confiable Curly, pero Guy ya no estaba en la galería. Tampoco había regresado a casa. José Luis se cambió de ropa y procedió solo a la cena de Curly.

—Bienvenido al Pink Pantheon —sonrió Curly al admitir a José Luis—. Y recuerda mi consigna: *sex copuli, sex dei...*

Con el copete ladeado como la torre de Pisa, Curly traía puesto su atuendo de anfitrión. Saco de terciopelo afelpado, gazné albeante, pantalón de clan escocés, zapatillas negras con la imagen del sol una y de la luna la otra. No usaba calcetines.

—Ah —lanzó un suspiro—. ¿Qué te ofrezco? Tienes que beber para tolerarme, José Luis. Te juro que esta noche me siento más raro que un perro verde y no veo en mi futuro más que el martirio con gafas negras...

—Estás en technicolor —sonrió José Luis tomando el margarita ofrecido por Curly.

—Y en pantalla ancha, amor —dijo Curly—. Mira nada más.

Se acercó al gran ventanal del penthouse y fue tirando del cordel de las cortinas cerradas.

—No hay mejor vista de la ciudad —comentó a medida que las cortinas se separaban para revelar la terraza y allí, abrazados, besándose, dos hombres, uno maduro, otro juvenil. Los rostros ocultos por el largo beso, hasta que la luz de la sala cayó sobre los párpados cerrados de los amantes, los obligó a abrir los ojos, volver las cabezas y exhibirse ante Curly y José Luis.

—Animo, José Luis. No te preocupes —sonrió Curly—. El sexo es como la cruda: dura ocho horas.

De haberlo visto durante los próximos días, José Luis le habría dicho a Guy lo que le escribió en una carta que jamás fue enviada.

"Créeme que te entiendo. Nunca has perdido la necesidad de atraer. Ya te lo dije una vez, no eres coqueto, simplemente necesitas exhibirte. Puesto que yo entiendo esto, no me molesta demasiado que al menos por una vez hayas dado el paso de más. Lo evitamos siempre. Nunca lo excluimos. ¿Nos engañamos al cabo? ¿Dejamos que nos envenenara lo que siempre evadimos: los celos, el desengaño, la acusación? Veo nuestro retrato de cuando teníamos treinta años y me coloco en la situación adversa. ¿Recuerdas a Agustín Villarino? Había perdido la juventud y buscaba jóvenes que se la devolvieran. Nos echó los perros. Nos reímos de él. No la muerte en Venecia, dijiste entonces, sino la muerte en Xochimilco. Dirás que estas son palabras crueles. No es mi intención lastimarte. Sólo quiero que entiendas que te entiendo. Logramos envejecer juntos. Mi súplica es muy simple. No lo estropees *todo*."

Supo que Curly se había llevado a Guy y al muchachito a una casa alquilada en Acapulco. José Luis esperó una carta. Lo que recibió fue un telefonazo.

—Perdón. Me hacía falta. Creí que me ibas a consentir.

—Te iba a escribir.

—No recibí nada.

—¿No te basta mi intención?

—No sé si te diste cuenta.

—¿De qué, tú?

—Azafrán es igualito a ti.

—¿Con ese nombre? No me hagas reír.

—Bueno, es el nombre que le puso Curly.

—Entonces no puede ser igual a mí.

—Es igual a tus veinte años, José Luis.

—Por favor, deja el pasado en paz.

—No estaba preparado para esto.

—Yo tampoco.

—¿Nos engañamos a nosotros mismos?

—Quién sabe. Siempre es tarde para saber cuándo pasamos de una fase a otra de nuestras vidas. Cuando nos enteramos, ya pasó el primer acto y la obra está por concluir.

—Te digo algo más, por si te consuela. Este muchacho es inalcanzable.

—Deja que me ría. Lo alcanzaste. O te alcanzó.

—Entiéndeme José Luis… Te llamo con humildad… Yo nece…

—Te has vuelto imbécil. O infantil.

—Depende de tu simpatía. Tenemos que sobrellevar los malos momentos.

—No me digas que vas a regresar conmigo. ¿Cómo? ¿Tierno, añorante, arrepentido?

—Somos vieja pareja, José Luis. Vamos a superar la crisis. ¿No me dijiste un día que soy guapo, que me gusta mostrarme, que a ti te gusta que yo sea así…?

Y después de un silencio:

—No me odies, José Luis.

—Yo no odio a nadie.

Colgó el teléfono porque estuvo (me cuenta) a punto de añadir: "No odio a nadie. Te quiero a ti." Y no quería pronunciar esas palabras. Las de Guy le resonaban en la cabeza:

"Es igualito a ti cuando eras joven."

Al caer la noche, José Luis salió a caminar por las calles. Una voluntad a la vez determinante y azarosa lo condujo a la Avenida Álvaro Obregón y al sitio donde antes se encontraba el lujoso cine *Balmori*.

Ahora era un lote vacío sobre el que se levantaban unas ruinas de fierro. Los pájaros del anochecer sobrevolaban el sitio como si buscasen un nido entre las memorias de ayer. Greta Garbo. Aquel olor irrepetible de celuloide, muéganos pegajosos, chocolates derretidos, programas en papel color de rosa, rumores como las alas de un pájaro. Aquel primer contacto de las manos viendo bailar a Fred y Ginger con un fondo de nevada sobre Manhattan. Greta, Ginger, Fred. José Luis sintió, mirando al cine arruinado, que los modelos que admiramos y perseguimos salen de nosotros mismos. No nos son impuestos. Nosotros los inventamos y ellos, mágica, graciosamente, se hacen presentes en una pantalla blanca. Sólo son nuestras propias sombras convertidas en luz. Son nuestro más satisfactorio retrato. Permanecen jóvenes hasta en la muerte.

"Recorro las calles como un fantasma. He dejado mi imagen en un cine arruinado. Ven a reconocerla si te atreves. Lo he perdido todo menos la memoria de ti. Ya no tengo cuerpo. Lo que tengo es el deseo de volverte a ver, de volverte a hablar."

***

Guy: Un perfil recto, ligeramente prognata. Pelo ensortijado, sin los claros de la edad. Ojos que demuestran interés en todo lo que ven. Está seguro de haber tocado, un día, el cielo.

José Luis: Cara redonda. Alopecia declarada. Ojos muy largos, lagunas de una inteligencia aguda y callada. Desespera a los intrigantes. Nunca siente la necesidad de desafiar al compañero. Su ley es evitar la promiscuidad. Quisiera situarse en el corazón de una constelación.

Coro de un hijo del mar

la punta de la península se abre como el abanico más
	grande del mundo
el océano pacífico helado y lejano choca con las
	tormentas cálidas de sinaloa
exponiendo doscientos grados de oleaje
Nicanor Tepa espera de pie sobre la tabla la ola
	monstruo de nueve pies de altura
la toma con audacia elegancia reserva sencillez fuerza
siempre desde la izquierda
nunca se toma una gran ola desde la derecha
desde la derecha la ola cae sobre el surfista lo aplasta
	lo ahoga
desde la izquierda Nicanor Tepa vence a la ola se
	convierte en ola
un vasto velo blanco sostiene el cuerpo de Nicanor
la espuma blanca corona su cabeza morena
la tensión de sus músculos no se siente se resuelve con
	júbilo en el triunfo sobre la
ola de cristal azul
es agosto el gran mes de los cabos en baja
en septiembre Nicanor Tepa viajará a la playa de san
	onofre en california y sus

cuarenta kilómetros de olas invitándole a domarlas
     como si el mar fuese una
inmensa ballena y la ola sólo el geiser del monstruo
     disparando el rocío del mar
a veinticuatro metros de altura
en octubre Nicanor ya está en el camposanto del
     helado mar de Irlanda en la bahía de
Donegal y sus olas de un verde turbio rotas
     y engrandecidas por la barrera de
arrecifes
y en diciembre llegará a Hawai a ganar el campeonato
     de la Triple Corona expuesto
al martilleo incesante de la bahía de Waimea y sus
     olas de treinta y seis metros
de alto
Nicanor estrena el año nuevo en la península de
     Guanacaste en Costa Rica y
en febrero desciende a Australia a la barra más larga
     del mundo donde se unen
y estallan tres olas gigantescas que le permiten
     deslizarse como una gaviota por
las alturas del mar
que lo arroja al final del monsún en Tahití con sus
     tormentas eléctricas
relampagueando el mar donde Nicanor vence la más
     temible de todas las olas
la Teahupú
y ahora la ola se estrella contra la cabeza de Nicanor
     que se equivocó tomándola por
la derecha
y él despierta bajo una red de arañas de alta tensión
     en un tejabán de la colonia
Capulín

y trata de agarrarse a la roca volcánica para no
    ahogarse en el pantano
y despierta en su casucha de una sola pieza sin
    ventanas
y saldrá cuanto antes a ver si pesca lo que cae de los
    camiones que van rumbo al
mercado
y forma su pirámide de cacahuates en la calzada que
    va al aeropuerto
y mira sin interés a los vendedores de chicles juguetes
    plásticos billetes de la lotería
horquillas
y se dice en silencio que si fuera más arrojado limpiaría
    parabrisas y hasta tragaría
fuego en los cruces
hay que tragar fuego para resucitar a los seis
    hermanitos muertos antes del primer
cumpleaños tifo polio rabia
hay que traer una ola de mar que arrase la colonia sin
    agua potable se lleve hasta el
mar las montañas de basura
pero Nicanor Tepa confía en la suerte
regresa a mirar el calendario de los surfistas ahora
    deben ir a Jeffreys Bay en África
del Sur
Nicanor levanta una tras otra las hojas de su
    calendario de olas
julio en Fiji agosto de vuelta en los cabos enseguida
    otra vez san onofre y luego
irlanda hasta el año nuevo en costa rica solo que en
    diciembre se acaba el año
y Nicanor Tepa no tiene calendario para el año que
    viene éste lo encontró en un

basurero de un hotel del aeropuerto
de donde se sale volando a Indonesia Tahití Australia
    Hawai
y Nicanor cae dormido rendido soñando que
    cambiará lo que puede y bajará la
cabeza ante lo que no puede cambiar y tendrá la
    sabiduría suficiente para
conocer la diferencia
le rodea la tierra seca agria rota
Nicanor se agarra a la roca volcánica
Nicanor se hunde en el terrenal de huizache
entonces la ola gigante del sueño cae sobre su cabeza

La familia oficial

1. El Señor Presidente Justo Mayorga fue despertado por el ruido abrupto, enorme e ilocalizable. Abrió los ojos con desconfianza más que sobresalto. Su primer impulso era siempre el de nunca ceder ante la alarma y buscar un error redimible o un acto condenable. Pasó por su cabeza adormilada aún la procesión de funcionarios despedidos, castigados, ignorados por haberse *equivocado*. El error ajeno guiaba, hasta en sueños, sus decisiones presidenciales y abría —bostezó sin quererlo— listas donde la deslealtad era sólo un capítulo, el más bajo e insidioso, del catálogo de culpas que el Señor Presidente tenía siempre a la mano. Nunca faltaban los Judas.

Miró con distancia tempranera su mano recia, ancha pero con dedos largos y finos. Sabía usarla efectivamente en sus discursos. Sólo una mano, la derecha, hecha un puño —fuerza— se requiere, abierta —generosidad—, volteada —calma, calma—, enfrentada —¿advertencia, solicitud?—, con los dedos ligeramente doblados hacia su propia persona —vengan, acérquense, yo los quiero, no me tengan miedo—. Justo Mayorga había renunciado a usar las dos manos en sus discursos. En las pantallas más grandes y en las plazas más pequeñas, el uso de ambas manos al mismo tiempo le parecía un recurso no sólo trillado sino contraproducente. Indicaba que el orador *oraba* y al orar engañaba, hacía promesas a sabiendas de que nunca las podría cumplir. Le pedía fe a los incrédulos y duda a los creyentes.

Se educó, en el largo camino de la diputación local de Culiacán al despacho nacional de Los Pinos —veinte largos años—, en una forma de discurso vigoroso pero tranquilo, usando sólo la mano derecha como arte retórica y guardando la izquierda en la bolsa del saco, sobre la hebilla plateada del cinturón, y sólo una celebrada vez, y en televisión nacional, tomándose los testículos para espetarle a su contrincante en un debate electoral:

—Lo que le falta a usted me sobra a mí.

Ahora, ya despierto, sintió que "se le erizaban los cojones" oyendo ese ruido infernal que —consultó velozmente el reloj, recobraba sus aguzadas facultades— venía a despertarlo a las tres de la mañana. Anteriores presidentes de México pudieron pensar cosas como "un ataque armado", "un levantamiento militar", "una manifestación popular". Justo Mayorga no era paranoico. El ruido era infernal, pero a Los Pinos no entraba ni el Diablo, para eso estaban las rejas bien custodiadas y el Estado Mayor bien entrenado.

Y sin embargo… No cabía duda. El estruendo que lo despertó provenía de su propio espacio, la residencia presidencial de Los Pinos, y no venía de adentro de la casa sino —el presidente Mayorga abrió las ventanas del balcón— desde afuera, desde la avenida del jardín custodiada por estatuas heladas e inmóviles (porque las hay cálidas y dinámicas) de sus antecesores en la Jefatura del Estado.

Pronto obtuvo la evidencia. Se asomó al balcón. Dos autos corrían a toda velocidad por la alameda de Los Pinos. Una velocidad sin freno, suicida, competitiva con la vida más que con la valentía de los dos conductores salvajes que aceleraban a un grado mortal los coches bajos, negro uno, rojo el otro, capaces de reanimar todas las estatuas del jardín, desde el chaparrito Madero hasta el gigantesco Fox.

Un dicho muy mexicano —Mayorga lo recordó— decía, para indicar estoicismo nativo y fortaleza impasible, que algo o alguien "Me hacen lo que el viento a Juárez."

El Presidente de la República no perdió la calma ni invocó, explícitamente, al Benemérito de las Américas. Apoyó los botones indicados, se puso la bata y esperó tranquilamente a los ayudantes militares para pedirles una explicación. Uno de ellos sonreía estúpidamente. El otro no.

—Es su hijo, Señor Presidente —dijo el serio.

—Enriquito —sonrió el idiota.

—Está jugando carreras con un amigo.

—Richi, ¿sabe usted?, Richi Riva.

—Pensamos que usted lo había autorizado.

—"No se preocupen. Mi papá ya sabe". Eso dijo. Quique y Richi —sonrió estúpidamente el edecán de escaso porvenir en la casa presidencial.

2. Enrique Mayorga se sintió ofendido, incómodo, de plano amolado de que su padre el Señor Presidente lo citara a desayunar a las nueve de la mañana, sin tomar en cuenta las escasas horas de sueño filial, para

no hablar de la cruda suerte, los ojos de chinche, la lengua cual estropajo…

Para colmo, el presidente Mayorga había sentado a la mesa a la mamá de Quique, la Primera Dama doña Luz Pardo de Mayorga, "Lucecita". Padre y madre ocupaban las cabeceras de la mesa. Enrique se sentó al centro, como el acusado, entre dos fuegos, desnudo bajo la bata Calvin Klein de rayas amarillas y verdes. Descalzo. Sólo faltaban, pensó el muchacho, el verdugo encapuchado y la guillotina.

Se rascó las cerdas renacientes del cuello y pensó con orgullo que la nuez de Adán no se le agitaba.

—¿Ora qué pedo?

El presidente se puso de pie y le dio una sonora cachetada a su hijo. Enrique tragó grueso y aguantó.

—¿Sabes quién eres, zoquete? —dijo de pie Justo Mayorga, mirando desde la altura al empequeñecido vástago.

—Seguro. Enrique Mayorga, tu hijo.

—¿Eso sabes, tarugo? ¿Sólo eso?

—"El hijo del Señor Presidente", logró decir Quique, entre comillas.

—¿Y sabes quién soy yo?

—Don Corleone —se rió el muchacho antes de recibir la segunda bofetada.

—Yo soy un hombre del pueblo —el presidente levantó con una mano poderosa la barbilla de su hijo que sintió el temblor retenido en los dedos largos y sensuales del padre—. Yo vengo de muy abajo. A tu madre y a mí nos costó mucho llegar hasta arriba. De niño en Sinaloa crecí en un jacal donde había que entrar de rodillas, así de bajo era el techo. Sí señor, de niño yo dormía con el techo de paja en las narices…

—¿Y ahora quieres que yo viva como tú, papi?

Tercer bofetón del desayuno.

—No señor. Quiero que te hagas cargo de mi posición, que no me pongas en ridículo, que no le des munición a mis enemigos, que no me hagas pasar por un hombre débil o frívolo que consiente a su hijo, un niño bien sin oficio ni beneficio…

Enrique se hizo a la idea de que ni las palabras ni las cachetadas iban a turbarlo. Pero ahora guardó silencio.

—Desde abajo, muchachito. A base de esfuerzo, dedicación, estudio, clases nocturnas, trabajos humildes, pero ambición grande: llegar arriba, servir al país…

—¿Sin amigos? —lo interrumpió Quique—. ¿Solo, solitario?

—Con tu madre —dijo con voz firme el presidente.

—Tu esclava —sonrió Quique pero doña Luz asintió y le hizo una seña con el dedo a su marido.

—Mi compañera. Fiel y discreta. Atenta a servirme, no a ponerme piedrecitas en el camino…

—Justo… —murmuró doña Luz con intención desconocida.

—No puedo tener amigos —dijo salvajemente Justo Mayorga—. Tú tampoco.

—Sin amigos —repitió el hijo enderezándose en la silla—. El Solitario de Los Pinos, así te dicen. Oye, ¿no quieres a nadie? ¿Por qué no tienes amigos?

Justo Mayorga regresó a su asiento.

—Un presidente de México no tiene amigos.

Doña Luz movió la cabeza implorando o entendiendo. Sus gestos siempre eran ambiguos.

—Todo lo logré porque no tuve amigos.

Hizo una pausa y jugó con las migajas del bolillo.

—Tuve cómplices.

—Justo… —doña Luz se puso de pie y llegó hasta su marido.

—Un presidente de México sólo puede gobernar si no tiene amigos. No hay que deberle nada a nadie.

Miró con fría severidad al hijo.

—Y nadie me va a decir que no puedo gobernar el país si no puedo gobernar a mi propio hijo.

Se puso de pie.

—No quiero que tus amigotes vuelvan a poner los pies aquí.

3. No te desanimes, le dijo Richi Riva a Enrique Mayorga, abrazándolo al vaivén del yate anclado en la Bahía de Acapulco, está bien, ya no corremos carreras en Los Pinos pero mientras tu papá no te retire a los guaruras, podemos seguir la diversión en grande, mira, aquí estamos los dos solos en mi yate y como quien dice, cae la lóbrega noche y tú y yo tenemos la vida por delante, no te dejes atrapar por los rucos, juégales cubano, mira Acapulco allá lejos, qué bárbaro, cómo brillan esas lucecitas y cada una es como una invitación a abandonarse, Quique, abandonarse a las emociones, eso nadie nos lo quita, eso es lo que pone verdes a los papis, que ellos ya no se saben divertir, en cambio tú y yo mi Quique, mira Acapulco esperándonos, imagina la nochezaza que nos espera, podemos ir a donde se nos hinche, tienes

la protección del ejército federal, pinche Quique, ¿quién más en este país puede decir, "El ejército es mi nana"?, somos intocables mi cuate, no te dejes atrapar, todo está bajo control mientras ande con Richi Riva, su mero canchanchán, vamos a la disco que quieras, tus guaruras nos abren paso, somos los meros presumidos y tenemos todo bajo control, escoge a la chava que más te guste, manda al teniente a que te la traiga a la mesa, ¿para qué quieres el poder, bato?, mira el repertorio aquí mismo en la disco, ¿qué prefieres, niñas fresa, chavitas bien, modelos top o de plano putas europeas?, ah qué la fregada, anda ordénales a esas güeras oxigenadas que se paren delante de nosotros en la pista y nos hagan moon, que se bajen los chones y nos ofrezcan las nachas, ándele mi Quique no sea pudoroso y súbase a la pista conmigo, vamos a abandonarnos a la e-mo-ción, ¿que la gringa no quiere venir a nuestra mesa?, dile al teniente que la amenace con la uzi, me lleva el tren, no te dejes atrapar por el poder, úsalo mi buen Quique, deja que se te suba l'águila y se te alborote la serpiente, no te dejes atrapar, no tengas miedo, le ordené a los soldados que ocuparan l'azotea de este antro y si te cansas del hood pues nos mudamos a otro más perrón, a ver mi teniente, tráiganos a esa vieja y si no quiere amenácela con la uzi y si ya tiene galán (la vieja, no usté mi teniente, no es indirecta) sáquelo a la fuerza y si da lata fusílelo en la playa ah qué la chingada nomás que no me despierten al tigrillo que llevo adentro, mi Quique, porque has de saber que yo quiero llevarme a todo trapo con el universo mundo, que quiero caer bien y estar de piquete de ombligo con la gente, si lo único que pretendo es llevarme de maravilla con las

meras galaxias, palabra, si me encanta tener buenas
relaciones con malos amigos, es mi especialidad,
me lleva el tren, no te angusties tanto mi Quique
encuentra tu punto, eres el hijo del Preciso, puedes
hacer lo que se te hinchen los güevos, tú nomás hazte rodear de soldados, que para eso sirve el ejército
nacional, para que tú y yo la pasemos a toda madre
en un mundo cool, ahora ya vámonos, este antro ya
se pudrió, nos espera el Mancuernas, ¿tú sabes, el
del copete retro?, el que me halaga acariciándome la
careta y diciéndome Richi tienes un rostro dulzón y
amenazante, pero tus ojos son de vidrio...

4. La señora Luz —"Lucecita"— dejó que la peinaran
con cuidado pero evitó mirarse al espejo porque no
quiero saber qué cara tengo después de tres años en
Los Pinos y sólo espero el momento de regresar con
Justo a una vida más tranquila para mí, para él y para
nuestro hijo, ya acompañé a Justo desde Sinaloa
hasta Los Pinos, he sido compañera leal, nunca he
pedido nada para mí, sólo he procurado que Justo
tenga despejado el camino, que no se tropiece por
culpa mía, yo nunca he mostrado ambición personal,
sólo he procurado el éxito de mi marido, jamás hacerle sombra, nunca decir nada que lo dañe, nada que
cree tormentas publicitarias o dé lugar a chismorreos,
no me quejo de nada, la vida me ha tratado bien,
pude ser siempre una pequeña provinciana, nunca
tuve más ambición que apoyar a mi marido y entender su pasión por servir a México, tan solito como
está, solo, como él no se cansa de decírmelo, solo y
sin verdaderos amigos, sólo cómplices, como él dice,

el presidente no tiene amigos, el presidente no quiere a nadie pero emplea a todos pero ¿y mi hijo?, ¿no tengo derecho, después de tanto sacrificio, de querer a mi propio hijo, de consentirlo tantito, de protegerlo contra la severidad del padre?, ¿no merece mi hijo, precisamente porque le gusta la parranda, un poco de la ternura que no le dan ni su padre ni sus amigos ni las mujeres? Yo quiero ser esa reserva de ternura para mi hijo, me han delegado a las obras de beneficencia como lo propio de una Primera Dama digna y que no se sale de su lugar, pero yo necesito darle la beneficencia a mi marido para que al menos aprenda a amar en casa y a mi hijo para que no se arrime al callejón de los rencores contra sus padres, ¿por qué protejo a mi hijo, me pregunto a solas, acaso él merece mi protección?, quizás lo hago por un motivo egoísta, no abro los ojos para evitar mi rostro actual en el espejo mientras me arreglan el pelo porque de esa manera puedo ser otra, me salvo de la política que ensucia y del poder que nos arrebata el alma y protejo lo más auténtico que me queda hoy y eso es mi recuerdo de la juventud, mi nostalgia de la provincia, de la belleza y de la juventud, la costa de Sinaloa, los nombres evocadores de Navolato y La Noria, de El Dorado y El Quelite, de Mocorito y la Mesa de San Miguel, los atardeceres del Mar de Cortés, los cinco ríos que van al mar, los valles de azúcar y arroz, la música de la Tambora en la placita de Santiago Ixcuintla, todo lo que una conoce de niña y ya no olvida nunca porque sin infancia no hay nostalgia, sin juventud no hay recuerdos, y mi amor hacia el hombre que me arrebató de la tranquilidad y me llevó en sus fuertes brazos montaña arriba, susurrándome,

Justo Mayorga susurrándome a mí, su novia maza-
tleca Luz Pardo, sé feliz mi amor, espéralo todo y no
entiendas nada y no me quejo porque con él viví la
tibieza de la vida, esperándolo todo aunque no entendiera nada pero diciéndome siempre, Luz tú tienes
derecho a la felicidad en toda circunstancia trata de
ser feliz hoy no dejes que el poder te haga creer que
todo lo bello e interesante de la vida, todo lo bonito
de la vida, quedó en el pasado, no pierdas tu intimidad Lucecita porque si la dejas escapar ya nunca
volverá por más poder que tengas, no sucumbas a ese
deseo secreto tuyo que es el deseo de estar ausente,
no te vuelvas de plano invisible, hazle creer a la gente que participas del sueño de tu marido que es darle esperanza una vez más a México después de tantas
calamidades como nos han ocurrido, devolverle la fe
a los mexicanos, en eso quiero ayudar al Señor Presidente mi esposo aunque sepa muy bien que los dos
él y yo sólo somos actores de una farsa, él sonriente
y optimista aunque la realidad lo niegue, yo sonriente y discreta para que el pueblo se olvide de tanto
fracaso y mantenga la ilusión de que México puede
ser feliz, para eso trabajamos, por eso le sonreímos a
las cámaras, para hacer creer la mentira de siempre,
la ilusión renovada cada seis años ahora sí ya la hicimos esta vez todo nos va a salir bien, ay me quejo, sí,
cómo pasa todo de rápido y a qué cosa puedo aga-
rrarme si no es sólo al amor de mi esposo represen-
tando la eterna comedia del país feliz ordenado y
estable y mi hijo pobrecito sin darse cuenta de nada,
tratando de romper el orden establecido por su padre,
sin darse cuenta de que esto sólo dura seis años y
deseando que no se dé cuenta de que si no se apro-

vecha ahora va a regresar más tarde a ese rancho chico que es no ser nadie después de serlo todo en rancho grande, tengo que mantener esas dos ilusiones el poder de mi marido y el placer de mi hijo y no sé cómo decirles mimándolos apoyándolos que ni una cosa ni la otra van a durar, que poder y placer son apenas suspiros y que yo sólo era realmente feliz cuando lo esperaba todo y no entendía nada, cuando todo era tibio como una playa de mi tierra y yo no sabía aún la fría verdad de que la felicidad no regresa por más poder que se tenga...

5. Sentado frente a su mesa de trabajo con la bandera tricolor plantada detrás de él como un nopal sediento, el presidente Justo Mayorga leyó el comunicado urgente. El líder agrario Joaquín Villagrán había ocupado la sede del Congreso de la Unión con una hueste de trabajadores armados con machetes y reclamando —nada menos— una política radical en todos los frentes a fin de sacar al país de su pobreza endémica. No había insultos en sus mantas. Sólo reclamos. Educación. Seguridad. Jueces honrados. Desde abajo. Todo desde abajo. Empleos. Trabajo. Desde abajo. No esperar inversiones desde arriba. No pedir préstamos y anular deudas. Escuela y trabajo, desde abajo. Aparceros, jornaleros, cofrades, artesanos, ejidatarios, indios, obreros, pequeños empresarios y rancheros pobres, comerciantes pueblerinos, maestros rurales.

Y la bandera del movimiento. Un indio sentado sobre una montaña de oro. "México es el país de la injusticia" dijo Humboldt en 1801, recordó el presidente. El indio, el campesino, el obrero se habían unido. Tomaron la sede del Congreso. ¿Quién los iba a sacar? ¿Cómo? ¿A tiros? El Congreso está rodeado por el Ejército, Señor Presidente. Porque en México nadie gobierna sin el Ejército, pero el Ejército es institucional y sólo obedece al presidente,

—Mientras el presidente represente al Estado —le advirtió a Justo Mayorga el secretario de la Defensa Jenaro Alvírez—. Porque los soldados sabemos distinguir entre los gobiernos pasajeros y el Estado duradero.

Miró fijamente a Mayorga.

—Si en cambio el presidente deja de representar al Estado y sólo defiende su propio gobierno…

Sonrió afablemente.

—Los mexicanos somos como una gran familia extendida…

El general Alvírez arrojaba sus puntos suspensivos como balas. Y Justo Mayorga cerró la carpeta con la información del día y dio rienda suelta a su murmullo interior, yo no hago negocios con mi conciencia, haré lo que tenga que hacer, no sé en este momento qué cosa debo hacer, el asunto es grave y no lo voy a resolver como otras veces despidiendo secretarios de Estado, removiendo funcionarios, culpando a otros, dando a entender que he sido engañado por colaboradores desleales, los Judas de siempre, la mera verdad es que ya me quedé sin colaboradores a los cuales culpar, la bolita cayó en mi número de la ruleta, no es día de distracciones, es día de firmeza interior, debo ser fuerte en mi alma para ser fuerte en mi cuerpo, afuera, en la calle, tengo que repetirme a mí mismo que ser presidente es no deberle nada a nadie y agradecer mucho menos para mostrarme en público como si fuera el sueño del hombre de la calle que es llegar a ser presidente de México, lo que cada mexicano cree que merece ser, el Jefe, este es país de jefes, sin jefes andamos más desorientados que un perico en el Polo Norte, eso mero, tengo que ser frío en mi fuero interno para ser caluroso en mi representación externa y me irrita que la frivolidad de mi hijo se me aparezca ahora como una mosca en una tormenta, me punza la idea que regresa una y otra vez, mi hijo es mi peor enemigo, no el líder Joaquín Villagrán apoderado del Congreso, no el Ejército al mando del general Jenaro Alvírez rodeando el palacio de San Lázaro en espera de mi orden,

—Desalojen a los alborotadores,

mi hijo perdulario y su amigote Richi Riva se me han colgado al centro de la mente y quiero sacarlos de allí para pensar claro. No puedo ser prisionero mental de un par de chamaquillos frívolos, no quiero que nadie diga cómo va a gobernar al país si no puede gobernar a su hijo, ah cabrón escuincle, me estás dando un sentimiento de fracaso que me paraliza, no te he sabido inculcar mi moral, no seas amigo de nadie, no se puede gobernar con frivolidad y sentimentalismo, ser presidente es no deberle nada a nadie...

—Señor Presidente. El Ejército rodea el Congreso. Esperamos su orden para desalojar.

6. Todo el santo día, Luz Pardo de Mayorga deambuló como un fantasma por los salones vacíos de Los Pinos. Su alianza íntima y perdurable con Justo Mayorga la volvía sensible como una mariposa cap-

turada bajo campana neumática. Algo ocurría. Algo más que el desagradable desayuno de ayer. Quién sabe por qué, esta tarde ella hubiese querido estar ausente. Se había arreglado para la comida pero su esposo le mandó decir que no llegaría a tiempo. No había nadie en la residencia salvo los invisibles criados y su felino sigilo. Doña Luz podría llenar las horas de la tarde a su gusto, siguiendo las telenovelas, poniendo el CD de los boleros que más le gustaban,

Nosotros que nos queremos tanto,

que del amor hicimos un sol maravilloso...,

tarareó en voz muy baja porque en esta casa —le dijo el presidente— hasta las paredes oyen, ten cuidado Lucecita, no manifiestes tus sentimientos, guárdate en el pecho el rencor que sientes, porque no puedes ser auténtica, porque eres la prisionera de Los Pinos, porque quisieras que tu marido no fuese tan poderoso, que si se enfermara pudieras mostrarle el cariño real que le tienes, que si fueras más valiente le exigirías que entendiese a Enrique, que no sienta muina si el muchacho se divierte y tú ya no participas, Justo, tú ya no sabes divertirte y no toleras el placer ajeno, trata de imaginar mi alma partida en dos, entre el amor que siento por ti y el que siento por nuestro hijo, ¿no dices que sólo amas a la familia, a nadie más, que un presidente no tiene derecho de querer a nadie, sólo a la familia?, ¿me dejas dudar, Justo, me permites pensar que tu frialdad política se ha metido a nuestra casa, que nos tratas a tu hijo y a mí como súbditos, no, ni eso, porque con las masas eres seductor, cariñoso, te enmascaras con el pueblo, ¿y con nosotros quién eres, Justo?, ya llegó el momento de decir quién eres con tu mujer y tu hijo...

—No te arregles demasiado. Sé más circuns-
pecta.

—Sólo quiero verme bien.

—No te mimes tanto.

Justo Mayorga se inclinó para besarle la sien. Entonces vio algo que no había visto antes. Una lágrima
detenida en un rincón del ojo de su esposa. Se sintió
transportado, fuera de lugar, rumbo a otro espacio…
Miró esa lágrima única, temblorosa, detenida allí sin
caer jamás, sin rodar por la mejilla, la vio guardada
allí desde la juventud, desde que se casaron, cuando
Luz Pardo se prometió a sí misma jamás llorar frente
a su marido.

—No concibo perderte y seguir viviendo. No
tendría sentido.

7. Ataque, Señor Presidente. En media hora desalo-
jamos el Congreso. No haga nada, Señor Presidente.
Nomás rodéelos hasta que se rindan por hambre. No
los convierta en mártires, Señor Presidente. Si hacen
huelga de hambre, va a venir más pueblo animán-
dolos que soldados rodeándolos. Abandone el lugar,
Señor Presidente. Sea noble. Déjelos allí hasta que se
cansen y se salgan por su cuenta.

Ataque. Rodee. No haga nada.

El viento empolvado de una tarde de febrero
agitaba los árboles del parque y las cortinas de la residencia oficial. Padre, madre e hijo se sentaron a cenar.
Primero hubo un largo silencio. Luego la Primera
Dama comentó que la noche amenazaba tormenta.
Se mordió la lengua. No quería referirse a nada más
serio que el clima.

Inquieto, impulsivo, irritado, Quique espetó que para qué llegar acá arriba y no gozar de la vida…

—No te preocupes, hijo. Tres años más y regresamos al rancho.

—Tú, no yo —dijo el rebelde y en seguida se midió—. Yo no voy a ningún rancho. Ni arrastrado. Me quedo aquí en la capital. Aquí están mis cuates, mi vida, no los necesito a ustedes…

—Acá adentro no sabemos lo que pasa allá afuera —dijo tranquilo pero enigmático el presidente—. No te engañes.

—No me van a impedir que sea cuate de Richi —alzó la voz Quique, provocativo—. Con Richi dejo de ser el pinche hijo del presidente, soy yo mismo…

Se levantó con violencia.

—Sin papases, sin papases…

—Cuida tu lenguaje frente a tu madre —dijo el presidente, sin alterarse—. Pídele perdón.

—Perdón, jefa —Quique se acercó a doña Luz y le besó la frente—. Pero entiéndanme.

Levantó la cabeza suplicante y altanera.

—Soy otro, con Richi soy otro…

Entonces la señora Luz se armó de coraje y mirando ora a uno ora al otro levantó por primera vez en la vida la voz, sabiendo que nunca lo volvería a hacer, aunque ahora esa impresionante serenidad de su marido la autorizaba a hablar fuerte, a romper el cristal que envolvía sus vidas.

—¿Nos merecemos realmente? ¿Nos amamos los tres? Contéstenme.

Se limpió las esquinas de los labios con la servilleta. Una espuma indeseable había llegado hasta allí, como las olas de Mazatlán, por la fuerza de las cosas, por la ley de las mareas…

—Denme algo —gritó Luz Pardo—. ¿Por qué a mí nunca me dan nada? ¿No merezco nada?

No lloró. No lloraba nunca. Sólo esa tarde dejó escapar la lágrima que le debía a Justo Mayorga. Ahora el llanto desesperado se atragantó en la barbilla temblorosa. Se levantó de la mesa y se marchó, diciendo en voz inaudible,

—Contéstenme…

Alcanzó a oír las palabras de su marido. "No quiero desorden en mi casa" y luego, cuando Justo Mayorga entró a la recámara y la encontró recostada, le preguntó, ¿no viste la televisión?, y ella no tengo ánimos, Justo, compréndeme…

El presidente encendió el aparato. Se sentó junto a doña Luz y la tomó de la mano. En la pantalla apareció Justo Mayorga acercándose al palacio del Congreso, ordenándole al general Alvírez, déjenme solo, voy a entrar solo y entrando al Congreso ocupado por los trabajadores rebeldes, Justo Mayorga solo, sin un ayudante, sin ningún elemento armado, solo con su coraje y su cabeza alta, así lo vio entrar la Nación entera en la tele y así lo vieron salir más tarde tomado de la mano del líder agrario Joaquín Villagrán, sonriendo, saludando con la mano libre —la derecha, siempre—, alzando la izquierda junto con la derecha del líder, anunciando,

—Hemos llegado a un acuerdo.

Pero el acuerdo no le importaba a la muchedumbre reunida frente al Congreso, lo que importaba era el valor del presidente, sus pantalones para entrar solo a la boca del león y obtener un acuerdo con el dirigente sindical, lo importante era que el pueblo lo quería, que el pueblo tenía razón, el presidente era todo un hombre, todo lo malo que pasaba era porque el presidente no lo sabía, si el presidente lo supiera, si los funcionarios no le mintieran, ya ven, entra solito y sale con el líder de la mano y mañana mismo vamos todos al Zócalo a vitorear a nuestro presidente que es muy macho, Justo Mayorga en el balcón de Palacio, con sólo un brazo —el derecho— en alto, admitiendo sin rubor y en silencio, sí, soy el elegido de las masas, soy la prueba de que un hombre de la calle puede llegar a la cumbre, mírenme, admírenme, el presidente es el amuleto del pueblo mexicano…

—No lo digas nunca en voz alta, dítelo como ahora, en secreto, como una confesión íntima… Soy el amante de mi pueblo…

Y con voz más secreta aún, el poder aplaza la muerte, nomás aplaza la muerte…

8. Richi Riva fue puesto en un avión de Qantas rumbo a Australia. Quique Mayorga Pardo trató inútilmente de romper la barrera de guardaespaldas que impedían el acceso a la rampa.

—¡Soy el hijo del Señor Presidente!

Los guaruras se habían convertido en un mundo hostil e impenetrable.

Quique regresó a Los Pinos manejando su Porsche. Lo estacionó en el garaje de la residencia. Se bajó. Dio un portazo. Apretó los dientes, se aguantó las lágrimas y comenzó a patear el auto sport rojo, patadas fuertes, abollando la carrocería.

9. —¿Qué le di al líder Villagrán? Nada, Lucecita.
Atole con el dedo. Las promesas de siempre. Lo importante es que la gente me vio entrar solo. Saben que
a su presidente no le tiembla la mano. Sin disparar un
tiro. Cuando entré estaban gritando muera Mayorga.
Al salir, puros viva Mayorga. Puros pantalones, Lucecita, puros pantalones. Estarán tranquilos el resto del
sexenio. Luego nos regresamos al rancho.

Coro de la familia del barrio

Se fue de la casa porque me pegaban me encueraban
     me
obligaban
Mi padre mi madre
Porque se murieron los dos y no había nadie más
     que yo en
la casa
Porque no tengo familiares
Porque los batos me dijeron no seas pendejo vente a
     la calle estás solo en tu casa te pegan te culean
     te llaman rata
En tu casa estás jodido eres menos que una
     cucaracha
Qué sólo me siento bato como un pinche insecto
     bocabajeado
Qué deprimido bato
Qué agredido bato
Dame refugio sin techo en la calle
Seguro arráigate en la calle
Ni mires siquiera a los que no son de la calle
Aquí estás más seguro que en tu casa bato
Aquí nadie te pide nada
Aquí no hay quesque responsabilidades

Aquí nomás hay el territorio
Aquí somos familia del territorio entre El Tanque y
El Cerro
No dejes pasar a nadie que no sea familia del barrio
bato
Dale en la madre al que se pase de la raya
Somos ejército cien mil niños y adolescentes sueltos
Solos sin familia en las calles
Clavados en la calle
¿Quieren largarse de la calle?
No hay dónde
Unos llegaron a la calle
Otros nacieron en la calle
La familia es la calle
Fuimos paridos por la calle
Tu mamacita abortó en plena calle
La patearon en plena calle hasta que soltara al feto
En plena calle
Porque la calle es nuestro vientre
Los riachuelos nuestra leche
Los basureros nuestro ovario
No te dejes tentar bato
Quesque de empacador de súper
Quesque de limpiaparabrisas
Quesque de ambulante
Quesque franelero de parabrisas cabrón
Quesque nano de rucos tambaleantes
Quesque pinche puto mendigo
Niégate bato
Vive daire dalcol decemento
Mejor vete muriendo como pinche cucaracha
En las calles los túneles los basureros
Que darte por vencido

La sierva del padre

1. Este pueblo es irrespirable. Uno diría que a la altura de más de tres mil metros el aire sería el más puro. No es así y uno lo entiende. El volcán es un sacerdote de cabeza blanca y túnica negra. Vomita lo mismo que come: soledad cenicienta. La proximidad del cielo lo oprime a uno aquí en la tierra.

La leyenda se empeña en repetir que el Popocatépetl es un guerrero alerta que protege el cuerpo vecino de la mujer dormida, Iztaccíhuatl. A Mayalde no le contaron ese cuento que uno conoce desde la niñez. A Mayalde el padre la trajo a vivir acá arriba, en las estribaciones del Popocatépetl, el mismo día en que la chica tuvo su primera menstruación y él le dijo:

—Mira. Es la mancha sacrílega. Tenemos que irnos lejos de aquí.

—¿Por qué, padre?

—Para que no peques.

—¿Por qué he de pecar?

—Porque te has hecho mujer. Vámonos.

Dejaron la sacristía de Acatzingo con su hermoso convento franciscano y se vinieron a vivir aquí, donde se mira la nieve y se respira la ceniza. Era la soledad más cercana a Puebla y como nadie quería venir a donde uno estaba, con gusto lo mandaron a él.

—¿Va usted con su sobrina, señor cura?

—Cómo creen que la voy a abandonar. Depende de mí. Sin mí, sería una huerfanita. Me lo debe todo.

—¡Ah!

—Aunque le aclaro, señor obispo. No es mi sobrina. No me cargue ese cuento viejo.

—¡Ah! ¿Su hija? —dijo con las cejas arqueadas el obispo.

El cura le dio la espalda y salió del obispado.

—Ese hombre se está quedando solo —comentó el prelado—. No sabe llevarse con la gente. Mejor que se vaya al monte.

No es que el padre Benito Mazón hubiese buscado una parroquia aislada, en las faldas de un volcán, para aislarse de la gente. El hecho es que la gente se apartó de él y a él esto le cayó de perlas. Al cabo, él salía ganando. Por muy antipático que fuese don Benito, Dios era no sólo simpático sino indispensable. Sólo el padre Mazón, con sus ojos de lobo inquieto, su perfil de iguana y su hábito de ala de mosca poseía la facultad de administrar los sacramentos, bautizar, cantar un réquiem y certificar una defunción. La gente del lugar dependía de él a fin de vivir con la conciencia tranquila. Y él dependía menos de uno. Aunque nadie acudiese a la miserable iglesita de adobes a orillas del volcán, Benito recibiría su estipendio y claro, el mismo pueblo que desconfiaba de él por antipático no lo dejaría morir de hambre. Uno.

Bueno, lo cierto es que los feligreses —uno— vivimos rencorosos del padre Benito Mazón. Él parece vivir indiferente a uno. Uno le recrimina la hipocresía de presentar a la niña Mayalde, de dieciséis años, como su ahijada. Uno sabe que las ahijadas suelen ser hijas del señor cura. ¿Hay que regatearle la caridad que él ha mostrado dándole techo a la niña? ¿O debe uno mostrarse indignado ante la hipocresía?

Uno no tiene respuestas fáciles. Al cabo, las costumbres toman su rumbo, con o sin explicaciones cabales. Se sospecha. Se intuye. Se teme. Al cabo, se encoge uno de hombros. Uno.

—Es peor tener malas costumbres que no tener costumbres —le susurró, con escándalo, el padre Mazón a nuestra más devota mujer, doña Altagracia Gracida, durante el acto de la confesión.

—¿Y dónde duerme la niña, señor cura?

—Eche ojo, mujer.

El curato en la montaña era apenas una casa de adobes con cocina de leños, una salita-comedor, una recámara y un baño a la intemperie. La iglesia era igualmente modesta. En cambio, la capilla adjunta era una pequeña gloria barroca de ricos adornos, casi tan espléndida (casi) como la lamentada Acatzingo. Así debía ser. El padre Benito adora a Dios porque cree que Dios tiene horror del mundo.

La belleza de Mayalde creaba una pequeña tormenta de indecisión en el pueblo. Era una muchacha fresca, hermosa, comparable en su aspecto de pureza a esa nieve que corona la montaña antes de extraviarse en la ceniza. Morena clara de ojos negros muy largos, como si quisiera ver más allá del marco de su rostro ovalado y en seguida, como consciente de la vanidad que significa aprovechar la belleza para ganar la felicidad, los baja para atender los menesteres de la humilde casa que rasca al cielo. Está acostumbrada. No espera otra cosa de la vida. Uno puede pensar que el señor cura siempre la trató mal para tratarla bien.

Es lo que él siempre le decía:

—Si Nuestro Señor Jesucristo sufrió, ¿por qué no has de sufrir tú?

Luego la sentaba sobre sus rodillas.

—¿Crees que yo no sufro, Mayalde, viéndote sufrir?

Todos los quehaceres físicos le correspondían a ella. Cuando el padre Mazón pasaba y la veía lavando ropa, tendiendo la cama o sacudiendo policromos de la iglesia, le decía cosas como:

—¿Te gustaría ser una dama, verdad?

—Te mimé demasiado de niña. Ahora te voy a quitar lo mimado.

—Limpia la iglesia. Más te vale. Voy a revisar cada copón como si en él bebieras mi leche.

Luego la volvía a sentar sobre sus rodillas. Ella temía estos momentos de cariño porque el padre Benito se angustiaba mucho de ser tan bueno y luego le daba malos tratos para compensar la debilidad de la ternura.

—Eres una mula. Un monstruo estéril. Pero trabajas mucho y aguantas el frío de la montaña.

Ella no sonreía abiertamente por temor a ofender al padre. Por dentro, le daba risa el condenado cura y se burlaba de él atendiendo a los pájaros en sus frías jaulas, juntando las raras flores de la montaña en un vaso de agua, yendo al mercado y regresando, canturreando, con las canastas bien provistas de verduras, manitas de cerdo, tortillas tibias y chiles serranos.

—Esta muchacha es una simple —comentábamos en el pueblo.

Ella sabía que de esta manera, tan servicial, picaba al padre Benito. Ella no era inútil. Tampoco era una bestia de carga. Uno, cuando ella bajaba al mercado, admiraba su andar cadencioso, la ligereza de su vestido floreado, las formas femeninas adivinadas, duras, redondas. Mayalde era, para uno, la magia esquiva del pueblo. A todos les sonreía.

—Es una simple.

Uno piensa, más bien, que su coquetería era su fidelidad al padre Benito Mazón. Eso se decía uno.

Un día, el padre Benito rompió las macetas y liberó a los canarios. Ella se quedó muy quieta mirando fijamente al padre e imaginando que ella misma, si se lo propusiera, podría convertirse en flor o volar como un ave…

El padre Benito no quería admitir que a Mayalde no la derrotaba nada. Le daban ganas de decirle, "Anda hijita. Regresa con tu madre. Dile que te trate bien y que la recuerdo. Pero ya sabes, para ser tu padre no sirvo. A ver si ella se digna recibirte. Aunque lo dudo. Vieras con qué alborozo se desprendió de ti."

Ella por su parte pensaba, "Le doy coraje porque yo siento amor por las cosas, amo las flores, los pájaros, los mercados, y él no. Yo lo sirvo pero él no lo goza. Es un viejo agriado con vinagre en la sangre."

Que el Padre Benito quería gozar le constaba a Mayalde. Ella se bañaba afuera de la casa en la regadera improvisada en un patiecillo y sabía que el padre la espiaba. Ella se divertía jugando con los horarios. A veces se bañaba al amanecer. Otras, se bañaba de noche. El cura la espiaba siempre y ella se enjabonaba el sexo y los senos antes de fingir la alarma de ser sorprendida, cubriéndose rápidamente con las manos y riendo sin parar imaginando la confusión del cura con ojitos de lobo inquieto y perfil de iguana.

—Aleja de ti los malos pensamientos —le decía el padre cuando la confesaba.

Y añadía con creciente exaltación:

—Repite conmigo, hija. Soy un saco de porquerías hediondas. Mis pecados son abominables. Soy perniciosa, escandalosa e incorregible. Merezco ser encerrada en un calabozo a pan y agua hasta que me muera.

Y mirando con los ojos en blanco al cielo:

—Mi culpa, mi culpa, mi grandísima culpa.

Mayalde lo observaba con una sonrisa, convencida de que se había vuelto loco. La muchacha se encogía de hombros y se quedaba pasmada, contando santos.

El padre Mazón cantaba estas aleluyas malditas que se vienen repitiendo en las iglesias mexicanas desde hace quinientos años y se acababa alejando de Mayalde, el objeto de su recriminación, para terminar alabándose a sí mismo, recordando lo que le dijeron en su casa cuando reveló su vocación eclesiástica:

—Benito, tú no tienes nada de teológico.

—Benito, tú más bien tienes cara de pícaro.

—Benito, no nos digas que no eres bien cachondo.

Él dijo que sí a las dos últimas proposiciones pero decidió ponerlas a prueba sujetándose a las disciplinas de la primera de ellas: asumir el sacerdocio.

La relación con la bella Mayalde reunió sus tres tentaciones: la divina, la mundana y la erótica. ¿Qué tan lejos llegó? Uno, en el pueblo, no sabía con certeza. La situación misma —cura con supuesta ahijada o sobrinita que resulta a la postre hija secreta— se había dado tantas veces que ya no resistía una versión más. La fuerza de la tradición lo obliga a uno a pensar ciertas cosas. También nos permite, a uno que otro, proponer la excepción.

—Eso sólo pasa en películas viejas, doña Altagracia. Quién quita y esta sea en verdad sobrina o recogida o lo que ustedes gusten y manden y el cura simple y llanamente la explota como criada sin gozarla como concubina…

Algunos decían que sí, otros que no. Uno, que trata de ser equitativo, no daba entrada a chismes sin base ni a sospechas sin prueba. Pero cuando Mayalde bajaba del monte al mercado, la rodeaba un silencio triste. El pueblo olía a perro mojado, a brasero encendido, a comida tatemada, a excremento de burro, a humo de ocote, a nieve intocable, a sol imperdonable. Ella se desplazaba como si no pisara el suelo. La perseguían los malos pensamientos de algunos, el silencio sospechoso de otros, la soledad equívoca de todos… ¿Era Benito Mazón un hombre de Dios o un pecador maldito? En todo caso, sólo él distribuía los sacramentos en este pueblo perdido. Y si nos daba la hostia y los santos óleos, ¿qué no le daría a la linda muchacha que vivía con él?

Uno que otro, entre nosotros, era instruido y no creía en las patrañas de la Iglesia. Pero ninguno —ni siquiera uno, que es ateo, para qué es más que la verdad— se atrevía a poner en entredicho la pesada tradición religiosa de los pueblos. Se nos caería encima el cielo. Siglos y siglos de proclamarnos católicos tiene su peso. Ser ateo es casi una falta de cortesía. Pero uno piensa que lo que deben compartir el creyente y el indiferente es la caridad, la compasión. Y no es la justicia lo que nos une. Uno conoce a cada cristiano que se desvive por ser injusto. Con los inferiores. Con los niños. Con las mujeres. Con los animales. Y que golpeándose el pecho, se proclaman cristianos y van a misa los domingos.

Uno no es de esos. Uno trata de sincerarse con el mundo y consigo mismo. Uno quiere ser justo aunque no sea creyente. Uno piensa que aunque no sea católica, la justicia es lo más cristiano que existe. Por justicia uno ayuda a los demás y la misericordia es sólo una medallita que nos cuelgan más tarde.

Por simple caridad, entonces, uno se hace de la vista gorda y deja pasar de noche, observando desde la ventana sin luz, al joven rengueante que mira atribulado hacia todas partes sin saber a dónde dirigirse hasta que uno sale en medio de las campanadas silenciosas del ángelus y lo orienta:

—Sube un poco al monte. Sigue a las campanas.

—¿Cuáles campanas?

—Óyelas bien. Allí te recibirán con caridad.

Lo alejé del pueblo porque uno sabe bien quiénes son sus vecinos. El muchacho herido de una pierna, con vendas sucias a la altura de la rodilla, ropa rasgada y botas lodosas, iba a resultar sospechoso, fuese quien fuese, viniese de donde viniese. Uno no está acostumbrado a la repentina aparición de gente que no conoce. Uno está predispuesto contra el forastero. Más aún en un pueblo de menos de cien almas perdido en las alturas volcánicas de México, pueblo de ceniza y nieve, hálito helado y manos engarrotadas. Un pueblo envuelto en un gigantesco sarape gris como en un sudario prematuro aunque permanente.

En cambio, si el extraño busca refugio en la casa del señor cura, es que no tiene nada que ocultar. La Iglesia bendice a quienes recibe. Ya podría bajar este muchacho de la iglesia al pueblo sin suscitar sospechas de nadie. Lo que no podría hacer era aparecer así, herido, desconcertado y exhibiendo una belleza juvenil tan sombría y deslumbrante como la de un sol negro.

—Sube la colina. Acógete a la caridad cristiana. Pregunta por el señor cura. Busca una razón.

—Es que hacía montañismo y me caí —dijo con simpleza Félix Camberos, que así dijo llamarse el muchacho cuando el padre Benito Mazón le abrió la puerta al despuntar el alba.

—Es muy de mañana —dijo agrio el cura.

—Las montañas se conquistan de madrugada —sonrió, mal que bien, Félix Camberos—. Igual que la piedad…

—A ver, Mayalde, atiende al forastero —dijo el cura, sintiéndose extrañamente atrapado en una contradicción que no comprendía.

Benito Mazón había visto la figura del muchacho y en su corazón tendría las razones de la caridad y las de la desconfianza. Ambas se fundieron en la figura de Mayalde. ¿Quién iba a atender al chico herido? El sacerdote, ¿por qué no? Porque tendría que hincarse ante el herido en una postura que su arrogancia rechazaba. Tendría que mostrarse humilde ante un hombre más joven que él. Y sobre todo, más guapo. El padre recogió la mirada de Mayalde cuando apareció Félix. Era el rostro de una luna sin voz expresándolo todo a través de movimientos crecientes y menguantes, como si una marea del cielo hubiese traído hasta este desolado lugar al extraño.

Mayalde no había controlado su propio rostro al ver a Félix. El padre Benito lo notó y decidió entregar al joven al cuidado de la muchacha. ¿Por qué? La razón le pareció tan aparente al cura como ahora a uno mismo. El perfil de iguana y los ojos de lobo de Benito Mazón eran el reverso del perfil de estatua y los ojos de cachorro de Félix.

El padre Mazón sintió un impulso irrefrenable de poner a la niña Mayalde en manos de Félix para exponerla a la tentación. Saboreó la decisión. Lo exaltó. Se sintió un misionero del Señor que primero nos ofrece la felicidad del pecado a fin de imponernos, en seguida, la dificultad de la virtud y arrogarse, confesión de por medio, el derecho de perdonar. Entre una cosa y otra, entre el pecado y la virtud (Mazón se regocijaba), transitaba una culebra hecha de tentación. El padre no tendría que vencerla. La joven mujer, sí. Bastaba esta posibilidad para asegurarle al alma muchas horas de martirio, de acoso, de exigencia cuando él y Mayalde volvieran a estar solos y él pudiese arrinconarla con el goce de humillarla, acusarla y al fin, con suerte, la muchacha vencida no resistiría más…

Salió el padre Mazón a sus oficios divinos y Mayalde permaneció sola con Félix. La moza fue muy discreta.

—Quítate los pantalones. Si no no te puedo curar la rodilla.

Félix obedeció con seriedad aunque sonrió con tantito sonrojo cuando se sentó frente a Mayalde exhibiendo sus calzoncillos breves y apretados. Ella lo miró sin curiosidad y procedió a limpiar la herida de la pierna.

—¿Qué haces aquí?

—Alpinismo.

—¿Qué es eso?

—Subir por la montaña.

—¿Hasta dónde?

—Bueno, hasta la nieve, si se puede…

—¿Y te caíste?

No escapó a la concentrada atención de la niña secreta la voz vacilante de Félix.

—Bueno, me resbalé —rió al cabo el muchacho.

—Ah —ella lo miró con malicia—. Un resbalón.

Le dio un golpecito cariñoso en la pierna.

—Pues está usted listo, don Resbaloso.

Esa tarde el volcán lanzó unos copos de fuego pero las cenizas fueron pronto apagadas por la lluvia vespertina del verano.

—Qué raro que viniste en agosto —le dijo Mayalde a Félix—. Es cuando la nieve se va. En enero llega hasta nuestra puerta.

—Por eso —sonrió Félix con algo de estrella lejana en la mirada—. Me gusta intentar lo más difícil.

—Ah qué caray —dijo en voz baja Mayalde y tocó la mano de Félix—. Ya estaría de Dios.

Ella también tenía un deseo, igual que el padre Benito.

—¿Qué caray? —sonrió Félix—. ¿Qué cosa estaría de Dios?

—Los malos pensamientos —alzó los ojos Mayalde.

Cuando el padre Benito bajó al pueblo a darle los santos óleos al panadero, ya Mayalde le entregaba su virtud a Félix. El panadero tardó en morirse y la pareja de jóvenes pudo quererse con holganza, ocultos los dos detrás del altar de la Pacificadora. Las ropas eclesiásticas servían de mullido lecho y el olor pertinaz del incienso los excitaba a ambos —a él por exótico, a ella por acostumbrado, a ambos por sacrílego.

—¿No te sientes muy encerrada aquí?

—Qué va. ¿Por qué?

—Esto es como el techo del mundo.

—Tú llegaste a subir, ¿no es cierto?

—No sé. Hay otro mundo fuera de aquí.

—¿Qué hay?

—El mar, por ejemplo. ¿Nunca has ido al mar? Ella negó con la cabeza.

—¿Sabes de qué color es el mar? Quisiera llevarte conmigo.

—El padre dice que el agua no tiene color.

—Él no sabe nada. O te engaña. El mar es azul. ¿Sabes por qué?

Ella volvió a negar.

—Porque refleja al cielo.

—Hablas muy bonito. No sé si será verdad. Yo nunca he visto el mar.

Él la besó con las manos sosteniendo la cabeza de Mayalde. Luego ella dijo:

—Antes quería irme de la vida. Entonces llegaste tú.

2. El que llegó al caer la noche fue el padre Benito Mazón. Trepó la colina con esfuerzo, jadeando bajo la lluvia, con los ojos de lobo más inquietos que nunca. Había retrasado el regreso. Quería darle todas las oportunidades a la joven pareja. Había soportado la tolerancia que uno le daba devolviéndole a uno su propia intolerancia. Regresaba armado de una indiferencia caída

en la trampa de sus amarguras agrestes. Los feligreses requieren sacramento, les repugna que sea él quien se los da y él sabe que ellos no tienen más remedio.

Regresó tarde porque en el pueblo habló amablemente con las autoridades civiles y militares. Uno se admiró de tanta cortesía en alguien tan seco y altanero como el padre Mazón.

El padre Mazón mira otra vez, caminando de regreso, la desolación del volcán cenizo, lo compara de nuevo al abandono de Dios y quisiera ver las cosas con claridad, no con estos ojos encapotados…

El hombre de Dios llegó y se quitó el sombrero de paja revelando sus cabellos de estopa. El agua le escurría por el tapado de hojas de elote.

Miró con frialdad pero sin sospecha a la pareja.

—¿Cómo va esa pierna?

—Mejor, señor cura.

—¿Cuándo nos abandonas?

—Cuando usted mande. No me quedaré ni un minuto más de lo que usted diga. Le agradezco la hospitalidad.

—Ah, pero primero la pones a prueba.

Félix no pudo evitar una sonrisa.

—Su hospitalidad excede mis esperanzas.

El cura dejó que le escurriera el agua por el gabán y le dijo, sin mirarla, a Mayalde:

—¿Qué esperas?

Ella acudió a retirarle el improvisado impermeable.

—Es una muchacha obediente —dijo severamente el cura.

Ella no dijo nada.

—Anda, prepara la cena.

Comieron sin hablar y ya de sobremesa el padre Benito Mazón le preguntó a Félix Camberos si era estudiante o montañista.

—Bueno —rió Félix—. Se puede ser las dos cosas.

Pero el cura insistió:

—¿Estudiante?

—No muy bueno —Félix moduló la sonrisa.

—Cada cual escoge su vida. Mira a Mayalde. Está loca por hacerse monja. Te lo aseguro por los clavos de Cristo.

Esto le causó gran hilaridad al cura, indiferencia al joven y estupor a la muchacha.

—Padre, no diga usted cosas falsas. Es un pecado…

—Ah —se asombró Mazón—. ¿Te me andas rebelando, chamaquita? ¿No quieres irte al convento para huir de mí?

Ella no dijo nada pero el padre Mazón ya estaba en el carril que uno le conoce.

—Pues te juro que tu rebeldía no durará mucho. ¿Y sabes por qué? Porque eres sumisa. Sumisa de alma. Sumisa ante los hombres. Porque es más fuerte en ti la sumisión que la rebelión.

Félix intervino.

—Pero el cariño es más fuerte que la sumisión o la rebelión, ¿no le parece?

—Cómo no, joven. Aquí lo comprueba usted. En esta casa sólo hay amor…

Hizo una pausa y jugueteó con la taza azul y blanca de Talavera que siempre traía consigo, dizque para no olvidar su origen poblano, antes de levantar la vista lobuna.

—¿No lo has comprobado ya, muchacho?

—Creo que sí —Félix se decidió por la ironía para contrarrestar las trampas del cura.

—¿No te ha bastado?

—El cariño es cosa buena —dijo Félix—. Pero hace falta también el conocimiento.

El cura sonrió con agrura.

—Eres estudiante, ¿no es cierto?

—Estudiante y montañista, ya le dije.

—¿Crees que sabes mucho?

—Trato de aprender. Sé que sé muy poco.

—Yo conozco a Dios.

El cura se incorporó sorpresivamente.

—Yo me tuteo con Dios.

—¿Y qué le dice, Dios, señor cura? —siguió en tono simpático Félix.

—Que el Diablo entra a las casas por la puerta trasera.

—Usted me invitó a pasar por la puerta principal —contestó con dureza exigente Félix.

—Porque no sabía que ibas a robarte las hostias de mi templo.

—Señor cura —Félix también se puso de pie aunque carecía de respuesta que no fuese mentira—. Hay que controlarse para hacerse respetar.

—Yo ni me controlo ni me respeto…

—Padre —se acercó Mayalde—. Acuéstese ya. Está cansado.

—Acuéstame tú, muchacha. Desvísteme y arrúllame… Demuestra que me quieres.

Lo dijo como si quisiera transformar la mirada de lobo en mirada de cordero. Félix giró un poco en torno a la silla del comedor, como si ese mueble le diese equilibrio o como si frenase, como una barrera, las ganas de estrellar la silla en la cabeza del cura.

—Señor cura, mídase por favor.

—¿Medirme? —respondió con un gruñido nasal el padre Mazón—. ¿Aquí arriba? ¿En esta soledad? ¿Aquí donde nada crece? ¿Aquí vienes a pedirme que me mida? ¿Alguien se ha medido conmigo? ¿Me entiendes? ¿Qué piensas que es el conocimiento del que te ufanas, estudiante?

—Es lo que ustedes han negado toda la vida —exclamó Félix.

—Te voy a explicar lo único que vale la pena saber —contestó el cura dejando caer los brazos—. Yo vengo de una familia en la que cada miembro dañaba de algún modo a los demás. Luego, arrepentido, cada uno se dañaba a sí mismo.

Miró al estudiante con una intensidad salvaje.

—Cada uno construía su propia cárcel. Cada uno, mi padre, mi madre, sobre todo mis hermanas, nos azotábamos en nuestras recámaras hasta sangrar. Luego, reunidos, cantábamos loas a María, la única mujer sin pecado concebida. ¿Me oyes, señor don sabio universitario? Te hablo de un misterio. Te hablo de la fe. Te digo que la fe es cierta aunque sea absurda.

El cura se tomó de la cabeza como para estabilizar un cuerpo que tendía a trotar.

—La Virgen María, la única mujer dulce, protectora y pura en medio del podrido harén de la Madre Eva. ¡La única!

Mayalde se había retirado a un rincón, como quien se protege de una borrasca que no acaba de agotarse porque sólo anuncia la que sigue. Mazón se volvió a mirarla.

—Además de mujer, india. Raza dañada durante siglos. Por eso la tengo de criada.

Miró con desprecio insultante a Félix.

—Y tú, ladrón de honras, aprende. La vida no es una chamarra.

—Tampoco es una sotana.

—¿Crees que soy un castrado? —murmuró, entre desafiante y dolido, Benito Mazón—. Pregúntale a la niña.

—No sea usted vulgar. Lo que creo es que no hay límite físico para el deseo —replicó Félix Camberos—. Sólo hay límite moral.

—¡Ah, vienes a darme clases de moral! —gritó el cura—. ¿Y mis ganas, qué?

—Contrólese, señor cura —Félix estuvo a punto de abrazar a Mazón.

—¿Crees que no me la vivo luchando contra mi propia maldad, mi bajeza sórdida? —gritó el cura, fuera de sí.

—Yo no lo acuso de nada —Félix se retiró dos pasos—. Respétese a sí mismo.

—Soy un mártir —exclamó con ojos de loco el padre.

3. Ya a solas los dos, esa misma tarde, el cura sentó en sus rodillas a la dócil y burlona Mayalde y le dijo que Dios maldice a los que a sabiendas nos llevan por el camino errado. Le acarició las rodillas.

—Piensa, hija. Te salvé de la tentación y también de la ingratitud. ¿No me dices nada?

—No, padre. No digo nada.

—Sácate de la cabeza las quimeras que te metió ese chico.

—No eran quimeras, padre. Otra cosa me metió Félix, para que se lo sepa.

El cura arrojó a la muchacha lejos de su regazo. Él no se incorporó.

—Olvídalo, nena. Él ya se fue. No te quería. No te liberó de mí.

—Se equivoca, padre. Ahora me siento libre.

—Estate sosiega.

—Usted es un hombre muy triste, padre. Apuesto que la tristeza lo persigue hasta cuando sueña.

—Qué hablantina te has puesto. ¿Te dio lecciones el prófugo?

Mayalde calló. Miró con odio al cura y se sintió manoseada. El padre no tenía a nadie más a quien humillar. ¿Qué le iba a pedir ahora? ¿La humillaría más que antes de la visita de Félix Camberos?

Quizás había una cierta finura en el alma del padre Benito Mazón. No maltrató a Mayalde. Todo lo contrario. Uno sabe que dijo cosas como que pensara bien si la vida con él la favorecía o no.

—¿Quieres bajar conmigo al pueblo? Cuando hace sol, dan ganas de salir de este encierro. Deja que te vista, deja que te arregle. Te trajeo.

—¿Para que no hable, padre?

—Eres la máxima idiota —el cura silbó entre dientes—. No conoces tu propio bienestar. Yo soy un hombre de Dios. Tú eres menos que una criada.

Comenzó a pegarle gritando ¡quimeras, quimeras!

La funda negra del cuerpo parecía una bandera del demonio mientras el padre gritaba ¡hombre de

Dios, hombre de Dios! y Mayalde en el suelo no decía palabra, se protegía de los golpes, sabía que al poco rato la furia del cura se iría apagando como el aire de un fuelle viejo y roto, ¿quimeras, quimeras, qué te metió ese chico en la cabeza…?

Y al cabo, ya sin aliento, con la cabeza baja, le diría (uno lo sabe):

—Eres la máxima idiota. Nadie te quiere ver. Sólo yo. Dame las gracias. Desnúdate. ¿A nadie más le has dicho "papacito"?

Cuando apenas dos años después Mayalde bajó de la montaña a avisarle a uno que el padre Benito había muerto accidentalmente cayéndose a un precipicio, a uno no le sorprendió que las facciones y la actitud de la muchacha de dieciocho años hubieran cambiado tanto. A uno le consta que el sacerdote la tenía prisionera después del incidente con el estudiante Félix Camberos. La joven mujer que ahora se acercaba a uno se veía más fuerte, entera, probada, capaz de cualquier cosa. Todo menos una prisionera.

—¿Qué le pasó al señor cura?

—Nada. Un resbalón. Dio un mal paso.

—¿Dónde quieres enterrarlo?

—Allá arriba. En la ceniza. Junto a donde enterraron a Félix Camberos.

Allí están los dos juntos, lado a lado, en una caída abrupta de la montaña que parece empujada hacia el cielo. Desde ese punto se puede ver muy lejos a la ciudad generalmente oculta por la masa volcánica. La ciudad es extensa pero desde aquí apenas se le adivina. Uno puede imaginarla como una conflagración. Aunque en medio de la hoguera, hay un remanso de paz. La contienda urbana se concentra en sí misma y lo olvida a uno si uno se acoge a un rincón apartado, una isla en la multitud.

Descendimos un día, ella y yo, de las faldas del volcán a la gran ciudad que nos esperaba sin rumores, maledicencias, sospechas. Recuerdos, empero, sí.

Ella no podía olvidar y me contagió la memoria.

Desde que me casé con ella al morir el cura, decidí llevármela lejos del pueblecito de la montaña. Dejé de hablar enmascarado por ese "uno" que me mantenía lejos del deseo de hacerla mía. Me convertí en un "yo" empeñado en demostrarle que los usos de la vida no son pecados de los que hay que huir refugiándose en la montaña, que el falso santo se complace humillándose para luego infligirnos su soberbia, que la humildad esconde a veces un gran orgullo y que la fe, la esperanza y la caridad no son cosa del otro mundo. Deben ser realidades de este mundo nuestro.

Por estas cosas, le dije, luchaba Félix Camberos.

No sé muy bien si la bella Mayalde se resignó a abandonar las tumbas vecinas del padre Benito y de Félix el estudiante. Había un sentimiento de culpa fugitiva en su mirada que yo intenté aplacar con mi amor.

Al cabo sólo quedaron estas palabras de mi mujer, dichas años después:

—Todo aquello ocurrió en el funesto año de 1968.

Coro de las familias rencorosas

y no sólo El Mozote
el 22 de mayo del 79 protestábamos en las escaleras
    de la Catedral y llegó el ejército a disparar y
    morimos trescientos
la sangre chorreando por las escaleras como agua de
    catarata roja
el 22 de enero de 1980 trabajadores del algodón
electricistas empleados de oficina maestros
ametrallados copados entre dos avenidas
Él
en el Río Sampul atrapados en las aguas huyendo
de un lado los soldados salvadoreños disparándonos
del otro lado la tropa hondureña impidiéndonos el
    paso
los salvas cogen niños los tiran al aire y les cortan la
    cabeza con machetes
la llaman operación limpieza
al día siguiente el río Sampul ya no se ve
lo cubre una masa de zopilotes devorando los
    cadáveres
mejor muertos que vivos cipote
lo vimos en los pueblos
se cuenta en los tugurios

anda mira ve a mirar los dos cuerpos de
tu padre
medio cuerpo en una esquina
la otra mitad en otra esquina
ven a ver a cipote la cabeza de tu madre
atada a una verja
mira al cielo cipote
mira los dragon-fly jet fighters 37
te traen regalitos
te traen seis mil libras de bombas incendiarias y
    demoledoras
te traen cohetes de fósforo blanco
te disparan con ametralladoras m60
son los spotter planes
ven gente
son los helicópteros huey
cuando no ven gente disparan contra el ganado
los bueyes huey
más vale huir
familias enteras en los caminos
más vale que se te caiga el cielo de fuego encima
más vale morir en el camino de día desesperados
que caer en sus manos
a mi padre lo torturaron con una bolsa de plástico
    llena
de harina en la cabeza
habla
a mi padre lo mutilaron cortándole los testículos
a mi padre le colgaron pesas de los güevos hasta
    baldarlo
para siempre
pero allí seguimos en los pueblos miserables
las mujeres lavan hierven muelen

los niños somos correos
llevamos noticias
mataron a Gerinaldo
ya Jazmín no vuelve al pueblo
los niños jugamos a las emboscadas
Rutilio y Camilo y Selvín
luego crecimos como pudimos
formamos bandas de huérfanos rencorosos:
hay el rencor
ni quien lo disimule
hay las catorce familias mansiones en San Benito
    casas
de playa cocteles en el country club musicales de
    hollywood
en el cine Vi
hay las chusmas de tuertos vendedores de loterías
    limpiabotas
shooshine el numerito de la suerte el pocaluz
en las calles
y los catorce sólo leen novelas condensadas del
    readers'
y los catorce oyen música de mantovani hasta cuando
    cagan
y los protegen los militares puro prieto petardito
    sin
frente sin barba con botas que les duelen y
    cinturones
que les aprietan
que siguen las órdenes de los paviblancos
que no se manchan las manos
y allí se formó la banda
hijos y nietos de guerrilleros de soldados de viudas
de otros niños correos

de los que noche con noche se juntaban a esperar
    noticias
de los desaparecidos
dinos entonces
¿a quién le importa mi muerte?
¿qué es lo más jodido?
¿estar muerto?
¿o estar pobre?
eso deseamos
todos pobres
y para eso que ahora ellos nos tengan miedo
como nosotros se lo tuvimos a los batallones de la
    muerte
a los helicópteros huey
desde niños pensamos piensa que ya estás muerto
    y se
acaban tus preocupaciones
puede que sólo muerto vuelves a ver a tu papá a tu
    mamá a
tu hermanito
a ver iníciate en la banda
haz la prueba del vómito
te metes el dedo en el fondo de la boca
tocas la campanilla
si no guacareas te zambutimos una oreja de burro
    hasta el
fondo del paladar y un elote en el culo sabroso
iníciate
con una golpiza feroz
a ver tu aguante
patadas a los cojones
a tu padre se los cortaron hijo de puta
    patadas en la barriga

a tu madre la patearon encinta cabrón puto hasta
    que tú
saliste
patadas a las rodillas
a tu abuelo le cortaron las piernas para que hablara
patadas a la espinilla
tu abuelo se las cortó al mío
ahora bájate los calzones y ponte a cagar en frente
    de todos
pon cara de felicidad
imagínate que no cagas matas
hazte a la idea bato de que matar es igualito a la
    euforia
de cagar
serás el sargento cerote
serás el capitán caca
pero no dejes de pensar en todos ellos
las catorce familias
la chusma
los asesinos y torturadores de los batallones de la
    muerte
igual que tú
los guerrilleros que mataban para defenderse igual
    que tú
los gringos armando dando clases de muerte armas
    de muerte
ahora recuerda a un solo soldado del batallón: olvídalo
ahora recuerda a un solo guerrillero del frente:
    olvídalo
la vida empieza contigo
en la mara
hazte a esa idea
a nadie le importa tu muerte

trata de recordar a un solo ácatl
trata de recordar a un solo farabundo
olvídalos
borra las palabras patriotismo revolución de tu
cabeza
no hubo historia
la historia empieza con la mara salvatrucha
no tienes más identidad que tu piel
tatuada
suásticas tótems lágrimas un poco de muerto
navajas piedras escopetas recortadas puñales
todo es bueno
quemen la tierra
que no quede nada en pie
no necesitamos aliados
necesitamos la selva para escondernos descansar
inventar
aprendemos a caminar como sombras
cada marero es un árbol que camina
una sombra que avanza hacia ti
hacia ti cabrón despreocupado
¿crees que te salvaste de nosotros?
¿crees que te salvaste de nosotros?
nomás huele la acidez de nuestra piel tatuada
nomás saborea el óxido de nuestros ombligos
nomás mete el dedo por el lodazal de nuestros culos
nomás mámanos las leches cuajadas de nuestras vergas
nomás húndete en la mantequilla roja de nuestras
bocas
nomás revuélcate en la selva negra de nuestros
sobacos
somos la mara
salvamos salvatruchas todo lo que ustedes

limpiecitos pulcros endomingados ocultaron
rasuraron limpiaron desodorizaron
y encima la piel tatuada
y los avisos de la piel
lágrimas y pintadas en la cara
a lágrima por muerte
mientras ustedes leen avisos de la prensa la
televisión
los periféricos
nosotros nos anunciamos con la piel amarga apestosa
rencorosa
tatuada
lean las noticias de nuestra piel

El matrimonio secreto

Siempre que te quiero decir la verdad, algo nos interrumpe.

No te preocupes, Lavinia. Estamos solos, mi amor. He dado órdenes de que nadie nos moleste. ¿Qué me quieres decir?

Soy muy infeliz. No, no me interrumpas. Quiero tu amor, no tu simpatía.

Tienes las dos. Tú lo sabes. Dime.

¿Puedo empezar desde el principio?

Soy todo tuyo. Es un decir.

Leo, tú conoces mi vida y sabes que nunca te miento. Quiero hablarte de él. Quiero, como tú dices en tus discusiones, "recapitular". Ojalá me salga ser breve. Después de todo, son nueve años juntos. Quiero que te des cuenta de mi relación con Cristóbal. No te oculto nada. Lo sabes casi todo, pero así como a pedacitos. Quiero que te pongas en mi lugar y entiendas por qué ha durado tanto mi relación con él. Tienes que imaginar lo que significó para mí a los veintinueve años, cuando te entra el terror de la treintena, renovar mi vida gracias a una pasión fresca, nueva y sobre todo, peligrosa…

Yo te juro, Lavinia…

No me interrumpas, *please*. Yo estaba en una edad, hace nueve años, en que todavía crees que puedes reiniciar tu vida, tirar por la borda el equipaje antiguo y rehacerte de pies a cabeza. Eso ya lo traía dentro de mí, te lo admito. La inquietud, el gusanito, como quieras llamarlo. La carrera me había dado éxitos, compensaciones. Ser una publicista *top* ya es algo. A muchas mujeres les basta. Se casan con la carrera.

Dicen que una mujer con éxito profesional tiene siempre un amante en la cama: su carrera.

De acuerdo. La carrera es algo muy erótico. Y sin embargo, estaba descontenta. La carrera era mi mero mole. Pero le faltaba picante a la salsa. Bueno, yo era terreno abonado, como quien dice… El hecho es que la tarde que él entró a la oficina, nuestras miradas se cruzaron y los dos nos dijimos en silencio lo que luego nos repetimos en voz baja, tú entiendes, a media luz los dos. Amor a primera vista. Flechazo. Te lo digo sin la menor vergüenza. Cristóbal entró a la oficina y yo lo encueré con la mirada. Lo adiviné desnudo y él a mí igual. Lo comprobamos esa misma noche. ¿No te importa que te lo cuente tal cual?

No. Me gusta. Si te guardas tus secretos conmigo, serías una egoísta.

Eres un salvaje. En la recámara, me despojó de los calzones, me levantó vestida aún, con una fuerza tremenda me levantó y me poseyó con mis piernas rodeando su cintura… Nunca he tenido una satisfacción igual. Salvo contigo.

Thanks.

Pero no la primera vez. Contigo, tuve que acostumbrarme. Con él, temí que tanto placer inmediato sólo podía tener una como digamos resaca de sensaciones menores a medida que pasara el tiempo y nos acostumbráramos a estar juntos…

The law of diminishing returns.

Pero no. Fue el caso de que la excitación del principio se prolongó mucho tiempo. El peligro ayuda, claro. Las citas, los lugares agradables pero por fuerza secretos, el temor de ser descubiertos.

El compañero siempre visto como tentación, no como costumbre.

A eso iba. El paraíso terrenal, ¿no es verdad? Todo es tan imprevisible, tan aventurado, tan dañino para todos si es descubierto, que… Bueno, admito que todo esto alimenta la vanidad de una mujer que se siente requerida, admirada, sin la humillante sensación de estar allí como un mueble.

Es lo bueno de ser la amante y no la esposa.

¿Por qué?

La esposa hace la cama después del amor. La amante tiene una criada que se la haga.

No vaciles, Leo. Te estoy hablando en serio.

Como un mueble, ibas diciendo…

Esperando que el hombre se siente en ti, coma en ti, se orine en ti sin mirarte siquiera… Cristóbal me hacía sentirme única. Reina de una monarquía con sólo dos súbditos, él y yo, sometidos ambos a los deseos —todos los deseos— del otro, que por ser lo que quería el otro era de los dos y de cada uno, de mí, de él…

Fornicar es un derecho universal e imprescriptible.

Al principio, me llenaba de entusiasmo. Me arrebataba. Me decía cosas como "Tienes una belleza frágil y una intensa tristeza." ¿Cómo no quererlo? Es una frase alambicada, cursi quizá, pero no te la dicen todos los días, Leo, te dicen a qué horas nos vemos, regreso a las siete, ordéname unos tacos, ¿dónde dejaste las llaves?, no te dicen que tu belleza es frágil y tu tristeza honda, eso no… Nadie más que un hombre apasionado te dice que no sabe si eres bella por ser arrogante o arrogante por ser bella, cosas así. Lo miraba peinarse y me excitaba terriblemente. Se peinaba con las uñas, ¿ves? Lo espiaba cuando se aseaba frente al espejo solo echando la melena solo hacia atrás solo antes de volver solo a la recámara solo con la fuerza de un animal y con mi propia animalidad secreta guardando el amor muy humano de la mirada que le daba al hombre sin que él supiera que lo miraba. Hacíamos el amor y me trataba de puta cachonda sinvergüenza coño con perrito clítoris con eñe mono como campo de golf todo eso me decía sin pudor y al fin:

—Si me engañas, quiero que me seas fiel. Si me eres fiel, quiero que me engañes.

En todo, casi, eres muy sincera. Y tienes buena memoria.

¿Qué? ¿Crees que algo así se olvida?

No todos saben mezclar la memoria y el deseo. Cuando éste se acaba, aquélla se va.

Leo, la vanidad más atractiva puede volverse repelente. La sorpresa por costumbre puede dejar de sorprender un día. No, si él siempre me ha dado lo mejor. Los mejores hoteles, los mejores restoranes, los viajes más bellos, todo lo más súper, siempre. No tengo de qué quejarme. ¿Pero sabes qué, Leo? Hasta lo inesperado se volvió rutina. No puedo reprocharle su voluntad de atenderme, llevarme siempre a los sitios más elegantes. Llegó un momento en que yo quería todo menos lo excepcional. Porque empecé a anticipar lo extraordinario, ¿te das cuenta? Entonces lo ordinario amenazó con regresar. Con una fuerza indomable, la fuerza de lo excepcional. La normalidad asomaba la oreja en cada primera clase de Air France, en cada suite de cada Ritz, en cada mesa de *El Bodegón*, las trufas empezaron a hacerme cosquillas, las codornices a hacerme el bizco, las langostas a cogerme las manos para llevarme de vuelta al fondo del mar… El amor puede ahogarnos, Leo. Es como comer caramelos todo el tiempo. Hay que darle sus derechos al tedio. Hay que agradecer los momentos aburridos de una relación. Hay que… Hay que dejar de anticipar lo extraordinario. Hay que aprender a prever lo previsible.

Es lo mejor del amor.

¡Tú dices! Lo que pasa es que nadie prevé ese momento en que ya no quieres ser tan feliz como lo fuiste y deseas un poco de esa infelicidad que se llama la vida cotidiana. Bueno, lo que tú me das, Leo.

Perico mata Carita y Masserati mata Perico.

Tú me pones atención…

A las pruebas me remito.

Tú nunca me hablas de ti. Me escuchas a mí.

Sólo te presto atención a ti, Lavinia.

¿Nunca te ofendes?

Tú y yo no tuvimos que fingir. Ni antes ni ahora.

Yo admito que hay confidencias que no me gusta oír.

Yo al revés, Lavinia, me deleito con las tuyas. Síguele por favor.

¿Sabes dónde empecé a detestarlo?

No.

Su risa. Su manera de reír. Al principio creí que era parte de su encanto. Tú eres bastante solemne, la pura verdad…

Serio nomás. Seriecito.

Él se reía con elegancia. Con espontaneidad. Con alegría. Todo bien ensayado.

¿Has oído risas tristes?

Algo peor. Hay risas con importancia.

No te entiendo.

Cómo no, tú sabes. Esos tipos que nunca se ríen de un chiste ajeno y se mueren de risa de los chistes propios, aunque a nadie más le hacen gracia. O sea, Cristóbal empezó reírse para redimir sus defectos. Me di cuenta de que ya no sólo se reía de una broma o para alivianar una situación pesada. Ni siquiera para alegrar la conversación y hasta la vida misma. Se reía para disculparse. Cuando hacía algo equivocado. Cuando decía algo inoportuno. Cuando se olvidaba de un aniversario. Cuando llegaba tarde a una cita. Cuando despedía a un criado sin consultarme primero. Cuando no le gustaba mi maquillaje, mi vestido, el libro o la revista que leía, se reía. Se reía de mí. Se excusaba de tirarme a la basura el lápiz labial o regalarle la mitad de mi vestuario a la Cruz Roja o arrebatarme con violencia el libro de Dan Brown o la revista *Hola!*, riendo mientras decía mal gusto, basura, tengo que educarte.

¿Qué le contestaste?

No me pigmalionices, güey. Eso me salió decirle. Fue nuestro primer desencuentro. A partir de entonces, se divirtió criticándome con cuentagotas, siempre sonriendo.

¿Le dijiste algo?

Soy intorturable. Eso le dije. Fue un error. Empezó a molestarme cada vez más. No me dejé. Me aburren tus éxitos, le dije. Ya no me los cuentes. Deja de presentarte ante mí como el hombre que toma decisiones importantes cada media hora. Me aburren tus decisiones. Todas las noches llegas a mi recámara gritando "¡Tierra!" Ya estuvo suave de colonizarme, Cristobalito. ¿Nunca aplazas una decisión? ¿Nunca reflexionas, nunca te tomas tu tiempo? Y no sólo eso, Leo. Poco a poco me fui dando cuenta de que detrás de ese alarde de éxitos con que Cristóbal quería impresionarme había un amor muy poderoso, más grande que cualquier cariño hacia mí. El amor de la manipulación. La adhesión a la mentira. Eso había detrás de sus presunciones.

¿Cómo lo notaste?

Fue increíble, Leo. Mi mejor amiga, Priscila Barradas, tú sabes, la gorda esa, me dio cita en el bar del lobby en el *Camino Real*. Bebimos nuestros margaritas chismeando muy contentas cuando de repente la gorda Pris, sin alterarse, se puso de pie y caminó al lobby. Cristóbal entró al hotel y ella lo detuvo del brazo, le cuchicheó al oído —con su aliento de frijol acedo— y él miró nerviosamente hacia el bar, sin encontrar mi mirada —no como la primera vez, ¿ves?— y se alejó con premura. La sinvergüenza Priscila salió detrás de él, dejándome plantada frente al margarita cada vez más tibio. Ah sí, dejándome a empujar margaritas, la vieja cabrona.

La próxima vez, pide un coñac.

Esa noche le reproché su infidelidad a Cristóbal. Se rió de mí. Mis conclusiones eran falsas, dijo. Priscila era la mujer de nuestro amigo José Miguel

Barradas. Simplemente, se acercó a darle un recado de José Miguel. ¿Y por qué no regresó a despedirse de mí la muy lépera? Cristóbal rió como de costumbre. Para picarte, dijo, para darte celos... Sí, le contesté hay que tener amigas muy bien casadas que no quieran cambiar a su marido por el tuyo. Esto le causó mucha gracia a Cristóbal. Me amó apasionadamente una vez más y una vez más me desarmó.

¿Y tu amiga Priscila? Seguro que se volvieron a encontrar por ahí...

Es una gordinflona cínica. Cuando le llamé la atención, en un coctel, me dijo "Ser la única que puede amar a tu marido me parece un acto supremo de egoísmo."

¿Qué le contestaste?

A ti te da lo mismo un marido que otro. Confórmate con el que ya tienes, *fatso*.

¿Y luego?

Nos agarramos del chongo. Sucede en los mejores círculos.

¿Y Cristóbal entonces?

Te digo que me amó apasionadamente y me desarmó. Soy una pobre pendeja.

Como dice esa canción que tanto te gusta, *let's fall in love, why shouldn't we fall in love?*

Es que fue a primera vista, Leo. ¿Hay que esperar la segunda vista antes de tomar el primer paso?

"Let our hearts discover..."

Poco a poco. Condenados a descubrir la verdad poquito a poco. Lo que debimos saber desde el principio, antes de embarcarnos. Por lo menos averiguar si hay botes salvavidas. ¿El amor es fatalmente el *Titanic* de la vida?

¿Viste la película? La única sorpresa es que el barco se hunde. O sea, de saber entonces lo que sabes hoy, ¿te habrías desistido del amor?

Olvídalo. OK, la novedad no sólo excita, también ciega. Já, si no lo sabré yo, ejecutiva de publicidad.

"We were not made for each other." Variante de la lírica. Cristóbal era excepcional. Se te ha vuelto familiar.

Te digo que me aburren sus éxitos. Quisiera ver qué cara pone si fracasa. Claro, nunca admitirá una derrota. Fracasan los demás. Él, nunca. Qué va. Lo observo y me digo que yo prefiero hacer algo y equivocarme que no hacer nada y tener éxitos pasivos, como una ostra en el fondo del mar mientras no la arrancan de allí para merendársela. Quizás esto es lo que le pasaba a él y claro, jamás iba a admitirlo. Contaba conmigo, con mi complicidad o pasividad o necesidad erótica, ve tú a saber. El caso es que él actúa a sabiendas de que cuenta conmigo. Date cuenta del oprobio. Habla y hace dándome a entender que yo soy la fuerza que lo sostiene.

La madre tierra, digamos.

La pinche Coatlicue doméstica, la mamá diosa con su falda de serpientes a la espera del aventurero macho mexicano. Bah, me cansa todo este juego de estatuas, Leo, nos estamos convirtiendo todo el tiempo en ídolos de piedra, ídolos hogareños, sin aventura, sin ilusión, sin peligro siquiera, sin… Qué sé yo. Me siento prisionera de la lealtad equivocada de continuar una relación fracasada. Ya me aburrí.

No, Lavinia. Por favor sigue. Piensa que con cualquier hombre el amor es como la inspiración. Puro trabajo.

Hablas como en una de tus telenovelas.

De eso vivo, Lavinia.

Y de la herencia de tu tía Lucila Casares.

Así es. Mi tía que está en el cielo se asoma a verme gozar.

¿Cómo era la señora, tu tía Lucila?

Ve mi telenovela "Los Novios". Ella es la protagonista.

¿Esa vieja cursi suspirando por sus amores de adolescencia?

Tal cual. No hice más que transcribir lo que decía en su diario personal.

Y el noviecito acapulqueño, ¿quién era?

No sé. Ella sólo lo llama "Manuel".

Un dejado. Un tipo sin voluntad.

¿A poco ves mis telenovelas?

Yo no. Me las cuentan mis criadas. El tal "Manolo" es un cursi.

Bueno, "cursi" viene de "courtesy", cortesía, y de "curtsy", hacer caravanas. Ser bien educado.

Entonces prefiero ser salvaje, Leo.

Sal a la calle. Pero nunca olvides que el amor es puro trabajo.

¿Con cualquier hombre?

Sí. Con él. Cristóbal.

¿O contigo?

También.

¿Aunque pasen los días, uno tras otro, siempre iguales, un desfile interminable hasta que un día tu vida sólo es un poco de arena en el fondo de una botella arrojada al mar?

Sí.

¿No hay remedio?

Sí. Cámbiale el juego todo el tiempo. Es la única manera de retener a un hombre.

¿Por eso te tengo a ti?

Sí. Haz lo mismo con Cristóbal. Cámbiale el juego a cada rato. Te has dejado caer en la misma rutina que le reprochas. Eres demasiado fiel, pasiva, añorante del primer momento del amor. Date cuenta: eso no va a regresar. Inventa nuevos primeros momentos.

Ah, ¿lo dices por ti?

A mí me tienes para siempre. Conmigo no necesitas jugarretas del amor y del azar. De mí nunca podrás separarte.

¿Eres, además de todo, mi mejor amigo?

Creo que sí, Lavinia. Sólo que recuerdes esto: No hay nada más seductor que un amigo. Le sabes todos los secretos. Qué le gusta, qué le disgusta. Por eso no hay que contarle todo a los amigos.

¿Qué tiene que ver la amistad con la felicidad? En todo caso, ¿qué tiene que ver el amor con la felicidad?

No le busques respuesta definitiva a nada. No te preguntes tanto a dónde vamos. Déjate ir, Lavinia. Así hemos vivido amándonos cinco años.

Nunca debió ocurrir.

¿Nuestro amor?

Jamás.

¿Tu matrimonio?

Sí. Era inevitable.

Créelo, Lavinia. Sigue con Cristóbal. Te juro que de ello depende que tú y yo seamos los amantes que somos. Séle fiel a tu marido.

¿Fiel?

En el sentido más profundo. Sigue fielmente con él para que tú y yo podamos querernos siempre en secreto, con la excitación de la primera hora.

Pobre Cristóbal… No sé. No sé si…

No termines la frase, Lavinia. Tú y yo no necesitamos acabar las frases…

Fue un error conocernos.

Puntos suspensivos…

Olvídalo…

Coro de la hija suicidada

La niña se fue al cementerio con la pistola de su
    papá que
la abusaba la pistola era más negra y más dura que
    la verga
del padre ojalá así lo entendiera él después de que la
niña se pegara un tiro en la cabeza y después
(igual que en las películas)
se levantara resucitada
(igual que el pato lucas el correcaminos el pájaro loco
    y el gato tom que cae de un rascacielos se estrella
    contra una montaña lo hacen acordeón lo hacen
    tortilla lo hacen caca y siempre resucita toma su
    forma de siempre persigue persigue persigue al
    ratoncito jerry)
igual que en las películas
a decirle qué tal viejo jijo creías que no era capaz de
suicidarme suicidarme
mírame muerta y escarmienta papacito y no castigues
    a tu
niña porque rompió el florero y se colgó del
    toallero
y no se pelién más papá y mamá porque entonces
    papá entra

echando humo por las narices y babas por la boca a
    vengarse
conmigo del pleito con mamá
ya no se pelién porque juro que me tiro de lazotea
ya no me desesperen papimami
    ¿creen que soy de palo?
toco mi piel me pellizco siento ¿no saben que
    siento?
somos cuatrocientos niños suicidas cada año en la
    Rep Mex
¿a que no lo sabías?

El hijo de la estrella

1. Tú estás de pie frente al espejo de tu sala de baño.
Tú te miras en el espejo. Tú buscas a D'Artagnan
saltando de un balcón al caballo que lo aguarda en la
calleja. Tú esperas ver al Corsario Negro columpián-
dose en el mástil del *Folgore* al asalto de Maracaibo.
Tú imaginas, en tu espejo, al Conde de Montecristo
—tú mismo, joven, con esas canas inmóviles emba-
durnadas en las sienes como un mar de piedra— y
tú ves en tu espejo a Alejandro Sevilla, que eres tú
mismo, filmando *Los siete niños de Écija* y tú eres los
siete, tú solito te bastas para encarnar a siete generosos
bandoleros españoles del siglo XVIII. Tú eres el jo-
robado Enrique de Lagardere, el caballero disfrazado
para engañar a la corte de Luis XIII y salvar la honra
de Blanca de Nevers... sólo que ahora, Alejandro,
no puedes sacudirte la joroba imaginaria, la giba se
te ha pegado al cuerpo, la deformidad ya no es de
caucho, es de hueso y entonces sacudes la cabeza para
que el espejo te devuelva tu gallarda figura de Zorro
enmascarado, pronto a defender la justicia ultrajada
en la Vieja California.

Tú ya no eres.

Por mucho que sacudas la cabeza.

Ni Zorro ni el Conde ni Lagardere regresan. Ya no puedes ser el tercer ni el cuarto mosquetero y la última vez que quisiste hacer el D'Artagnan, saltaste del balcón de tu bella Constancia y en vez de caer gallardo sobre la silla de montar (como antaño) fuiste a dar con tus huesos cual costal en el colchón que la misericordia divina (el estudio de cine Mexigrama) puso allí para prevenir accidentes.

—Alejandro, renuncia a hacer películas de capa y espada.

Te abstuviste de decirles que tú eras la estrella, que las películas eran la imagen colosal de tu vida y que el estudio jamás te ofreció una producción a la altura de tu persona. Tú no eras el sirviente del productor ni el criado del director. Tú eres Alejandro Sevilla, el máximo galán del cine mexicano. Lo has sido durante treinta años. Tú has doblado la voz de Charles Boyer. Tú has incursionado en el cine de Hollywood. A ti te han hecho la fama de haber sido amante de Marlene Dietrich y fuese o no cierto, ya no importa: Marlene ha sido olvidada, Boyer ha muerto y tú te niegas a creer que has amado a un espectro o que has doblado a un muerto.

La imagen te hace creer, Alejandro, que siempre serás joven y vivirás para siempre… Sólo que antes, ninguna actricita principiante se te negaba cuando le pedías su "culito de sirena" y ahora hasta las extras te rechazan, o se ríen de ti, o te propinan tremenda bofetada cuando les dices "Dame tu diadema peluda". ¿Y no dijo Peggy Silvester, la actriz de Hollywood, que contigo no trabaja, que eras un *has been*, una reliquia del pasado y además con halitosis…?

—Podemos ofrecerte papeles de galán maduro. Ya sabes, paterfamilias comprensivo de la nueva generación. O neurótico incomprendido de vieja generación.

Te reíste. El estudio dependía de ti, no tú del estudio.

Fuiste el primero en exigir —y obtener— un vestidor portátil a fin de holgarte con las sirenas y sus diademas, descansar, memorizar parlamentos, libar tantito... Ahora, te tienen que poner los diálogos en grandes carteles y a veces tus movimientos, los carteles y las cámaras no coinciden y tú te miras desconcertado al espejo y te dices, soy D'Artagnan, soy Zorro y los Siete Niños de Écija todos juntos y sabes que eres el gran suplantador, una sombra sin perfil propio, eres Alejandro Sevilla sólo porque eres el Corsario Negro y cuando al fin te caes del mástil y sospechas que se ríen de ti en el foro, vas de bufanda y anteojos oscuros al cine para verte en pantalla grande y allí sí que el público se ríe a carcajadas, te gritan retírate ruco, al asilo momiales, a vegetar vegetariano y el productor de todas tus películas, desde tu debut en *Sufre por el amor*, tu amigo de siempre, no se muerde la lengua para decirte Alejandro, el actor primero tiene que ser para aparecer, pero al final tiene que desaparecer para seguir siendo.

Tú le contestas que al menos tu voz, tu voz tan característica, tan melodiosa, tan bien enunciada (doblaste la de Charles Boyer) podría servir, qué sabes, para noticiarios, para viajes narrados como los de Fitzpatrick, no Alejandro la voz tiene arrugas también.

Se te fueron cerrando todas las puertas. Ya ni papeles de *maître d'hôtel* te ofrecieron. Por lo menos sé ponerme un frac, alegaste. Que te contrate un restorán de lujo, te respondieron. Es que ya no hay restoranes como los de antes, suspiraste para ti porque nadie más te iba a entender. Se acabó el *Ambassadeurs*, se murieron sus viejos clientes… Se acabó el *1-2-3*, el barman se ahogó en Acapulco… Se acabó el *Rívoli*, lo destruyó el temblor del 85…

—O cambias de generación o la generación te cambiará a ti por otro galán más chavo…

Saltaste desde el balcón de Constancia Bonacieux, el caballo salió corriendo, eso alegaste, el caballo no debía moverse pero se movió, tú te diste tremendo chingadazo, te retiraron de la película y no tuviste más recurso que pensar o te quedas encerrado en tu vestidor móvil, disfrazado de mosquetero, para siempre momificado… o regresas, después de tantos años, a tu casa.

Después de tantos años.

Entonces tu rostro desaparece del espejo y otras caras van regresando a él, como surgidas del azogue, como nacidas de la niebla…

2. Tuviste a todas las mujeres, Alejandro. A todas. Pero sólo quisiste a una. Cielo de la Mora. Llegó jovencita al estudio. Venía de Nicaragua. Filmaban *El regreso del Zorro* y ella encajaba con primor en los escenarios de la California colonial, adornada con peineta y rizos, ajuareada con crinolina. Y con un lunar "junto a la boca". Tú aprovechabas las escenas románticas para "arrimarle el fierro" (según tu peculiar expresión) y calibrar la respuesta. Hasta las más indignadas sucumbían siempre. Quién sabe por qué, a Cielo de la Mora la respetaste desde el primer

momento. Sólo te atreviste a cantarle al oído, "ese lunar que tienes, cielito lindo, junto a la boca, no se lo des a nadie…"

—Que a mí toca —completó ella la estrofa.

O sea que te sentiste desde ese momento en caballo de hacienda.

Había en ella el misterio velado por una belleza sombría aunque llamativa, de ojos entreabiertos pero alertas. Una mirada que tú no te atrevías a descifrar. Las demás sí, eran legibles. Las actrices aceptaban tus avances a fin de avanzar ellas mismas. Te aprovechaban y tú lo sabías. Le dabas valor singular a cada "polvo". Sincero o insincero, único o irrepetible: qué más daba. Otras te querían por ti mismo, por galán, por guapo (te miras al espejo y te das una trompadita de satisfacción en la quijada recordando a Alejandro Sevilla a los treinta años, la mejor edad del hombre, irresistible Alejandro Sevilla, magnético, atlético, maléfico, poético, sarcástico, dueño del múndico, la estrella de México).

Sabías intuir a las mujeres, leerlas, adivinar sus debilidades, no tomarlas en serio, desecharlas sin misericordia. Eran tus "viejas", tus "gordas", las "chatitas", las "chamaconas", al cabo, anónimas, olvidables porque eran descifrables. Sólo Cielo de la Mora se te ofreció como un misterio, ella misma un enigma. No te hacías ilusiones. Detrás de esa misteriosa mirada de la espléndida mujer de pelo muy negro y piel muy blanca, ¿había otro misterio que no fuese el de la mirada misma?

Como astro de la pantalla, tenías a tu favor lo que no tiene un actor de teatro. El gran *close-up*, el acercamiento al rostro y sobre todo a los ojos. Tú te creías —te decías— especialista en "miradas de mujer". Solías entonar, con ligero cambio de letra, el famoso bolero mientras te rasurabas en la mañana primero y a las ocho de la noche otra vez, para evitar "la sombra de las cinco de la tarde" según rezaba el anuncio de la Gillette.

Miradas de mujer
que yo miré
cerca de mí…

Las había impúdicamente coquetas, la mirada de "acércate ya, ¿qué esperas?" y las había, con igual impudicia, recatadas a grados monjiles. Miradas que anunciaban la experiencia que no tenían sus dueñas y miradas que fingían la inocencia que tampoco era suya. Rara, rarísima vez, miradas de indiferencia. Alejandro Sevilla jamás le era indiferente al sexo opuesto. Y a veces, el sexo masculino te rendía homenaje, Alejandro, imitando tus poses, tus parlamentos, la ropa que usabas en la calle, cuando dejabas de ser mosquetero.

"—Tus actitudes equívocas encienden la llama de mis celos.

"—Francamente, querida, no dejas huella en mi personalidad.

"—Sufro de un amor crepuscular.

"—No tiene la menor importancia.

"—Quédate con el cambio, camarero."

Cielo de la Mora era diferente. No es que no tuviera "misterio" (para ti, todas las mujeres lo tienen y si no, tú se los inventas) sino que mantenía una calma imperturbable ante tus avances y maromas amatorias. No es que no te tomara en serio. Tampoco dirías que se burlaba de ti. Ella era tu "normalidad". Serena, digna de su luminoso nombre, ella era toda azul por dentro y por fuera. Nada de culo de sirena o pilosa diadema. Atraía por su serenidad contemplativa, una seriedad y una templanza en el trato.

No se parecía a ninguna.

Por eso te enamoraste de ella.

Ni Cielo te pidió matrimonio, ni tú se lo pediste. Las bodas entre actores de cine eran sólo para la publicidad y ni tú necesitabas promoción ni tenías por qué dársela a Cielo. Al cabo, querías que ella, con su rostro de luna menguante, dependiera sólo de ti, su astro solar. Tú te encargarías de darle papeles en tus películas. Con peinetas para Zorro, con crinolinas para D'Artagnan, napoleónicos senos altos para Montecristo, pañoletas rojas para el Corsario Negro: Cielo de la Mora era tu pareja cromática. En todo te obedecía, dando a entender que existía un acuerdo previo entre tú y ella.

Sólo dos veces te desobedeció.

Decidió tener un hijo tuyo. Sorprendido, sopesaste los pros y los contras de la paternidad. Lo más favorable era aumentar tu clientela tanto femenina como masculina. Imágenes irresistibles para ambos sexos. El padre mimoso cargando a un bebé, mostrándolo orgullosamente, levantándolo en alto en medio de los fogonazos de "los chicos de la prensa".

Además, Cielo quedaría fuera de combate cinco meses. Eliminada del reparto y ofreciéndote la magnífica excusa para reanudar las conquistas que, implícitamente, tu celebrada unión con Cielo te vedaba. Tendrías mucho cuidado de que tus aventuras fuesen discretas. Amenazarías con fulminante cese de carrera a las estarletas hablantinas.

—Siempre, ¿sabes chulita?, mi palabra valdrá más que la tuya. Sexo y silencio o sexo y despido. Tú dirás, monada…

No es que a Cielo de la Mora le hubiese turbado saber de una infidelidad más de Alejandro Sevilla. Total, no estaban casados. Y al cabo también, ¿quién sino ella había decidido tener a la criatura?, ¿quién sino ella había dejado de usar el contraceptivo?, ¿quién sino ella había ingerido el calmante para los nervios?

—Es que andaba muy nerviosa, aunque no lo demostrara.

Por eso, cuando nació el niño la madre sólo se culpó a sí misma. Trató de asimilar su horror viendo muchas veces la película de Roman Polansky, *Rosemary's Baby* y tratando de imitar las emociones maternas de Mia Farrow. Cada gesto de amor materno, sin embargo, repugnaba íntimamente a Cielo de la Mora, la obligaba a falsear su voluntad de serena distancia ante el mundo, a tomar partido abierto por el amor de madre que de ella se esperaba o de la repugnancia sexual devuelta al origen de la concepción. Querer u odiar. Cielo se sintió arrinconada, obligada a tomar resoluciones drásticas, abandonando su preferido papel de serena (y hasta sumisa) observadora del mundo.

—Perdón, Alejandro. No me toques.

—Supérese, señora. No se repetirá el asuntillo.

—Que no me toques, te digo.

—Vamos dándole tiempo al tiempo.

El cine nacional la llevó hasta ti. El cine nacional la separó de ti. Una vez recuperada del parto, aunque no de la melancolía, incluiste a Cielo en el reparto de tu primera película contemporánea. Cediste a las súplicas del productor, el público quiere verte vestido como todos los días, ya creen que hasta en tu casa andas de mosquetero, no la jodas, Alejandro, te debes a tu público…

Una escena del filme ocurría en un teatro de ópera. Cielo de la Mora estaba sentada en un palco. Tú la miraste con tus prismáticos y ella esquivó tu mirada. Lucía un traje de lamé *strapless*, muy escotado. Al salir de la función, te aproximaste a ella en la calle. Llevabas puesto un grueso abrigo además del infaltable sombrero de fieltro gris. Pero ella apareció sin abrigo, con los hombros descubiertos y con su escote de clavadista olímpico. El director puso el grito, pues, en el cielo. ¿Dónde estaba el mink, el abrigo de pieles que debería traer puesto la actriz?

—Hace mucho calor —dijo Cielo.

—No importa. El guión indica "Sale muy abrigada al cierzo de la noche invernal."

—Es ridículo. Hace calor. Sólo en Nicaragua las mujeres van con zorros a la ópera a pesar del calor.

—Querida —interviniste tú, muy abrigado—, precisamente es para dar la impresión de que México no es un país tropical, una república bananera, sino que aquí hace frío, como en Europa…

Ella se rió de ti, dio media vuelta y se subió a un taxi mientras tú murmurabas:

—Es para indicar que somos civilizados…

—Es para disimular lo que realmente somos —dijo ella desde el taxi.

3. En su carta de despedida, Cielo de la Mora dijo cosas como estas. Que ella se había enamorado de una

foto. Aun antes de conocerte, aun antes de haberte visto en la pantalla. Que a un actor hay que admirarlo de lejos. Que la pura verdad, la fama enturbia el cariño cotidiano. Que al menos salvemos al niño de nuestras rencillas. De la hostilidad. De las humillaciones.

Tú recordaste otras cosas que habías olvidado.

—Siempre que quiero decirte algo que me importa, Alejandro, dices que tienes prisa, te vas, no me oyes.

Y ahora te escribía para decirte que te abandonaba para siempre.

"¿Cómo explicarte mis ganas de huir, dejar de ser la que fui a tu lado, empezar una nueva vida?"

No se llevó al niño con ella. Todo lo demás era una excusa. La verdad es que abandonó al niño. Antes de nacer Sandokán (así bautizado como homenaje a las novelas de aventuras de Emilio Salgari), tú te dijiste en secreto que no te casarías con Cielo.

—Qué tal si me caso con ella, ella se divorcia y se larga de México con el niño.

Ahora ella se había ido, pero sin el niño. Libre. Como un ave que sólo conoce el calendario de las estaciones, el llamado del aire tibio, el rechazo del hábito helado. Dejándote a Sandokán de tres meses en las manos.

Tú te engañaste. Creíste que, como buen padre, atenderías con cariño a tu hijo. Fue una más de tus interminables tonterías, Alejandro. No te das cuenta de la cantidad de pendejadas que cometes. Son como el rosario idiota de tu existencia. Esto yo sé que nunca lo aceptarás. Te azotas. ¿Cómo vas a admitir que tu vida es una farsa, que sólo existe como existe para

Cielo de la Mora, como un retrato inerte de la celebridad? Ahora tenías la gran oportunidad de redimirte como hombre, como padre, como ser humano: déjalo todo, Alejandro, abandona tu carrera y dedícate a tu hijo Sandokán.

Si en algún momento pasó esta idea por tu cabeza (y creo que pasó, te consta que sí pasó), duró menos que la proverbial golondrina invernal. Tus buenas intenciones no sobrevivieron cuarenta y ocho horas. Un niño inválido, monstruoso, deforme, no cabía en la gran pantalla de tu vida. Ya podías pasarle la culpa a Cielo de la Mora por haber ingerido Talidomida, sus inocentes "píldoras para los nervios". No había justificación válida. No la hay para las carencias de un hijo. La madre había abandonado al padre y al hijo. Huyó, a cambio de nada, porque no la esperaban ni la fama ni el dinero ni (acaso) un nuevo galán (al menos eso querías creerte). La madre no había soportado (*malgré* Mia Farrow) la compañía en una cuna oculta del bebé con bracitos injertados en los sobacos, el niño condenado a depender de los demás, con las manitas cercanas sólo a la cara pero no al sexo, ni al culo, ni a la taza, ni al cuchillo, ni al guión de cine. Las hojas del guión más reciente —*Sandokán el Tigre de la Malasia*, el homónimo de tu hijo— se iban abriendo entre tus manos. Sentiste una enorme angustia (insólita en ti). El pirata salta de un barco a otro, se bate con la espada, corta las amarras de su propio navío, rescata a Honorata de van Gould, la hace suya, la fornica, Alejandro, le dices Honorata dame tu culito de sirena Honorata déjame besar tu pilosa diadema, tú sí puedes, Alejandro, él tu hijo, nunca, jamás. La vida le estaba *negada*. Entendiste en ese instante por qué huyó Cielo de la Mora. Temió la muerte de Sandokán. La temió porque ella misma quería ofrecérsela: muere, niñito, para que no sufras en la vida, te ahogo, bebé, para que te vayas de regreso al cielo, te abandono mijito para que no culpes a tu madre ni la conozcas ni sepas su nombre.

4. —Nunca le hables de su mamá.

Eso le dijiste a Sagrario Algarra, la vieja característica de cine mexicano, dispuesta a ocuparse de Sandokán Sevilla de la Mora mientras tú te ocupabas de filmofornicar y a la madre pues denla por muerta…

Sagrario Algarra había hecho, de joven, papeles de madre sufrida y de abuelita amorosa. Se volvió célebre —indispensable— como "cabecita de algodón" en los melodramas de antaño. Lo paradójico es que, al hacerse vieja ya no supo interpretar —porque temía ser idéntica a ellos— papeles de anciana. Se volvió coqueta. Decidió rejuvenecer. Quiso, acaso, vengarse de su anticipada senectud en el cine y recuperar en su propia vejez biográfica el espejismo de la juventud "que me negó el arte".

Esto decía con un suspiro.

—Tu carrera ha terminado, Sagrario —le contestabas con compasión.

—La tuya también, Alejandro, nomás que todavía no te enteras.

Eres pertinaz, es cierto. Eres testarudo. Te cuesta abandonar lo que has sido, lo que te dio la fama, el dinero y la capacidad de derrochar ambas cosas: la celebridad y la lana. Lo que no te cuesta nada es abandonar a tu hijo, dejarlo al cuidado de Sagrario

Algarra, sé sincero, Alejandro, te alejas de Sandokán porque no toleras la enfermedad en ninguna de sus formas, sobre todo en sus deformas. ¿Cómo va a ser? Tú representas la salud viril, el duelo de espadachín, la persecución a caballo, el salto de un mástil a otro, la espada que marca los muros de California con tu epónima "Z".

Además, te agoniza la dificultad de acercarte a tu hijo y explicarle la ausencia de la madre, ¿qué decirle al niño cuando creía que Sagrario era su mamá y Sagrario protestaba que ella no era madre porque no tenía abuela?

—¿Que tu mamá nos abandonó, se fue con otro hombre, por eso yo la abandoné también, Sandokán, yo no iba a ser menos que ella, yo soy Alejandro Sevilla el máximo galán, yo soy quien abandona a las mujeres, ninguna me abandona a mí?

Y resignado:

—La abandoné. No iba a ser menos que ella. Yo no soy cualquier moco de guajolote.

Sagrario Algarra se reía de él:

—No seas bruto, Alejandro. No le digas eso a tu hijo.

—¿Entonces qué? ¿Por dónde empiezo?

—Dile la verdad. Ya no eres la gran estrella. ¿Comprendes? Estás en la misma situación que tu hijo. Abandonados los dos.

—Nos quedas tú, mi fiel Sagrario.

—Qué fiel ni qué la chingada. Ya me harté. Ya me voy. Ahí te quedas con tu monstruito.

—De todos modos, gracias por cuidármelo.

—¿Gracias? Pregúntale al escuincle si me agradece que haya vigilado su sueño, visitándolo todas las noches con una lamparilla en la mano, curiosa, Alejandro, enferma por saber qué hacía de noche con esas manitas que no le llegaban al sexo, saber cómo se masturbaba, si fregándose contra el colchón o acaso bajo la ducha, ¿sabes?, esperando que el agua corriente le excitara el pene y castigándome, Alejandro, por mi falta de valor para tomar su sexo entre mis manos, hacerle yo misma la puñeta o mamársela, Alejandro, y como no me atrevía lo castigaba y me castigaba a mí misma, lo violentaba, lo llevaba a la medianoche a la regadera, para que un duchazo helado le expulsara los malos pensamientos, humillándolo, Alejandro, preguntándole a carcajadas, ¿quién te amarra los zapatos?, a ver, trata por ti mismo…

Se limpió la nariz con un trapo de cocina.

—Quería ser madrastra, no madre. Loba, no abuela. Salirme gracias a tu hijo de la cárcel de mis viejas películas.

Sagrario Algarra asumía facciones iluminadas por un fuerte resplandor nocturno. Era su mejor rol (su mejoral). La abuelita candorosa transformada en Medusa pétrea.

—¿Y de mí, qué le decías?

—Que ibas a venir a verlo algún día. ¿Qué esperabas que dijera?

—Y así fue. Vine, Sagrario.

—Pero siempre pretendías que eras otro. El mosquetero, el corsario.

—Era para divertirlo. La fantasía de un niño es…

—Lo confundiste, Un año le hacías creer que la Navidad era el 28 de diciembre, otro que era el 20 de noviembre, aprovechando el desfile deportivo, todo según tu conveniencia, mal hombre, mal padre…

—Sagrario, calma, que esto no es una película.

¿Tenía la antigua actriz tal perspicacia que supo anunciar su partida del apartamento de la colonia Cuauhtémoc el mismo día que la filmadora Mexigram le dijo a Alejandro Sevilla que su carrera ya no tenía porvenir?

Salió Sagrario. Entró Alejandro.

Sandokán miró sin extrañeza a su padre. Sagrario lo había llevado a ver todas las películas de Alejandro Sevilla desde que el niño tenía cinco años hasta ahora que cumplía los dieciséis. Sin embargo, cuando tú entraste al vasto aposento sin muros de separación, reconstruido para que el niño no tuviera que abrir puertas o subir y bajar escaleras —un apartamento abierto sobre un jardincillo de macetas y losas inconmovibles, una especie de penthouse en la azotea del edificio, herméticamente apartado de los pisos inferiores por un elevador particular— viste que tu hijo ni te conocía ni te reconocía. Su mirada tuvo más razón que la voz de los productores: "Retírate, Alejandro, ya no hagas el oso."

Nunca le describirás a nadie, Alejandro, la dificultad embarazosa de ese reencuentro, que no primer encuentro, con un muchacho al que no veías desde hacía cinco años, cuando Sandokán aún no entraba a la pubertad y tú no sabías qué cosa decirle para prepararlo como se supone que un buen padre debe hacerlo. Y es que tú sólo sabías los parlamentos de los papeles que más odiabas —el padre de familia maduro dándole consejos a los hijos rebeldes, parranderos, rocanroleros— y un extraño pudor, inédito en ti, te impedía hablarle a tu hijo. Lo habías imaginado como un James Dean sustituto y deforme.

No debiste temer. El muchacho tomó la palabra como si hubiese esperado largo tiempo la llegada de este momento —porque la hora del encuentro era eso, una aparición, un fantasma, el espectro que reunía en el instante todas las horas muertas, resucitaba sólo para la realidad de este momento todos los calendarios vencidos y adelantaba todos los relojes sólo para retrasarlos al tiempo perdido.

Se miraron sin decir nada. Los ojos de tu hijo se dirigieron a la pared.

—Gracias por el regalo de Navidad, papá.

Era un móvil a la Calder y los ojos de Sandokán decían con claridad que nada había ocupado más tiempo de su tiempo que la observación de los movimientos siempre distintos del gran juguete multicolor que le daba un segundo aire a la atmósfera misma de la estancia uniforme. Un espacio sin tropiezos entre la cama y las sillas, la mesa y la terraza, los aparatos electrónicos que Sandokán, en el acto, demostró usar con la agilidad que su condición le daba a sus pies descalzos. Estaba vestido con una larga camiseta blanca que le cubría el sexo y las nalgas, permitiéndole orinar y defecar sin ayuda de las manos.

El muchacho rió y puso en marcha una especie de toalla mecánica enrollada, dando a entender que eso le bastaba para limpiarse.

Embarazado, acudiste a ayudar a tu hijo. Sandokán te rechazó. La amable sonrisa del principio se había convertido en mueca.

—Me mandaste colgar el móvil del techo sólo para asustarme, ¿no es verdad?

No supiste musitar una respuesta. Las palabras se te atoraron y no había coincidencia inmediata con los diálogos apropiados para un encuentro entre padre e hijo en las películas.

Te quedaste callado, buscaste la cama que Sagrario Algarra había abandonado, abriste tu maleta y comenzaste a disponer tus cosas. Sandokán te miraba en silencio. Tú seguías adelante como si entrases a una nueva vida y por eso te encuentras en este momento viéndote en el espejo del bañito anexo al salón, buscando allí a D'Artagnan, al Conde de Montecristo y encontrando sólo a un hombre de sesenta y un años que va perdiéndolo todo, el pelo, los dientes, la tensión de la carne, la intención de la mirada…

Tu fama, ¿era verdad o mentira para tu propio hijo? No lo sabías. Tenías que descubrir a tu hijo a partir de una pregunta ilusa: ¿me conoce mi hijo sólo por mi fama? Dicho de otra manera, ¿mi hijo me quiere o me odia?

Las cosas fueron adquiriendo su nivel y su proporción durante las siguientes semanas. Sandokán se burlaba de ti, te advertía "ten cuidado papá, te puse una aguja en la sopa" o "fíjate que te eché vidrio en el jugo de naranja". No era cierto. Sandokán no podría ocuparse de la cocina, esa era desde ahora tarea tuya. De un golpe descendiste del ilusorio mundo de las aventuras ficticias al desgraciado mundo de las pequeñas desventuras domésticas. No tenías dinero para pagarle a una criada permanente, apenas para una limpiadora semanal, una jovencita prieta y chancluda que no te reconocía, ni siquiera te miraba, por más que ridículamente tú asumieras frente a ella poses de mosquetero con la escoba en el puño…

Te diste cuenta entretanto de que Sandokán ponía cara de inocente pero que una intención malévola se alojaba entre sus ojos y su boca. Si hay odio en la expresión de Sandokán, tú te sorprendes descubriendo en ello que si el odio es una manifestación del mal, es posible descubrir una belleza inesperada en el rostro de quien no te desea bien alguno. Te sorprendes a ti mismo, Alejandro, formulando una idea clara que viene a ser el cogollo de tus largos parlamentos cinematográficos.

Enajenada tu idea del muchacho por su deformidad física, no te habías fijado en la hermosura "clásica" de su rostro. Ahora sabes por qué. Sandokán es idéntico a su madre, a tu mujer la nica, Cielo de la Mora. El pelo negro azabache. La piel de blancura transparente. Hasta el lunar junto a la boca.

Claro, no querías encontrar a tu mujer en tu hijo. El joven nunca ha visto una foto de su madre. La única mujer que ha visto de cerca es la agria Sagrario. No puede comparar… ¿Y si supiera, si supiera que su madre ha reaparecido en el retrato vivo del hijo, sería Sandokán más amable, más comprensivo con el papá que ha regresado a casa sin un quinto, hijo, porque todo lo boté con las viejas y los viajes, en la gran parranda de mi vida, caray, hasta en el sueldo de Sagrario, no supe ahorrar, no supe invertir, para mí no había mañana…?

—Porque había el momento de tus películas, padre, allí no pasa el tiempo, allí nunca envejeces.

Esto le atribuyes a tu hijo. Piensas que si es cierto lo que piensas que él piensa, tu hijo sí ha visto tus películas, no se trata de una piadosa mentira de Sagrario.

—Sí, Sagrario me llevaba a verte cada vez que estrenabas.

Sandokán rió.

—Nunca creí que te iba a conocer en persona.

—Pero si he venido varias veces, hijo.

—Siempre disfrazado. Ahora no. Ahora te veo por primera vez. Yo no sé (dejó de sonreír) si prefiero la verdad a la mentira.

Tú decides en ese momento que no vas a rendirte, Alejandro. Algo nuevo en ti —un abandono de la comedia, un dejar atrás la representación— surgió inesperado, guiándote de manera imperfecta hacia la personalidad de tu hijo, que era el camino del cariño. Y esto para ti era una revelación gozosa y enorme.

—¿Sabes, papá? Tuve una ilusión, que era escapar, huir de la casa. Pero no podría valerme solo. Entonces… mira… abre…

Indicó a una maleta debajo de la cama. Tú la abriste. Estaba llena de tarjetas postales.

—Le pedí a Sagrario que me buscara tarjetas de todas partes. Ella conoce a un montón de gente rara. Mira. Estambul, París, Río de Janeiro…

Sonrió satisfecho.

—He estado en todas partes, papá, y además…

Se sentó frente a un atril. Un volumen se abría sobre él. Sandokán apretó un pedal y las páginas se movieron.

—"El 24 de febrero de 1813, el vigía del puerto de Marsella anunció el arribo del Faraón, proveniente de Esmirna, Trieste y Nápoles…"

Te miró.

—¿Ya ves? He estado en los mismos lugares que tú. Sólo que el libro es anterior a la película. ¡Te gané!

A veces Sandokán no es amable. Busca herirte.

—¿Qué me has dado, papá? ¿Qué quieres que te dé? ¿Cómo vas a pagarme el abandono, dime nada más?

—No repitas mis diálogos —dices irritado.

—En serio, padre, ¿te das cuenta? Tú lo tuviste todo, yo no he tenido nada…

Esto lo dice el niño con cara de palo.

Otras veces, estás ocupado haciendo lo que nunca has hecho. Cocinas. Tienes limpia la casa. Te haces a la idea de que este es un papel más, igual que si fueras —pudiste serlo— jefe de camareros en un restorán.

Sandokán te interrumpe. Le dices que te deje trabajar. Le das la espalda.

—Siempre que quiero decirte algo que me importa, dices que tienes prisa.

¿Dónde has escuchado ese mismo reclamo?

Tu hijo quiere incorporarse, agresivamente. Cae de bruces. Corres a socorrerlo. Se resiste. Lucha contra ti. Al cabo te abraza. Se abrazan.

—Debías estar muerto —le dice el hijo al padre y tú te abstienes de repetir la frase, porque compromete a Cielo tu mujer, la madre de Sandokán, que también quiso matar al hijo en la cuna, antes de huir…

—Tenme compasión —le dices, en cambio, a tu hijo, a sabiendas de que éstas son, a su vez, las palabras que el muchacho quiere pronunciar y no puede.

Sandokán te mira con ternura inesperada, invasiva.

—¿Sabes? Ahora los dos estamos amolados.

Culminó su comentario estirando la pierna a fin de que tú tropezaras. Esto se convierte en la diversión máxima de Sandokán. Hacerte caer. Al principio te resignas. Te cuesta regañarlo. No te atreves a darle una cachetada. Poco a poco, prefieres aceptar la travesura. Al cabo, las celebras. Te ríes cada vez que Sandokán con la agilidad de un filibustero de la Isla de Tortuga, alarga la pierna y te hace caer. Es sorprendente la fuerza que el chico ha desarrollado en las piernas. Debajo del cómodo camisón que siempre trae puesto, ves dos extremidades robustas, muy desarrolladas, escasamente velludas, estatuarias, casi marmóreas, veteadas de venas azules… De manera que la mitad de su cuerpo vive con intensidad, del cuello para arriba y del ombligo para abajo. De manera que, acaso, tú tuviste razón al impedir que Cielo de la Mora ahogara a vuestro hijo en la bañera o lo arrojase a un basurero o…

Así, dejarás que Sandokán te haga caer a carcajadas porque así celebras la vida del muchacho, su presencia en el mundo. Nada menos que esto: su presencia en el mundo. Y poco a poco, Alejandro, te vas dando cuenta de que esa individualidad de tu hijo era el espejo más fiel de la vida que aún te pertenecía, que alejarte de los foros de cine no era certificado de defunción, como lo creíste antes, sino ventana que se abría para que entrase el aire, el sol, los pájaros, la lluvia, el polen, las abejas, a esa tumba cerrada del foro cinematográfico apestoso a aserrín, cartón, goma, pelambre de pelucas fabricadas con cabelleras de cadáveres, trajes de época jamás enviados a la tintorería, manchados en las axilas y entre las piernas, las ropas de los extras, los demás, los sobrantes, los sustituibles, los dispensables.

Ahora tú eres el "extra" de tu película final, Alejandro. Sólo que tu secreta resignación —¿o será tu

voluntad?— de desaparecer en la vasta nación anónima del fracaso ha sido frustrada por el encuentro
con tu hijo, por el ánimo de *comedia* que Sandokán
despliega a partir de una situación que en lugar de
dar lástima él transforma en preludio de una aventura
límite aunque esperada: la de reunirse contigo e iniciar
la verdadera vida juntos.

Esperada y desesperada: cada traspiés que te
hace dar Sandokán es una invitación a la aventura
pendiente. ¿Es el hijo en verdad el padre del hombre?
¿Donde leíste eso? ¿Quién te lo dijo? Confundes tus
diálogos en la pantalla con tus palabras en la vida.
Te miras al espejo y aceptas que jamás escaparás a
este dilema: hablar como si actuaras, actuar como si
hablaras. Ahora, cuando cumples el rito de rasurarte
cada mañana, empiezas a creer que tu antiguo rostro
se pierde, aunque no de manera banal, por el simple
paso del tiempo, sino de otra manera más misteriosa,
más cercana, a la vez, a la vida real y a la representación
teatral. Sientes que has superado todas las caras de tu
vida, las del actor y las del hombre, las de la estrella y
las del amante, las de papel y las de carne y hueso.

Todos tus rostros se van superponiendo en este
pobre y agotado espejo de marco oxidado y reflejos
insinceros. Eres, en este momento que vives con
temor, como un anuncio palpitante de una muerte
cercana, todo lo que has sido. Te resignas a esta fatalidad. La agradeces también. Nunca imaginaste que
se presentaría ante ti, en vida, la película perfecta, si-
multánea y sucesiva, instantánea y discursiva, de todos
tus momentos. Esto lo gozas, aunque te resignes a la
fatalidad de sumar todo tu pasado. Aunque sospeches
que significa que ya no tendrás porvenir.

Es el momento en que tu hijo aparece detrás de ti en el espejo y te mira mirándote. Tú también lo miras mirándote. Él se mira en ti. Pone su pequeña manita arrestada sobre tu hombro. Sientes la presión de los dedos fríos como parte de tu propia carne.

5. La Plaza de los Arcos de Belén cerca del Salto del Agua atrae al mismo público popular que frecuenta los llamados teatros frívolos del centro de la ciudad así como los bares anónimos, los antros donde aún se cantan boleros, los salones de baile donde sobreviven el danzón y el chachachá, los viejos merenderos de toldo y pozole, los pocos cafés de chinos que van quedando.

Es singularidad de este lugar que los arcos y el canal que antes corría por él celebren el recuerdo de una vieja capital lacustre cuyos surtidores se fueron secando hasta convertir al valle entero en un platillo de polvo rodeado de sed y árboles muertos. Hace poco acabó por instalarse aquí una de esas ferias que en cada barrio de la inmensa ciudad de México son, a veces, el único solaz de la gente sin recursos, que son la inmensa mayoría. Mi padre y yo vemos la numerosa realidad de nuestro pueblo en el Zócalo la noche del 15 de septiembre, en la Villa de Guadalupe el 12 de diciembre, los domingos en Chapultepec, a toda hora en la gran sierpe humana de Tacuba en el centro, de Andrés Molina en Santa Anita, de la Calzada de la Piedad, la Calzada de Tlalpan y la Calzada Ignacio Zaragoza saliendo a Puebla y los Indios Verdes para largarse al Norte.

Hay gente.

Hay público.

La feria de los Arcos de Belén ha ido reuniendo toda clase de atracciones, desde la rueda de la fortuna hasta el pulpo, de los caballitos a los pajaritos de la suerte, de los vendedores de remedios —ciática, impotencia, pesadillas, callos, mala sangre, buena vida— a los magos y adivinadores apostados en las esquinas con sus bolas de cristal y sus cucuruchos con estrellas hasta los conjuntos varios de mariachis (el joven astro de la canción ranchera Maximiliano Batalla) hasta cantantes de boleros (la jubilada cancionista Elvira Morales). Levantapesos, tenores fracasados, odaliscas panzonas, certificados veteranos de la Revolución e improbables jinetes del Imperio, declamadores de versos inmensamente populares (el Brindis del Bohemio; el Nocturno a Rosario; Margarita, está linda la Mar). Recitadores de la Constitución, memorizadores del libro de teléfonos, voces con el sonsonete de la lotería, con el zumbido de los chismes de barrio, la acidez de las calumniadoras de balcón, el llanto de los payasos de circo sin empleo.

Aquí acude la gente, cinco veces a la semana, cinco noches seguidas (las autoridades no dan permiso para siete días a fin de ejercer la autoridad en alguna cosa). Vienen a divertirse con el espectáculo del jovencito sin brazos que con sus largas y fuertes piernas hace caer por tierra al viejo mosquetero que lo amenaza con una espadita de aluminio y cada vez que el viejo ataca al muchacho, éste alarga la pierna y hace que el mosquetero, aparatosamente, se dé en toditita la madre, con gran alborozo del público. Aplausos chiflidos y gritos.

—¿Cuánto cuesta?

—Lo que sea su voluntad.

6. De este modo, mi padre y yo logramos reunir para comprar una videocasetera y ahora sí podemos gozar, los dos, las viejas películas resucitadas, limpiecitas, remasterizadas y en dolby digital, ver juntos a Edmundo Dantés escapar del Castillo de If metido en el sudario del Abate Faría, a D'Artagnan entregándole a la Reina las joyas del Duque de Buckingham, a Emilio de Rocabruna acercándose a la costa de Maracaibo bajo las banderas negras de los corsarios...

—¿Quién es la muchacha que se enamora del Zorro, padre?

—¿Por qué me lo preguntas?

—Me parece muy bonita.

—Es una extraña nada más, Sandokán, una partiquina, una *soubrette*, como se decía antes. No tiene la menor importancia.

Coro de los hijos de buena familia

Fito aburrido sunday afternoon
es el infaltable
no pasa inadvertido
es galanazo
es bomboncito
se la pasan de a diez bomba increíble
alivianado como todo un águila
cool cool cool
pero se aburre
viene de familia decente nais bien
tiene manners
tiene criados
sus papás los llaman los pelados la gente gruesa los
        patarrajadas la broza el gaterío
los inditos
pero nunca lo dirían
sus papis sienten más que ascos
asquitos: el peladaje mexica
por eso él organiza el grupo de los meones
para regarles las rosas y hartarles las hortalizas
a los infaltables los nais la crema uo uo
ora sí nos volamos la barda mis cuates
no te la vueles, mejor apúntale bien

¿jugamos a ver quién tiene mejor puntería güey?
no mi buen Fito, aguántate un rato, bébete otro
    mágnum tú solito y cuando ya no
aguantes las ganas apuntamos a la barda pero nomás
    recuerda que primero beber
hasta morir y antes de morir apuntar a la barda a ver
    quién orina más y mejor
porque Fito ya se aburrió de los sunday afternoons
    con las niñas fresa en los partys
cool donde él es muy galanazo y es bomboncito
donde todos se la pasan de a diez
menos él
que quiere sensaciones fuertes
pintarle un violín a toda la gente nais como él
a todas las nenas fresa
y por eso viene a orinarse en la barda de su suegro
con sus cuates de oro
apuntando a la barda
el que orine más lejos se gana un viaje a las vegas con
    las viejas de las vergas ou ou
¿y ese ruido tú?
¿y ese ruido ay?
¡y ese ay carajo!
los nacos con sus cuchillos y machetes al asalto de los
    hijos de buena familia
¿de dónde salieron tú?
de penitenciaría y héroe de nacozari y albañiles y
    canal del norte
¿por dónde llegaron tú?
por el metro mis suidadanos
desde que hay metro salimos como hormigas alacranes
    topos de los hoyos negros
de la suidá

con cuchillos y machetes al asalto
venga a cortar
de un tajo las muy paradas
a tajadas las más dormiditas
a cortar verga cabrones
ora júntenlas
a los puercos
dejen entrar a los marranos y a los perros
que las bestias se coman las salchichas
déjenlos sangrarse
mírenlos vomitarse
mírenlos tapándose las heridas
miren la sangre corriéndoles por los muslos
mírenlos mírenlos mírenlos
sunday afternoon qué guapo cumpleañero en el show
    de tubo todo muy ambientado
se la pasaron bomba
se la pasaron increíble
en el frontón del suegro
y al que grite métanle su propio chile en la boca
en eso nunca pensaste cabrón
en mamarte a ti mismo sangrante cabrón
y a ver ora qué dicen sus novias bola de putos mi-
    llonetes
y a ver ora cómo engendran más hijos de la chingada
    pinches millonetes capados
hijos de su puta ma
¿es un sueño verdad?
¿es una pesadilla no es cierto?
tapen todas las salidas del metro
vámonos de weekend con las niñas fresa
huyamos
a casarnos tener hijos ir al club volar a nuyor

educar a los niños
mimar a sus nanas
y ahora sólo habrá hijos nuestros
hijos de la chingada
somos millones
nadie nos para

El hermano incómodo

1. Don Luis Albarrán tenía su casa en orden. Cuando murió su esposa doña Matilde Cousiño temió que, viudo, la vida se le desorganizara. A los sesenta y cinco años de edad, se sentía con ímpetus de sobra para continuar al frente de la empresa constructora *La Pirámide*. Lo que temía era que la retaguardia de esa otra seguridad, la doméstica que era doña Matilde, se viniera abajo, afectando tanto su vida en casa como su actividad profesional.

Ahora se daba cuenta de que no debió recelar. La misma disciplina con que conducía sus negocios, la trasladó al orden doméstico. Doña Matilde había dejado un servicio bien entrenado y le bastó a don Luis repetir los mandamientos hogareños de su difunta esposa para que la maquinaria casera siguiera funcionando como relojería. Es más: al principio, la sustitución de La Señora por El Señor causó un saludable pánico entre los criados. Pronto, el miedo cedió al respeto. Pero don Luis no sólo se hizo respetar. Se hizo querer. Averiguó, por ejemplo, los días de cumpleaños de cada empleado y les dio a cada uno un regalo y el día feriado.

La verdad es que ahora don Luis Albarrán no sabía si sentirse más orgulloso de su eficiencia en los negocios o de su eficiencia en casa. Le daba gracias a doña Matilde y a su memoria de que una mansión en la colonia Polanco, construida allá por los años cuarenta, cuando las residencias neocoloniales se pusieron de moda en México, conservara no sólo su estilo medio churrigueresco sino el concierto de una domesticidad puntual, cronométrica, en la que todo estaba en su lugar y todo se hacía a la hora debida. Del jardín a la cocina, del garaje a la sala de baño, del comedor a la recámara, todo lo encontraba don Luis, al regresar de la oficina, tal y como lo había dejado al salir al trabajo.

La cocinera María Bonifacia, la recamarera Pepita, el mayordomo Truchuela, el chofer Jehová, el jardinero Cándido… El servicio no sólo era perfecto, sino silencioso. No necesitaba el señor Albarrán cruzar palabra con un solo criado para que todo estuviera en su lugar a la hora debida. No necesitaba, siquiera, dirigirles la mirada.

Cuando a las nueve de la noche, en pijama, bata y pantuflas, se sentaba en el sillón de orejeras de su recámara a comer la sobria merienda de chocolate espumoso y pan dulce, don Luis Albarrán podía anticipar una noche de sueño reparador con la tranquilidad espiritual de haber honrado, un día más, la dulce memoria de su fiel compañera, Matilde Cousiño, chilena ella y dueña, hasta el día de su muerte, de esa belleza austral de ojos verdes que rivalizan con el frío del Pacífico Sur y que era lo único que le quedaba de un cuerpo vencido poco a poco por el avance tenaz del cáncer.

Matilde: La enfermedad sólo renovaba su espíritu firme, su carácter inmune a toda derrota. Decía que las chilenas eran así, mujeres (ella pronunciaba mujieres) fuertes y decididas. Suplían —era su teoría— cierta débil dulzura de los hombres de su tierra, tan cordiales hasta el día en que sus voces tipludas se convertían en voces de mando y crueldad. Entonces la palabra de la mujer aparecía con todo su don de equilibrio entre la ternura y la fuerza.

Vivieron un amor alegre en el lecho, contrapunto "vacilador", decía don Luis, de dos vidas cotidianas tan serias y ordenadas hasta que la enfermedad y la muerte de su esposa dejaron al viudo, momentáneamente, desconcertado, dueño de todas las obligaciones —oficina y hogar— y huérfano de todos los placeres.

El servicio respondió. Todos conocían la rutina. Doña Matilde Cousiño venía de una vieja familia chilena entrenada en la soberanía de los fundos del Sur y la elegancia de las mansiones de Providencia e inculcó en su servicio mexicano virtudes que éste, el conjunto doméstico de la colonia Polanco, no desconocía y aceptó normalmente. La única novedad para don Luis fue la de tomar, al regresar a casa, "las once", la simpática versión chilena del *afternoon tea* británico: tazas de verbena con masitas, dulce de leche y alfajores. Don Luis se dijo que este y una buena bodega de tintos chilenos eran los únicos detalles "exóticos" que doña Matilde Cousiño introdujo en la mansión de Polanco. El servicio continuó la costumbre chilena. Don Luis, aunque un poquitín más tarde dados los horarios mexicanos (oficina de diez a dos, comida de dos a cuatro, órdenes finales del negocio de cuatro a seis) tomó "las once" a las siete de la tarde, aunque esta costumbre dulzona le cortaba el apetito, incluso, para la monacal merienda de las nueve de la noche.

Sucede que doña Matilde Cousiño murió una noche de Navidad, de tal suerte que para don Luis el 24 de diciembre era día de luto, soledad y remembranza. Entre la noche del 24 y la mañana del 25, el señor Albarrán despachaba a la servidumbre y se quedaba solo, recordando los detalles de la vida con Matilde, recorriendo los objetos y los salones de la casa, hincado ante la cama que ocupó su esposa al final de sus días, poniendo discos de viejas tonadas chilenas, boleros mexicanos que lo ahogaban de nostalgia romántica y sexual, repasando álbumes de fotografías y preparándose rudimentarias comidas a base de chilindrinas, cereales gringos y cucharadas de cajeta Coronado. Era dulcero, sí, nada malo veía en endulzar su amargura y algo pecaminoso en detenerse ante un espejo esperando encontrar la cara del amor perdido y el dolor consiguiente. Sólo descubría, entonces, un rostro muy bien afeitado, una nariz aguileña, ojos de párpados cada vez más vencidos, frente amplia y pelo entrecano vigorosamente cepillado hacia atrás.

Sonó el timbre de la casa a las ocho de la noche del día 24 de diciembre. Don Luis se sorprendió. Todo el servicio había salido. La época de "pedir posada" había pasado, derogada por la inseguridad citadina, y sin embargo la voz del otro lado de la puerta de vidrio corrugado y hierro forjado entonaba el cántico navideño,

"eeen nombre del cie-eeee-lo
ooos pido po-saaaa-da…"

Don Luis, incapaz de admitir su incipiente sordera, se acercó a la puerta tratando de distinguir la silueta que se dibujaba detrás de los cristales opacos. La voz, obviamente, era una caricatura de tonos infantiles; la altura de la silueta era bien adulta.

—¿Quién es?

—Adivina, buen adivinador.

Perdulario, desenfrenado, esparciendo las mismas acciones destructivas dondequiera, con quien fuese, en el hogar o fuera de él. Llegaban las noticias: era el mismo de siempre. Treinta y cuatro años olvidados regresaron de un golpe, haciendo temblar la mano alargada de don Luis Albarrán, incierto entre abrir la puerta de su casa o decirle al indiciado fantasma,

—Vete. No te quiero ver nunca más. ¿Qué quieres de mí? Lárgate. Lárgate.

2. Reyes Albarrán fue así bautizado por haber nacido un 5 de enero, fiesta que en el mundo latino celebra el arribo de los Santos Reyes, Melchor, Gaspar y Baltasar, portando regalos de oro, incienso y mirra al pesebre de Belén. Siglos antes de la aparición de Santa Claus, los niños de México y Chile, España y Argentina, celebraban el día de Reyes como la fiesta de los regalos y de la dulcería casera, culminando con la ceremonia de la Rosca de Reyes, el redondo pastel en cuyo seno se esconde la figurita de porcelana blanca del Niño Jesús.

La tradición dicta que quien corte el pedazo de pastel que esconde al Niño deberá ofrecer una fiesta el día 2 del siguiente mes, febrero, y así de allí en adelante. Pocos pasan del mes de marzo. Nadie soporta un año entero de Pascuas. La última vez que vio a su hermano, don Luis recibió de él una rosca de Reyes con doce muñequitos del niño Jesús, uno al lado del otro. Era una invitación pérfida de Reyes a Luis: —Invítame cada mes, hermano.

Lo dijo Matilde:

—Encima de todo, es un gorrón. No lo quiero ver más. Ni como petiso de los mandados.

Cuando Luis Albarrán, movido por una mezcla incontrolable de argüendeo culpable, fraternidad soterrada, altivez señorial y valor inconsciente, pero sobre todo de curiosidad inconfesable, abrió la puerta de su casa ese 24 de diciembre, lo primero que vio fue la mano extendida con el muñequito de porcelana sostenido entre pulgar e índice. Don Luis sintió la ofensa del contraste entre la pulcritud del muñequito y la mugre de los dedos agrietados, las uñas rotas de bordes negros, el puño deshebrado de la camisa.

—¿Qué quieres, Reyes? —dijo Luis abruptamente: con su hermano la cortesía no sólo salía sobrando. Era una peligrosa invitación.

—Posada, hermano, hospitalidad —contestó desde la penumbra una voz agrietada como los dedos, quebrada de alcohol barato; un tufo de ron que azotó como un látigo etílico las narices de don Luis Albarrán.

—No es... —comenzó a decir éste cuando el otro, Reyes Albarrán, ya lo había empujado para entrar al vestíbulo de la casa. Don Luis quedó de lado, casi como portero, y cerró rápidamente la puerta, como si temiese que una tribu de mendigos, borrachos y teporochos entrase pisándole los talones al indeseable hermano.

Repitió:

—¿Qué quieres?

El otro se carcajeó con su aliento de Ron Potrero flotando hacia la sala.

—Mírame y dime tú mismo.

Don Luis se quedó fuera de la sala de baño oyendo a su hermano cantar *Amapola* con voz desafinada y estruendosa, chapoteando de felicidad y punteando su canto con dicharachos paleopatrióticos sólo-Veracruz-es-bello, quélindoesmichoacán, ¡Ay! ¡Chihuahua! ¡Cuánto! ¡Apache!, como si el huésped quisiera señalar que durante las pasadas tres décadas y media había recorrido la república entera. Sólo por un rasgo de pudor, acaso, no cantó *Ay Jalisco, no te rajes*.

Y si no la república, Reyes había recorrido —dijo con alarmada discreción don Luis— sus barrios más bajos y desgraciados, sus hoyos negros, sus nidos de araña, sus matas de chinche, ladilla y chancro, sus fauces de ceniza, barro y basura. Le bastó mirar la pila de ropa sucia, deshilachada, agujereada y de un tono grisáceo, sin verdadero color ni forma: Reyes Albarrán había dejado todo esto —los trapos de la miseria— a la puerta del baño. Con repugnancia, el dueño de casa olió el sobaco agrio, la costra del culo, la amarga intimidad del pubis…

Cerró los ojos y trató de imaginar al guapo e inteligente muchacho que a los veinticuatro años de edad regenteaba el bar más exclusivo de la ciudad de México, el *Rendez-Vous*, frente a la glorieta del Ángel de la Independencia, cuando la capital tenía dos y no veinte millones de habitantes, cuando toda la "gente conocida" se conocía de verdad y se daba cita en el *Rendez-Vous*, donde, con suerte, aparecería noche a noche una de tantas "celebridades" que por entonces frecuentaban la exótica metrópolis mexicana —John Steinbeck, Paulette Goddard, Aaron Copland, Virginia Hill—. La llamada "región más transparente", nimbada aún por las glorias recientes del exilio europeo y los fuegos lejanos de la Revolución Mexicana.

Reyes Albarrán no sólo hacía cocteles. Era un coctel. Mezclaba idiomas, referencias, chismes, bromas, tocaba el piano, cantaba a Agustín Lara y Cole Porter, se peinaba con gomina, imitaba a Gardel, introducía mezclas sorprendentes de alcohol con nombres irresistibles —el Manhattan, el Side Car, el Tom Collins—, procuraba unir a las parejas necesarias y disímiles, animaba a los jotos y a las lesbianas a exhibirse sin complejos, impulsaba a los niños bien arruinados por la Revolución a enamorarse de las niñas mal enriquecidas por el mismo evento, engañaba a la princesa húngara desposeída por el comunismo a casarse con el falso pícaro sin parné posando como petromillonario tabasqueño. A todos los imaginaba, entre copa y copa, descubriendo en la noche de bodas que entre los dos —la princesa y el pícaro— no podían poner dos huevos en el refrigerador.

—Mi especialidad es lanzar a la penuria en pos de la riqueza —solía decir, el codo sobre la barra y el Gin Fizz en la mano, el sofisticado Reyes Albarrán.

Pero la clientela —*hélas!*— empezó a entender que el dueño del *Rendez-Vous* era un burlón, un chismoso, cruel y boquiflojo, por más que despachara desde el bar con burlesca solemnidad religiosa, sirviendo cada copa con un "ego baptiso te whiskey sour" y cerrando la cantina a la hora prescrita por la ley con un no menos socarrón "Ite Bacus est".

Amaba, en otras palabras, humillar a sus clientes so capa de protegerlos. Mas como los clientes acabaron por ver la luz, los rencores y sospechas se le acumularon a Reyes Albarrán, sabía demasiados secretos, se reía de su propia madre, podía acabar, vía las columnas de chismes y la sibilante calumnia, con muchas reputaciones. Lo fueron abandonando.

Y la ciudad se extendía, los lugares de moda se mudaban como cambian de piel las serpientes, las barreras sociales caían, los grupos exclusivos se volvían reclusivos o inclusivos, los nombres de las viejas familias ya no decían nada, los de las nuevas familias cambiaban con cada período presidencial antes de retirarse a gozar de sus fortunas sexenales, los noviazgos eran determinados por las distancias, el nuevo Anillo Periférico dictaba salidas, citas, cóleras, amores puntuales, amistades perdidas… El lujo, los lugares frecuentados, se desplazaban de la colonia Juárez a la Zona Rosa a la Avenida Masaryk, aquí mismo en la colonia Polanco donde el náufrago de la posguerra, el engominado y seductor Reyes Albarrán, había sido arrojado una noche de Navidad a tocar la puerta de su apretado hermano ruco, el puntual e industrioso don Luis Albarrán, viudo reciente, necesitado sin duda de la compañía fraternal del igualmente necesitado barman que terminó en borracho, olvidando la regla de oro: para ser buen cantinero hay que ser también buen abstemio.

Borracho, pianista de *boîte* elegante que acabó tecleando en los burdeles de la colonia Narvarte cual Hipólito el de *Santa*, engominado seductor de princesas europeas que terminó en vividor a expensas de rumberas en decadencia, mesero de hoyos fonqui

y con suerte de antros cercanos al Zócalo, la Plaza
Mayor donde más de una vez se le encontró durmien-
do, envuelto en periódicos, levantado a palos por la
despiadada gendarmería en tecnicolor de la cada vez
más peligrosa urbe. Cuicos, azules, tamarindos, mor-
delones todos, salvo que a él, ¿qué le iban a morder,
sino el hambre misma? A tropezones por la república
entera, buscando suerte, no encontrándola, hurtando
boletos de camión y de la lotería, con más fortuna
aquéllos que éstos, que lo llevaban lejos hundiéndolo
en "la fuácata" hasta que el doctor en Ciudad Juárez
le dijo,

—Ya no es usted quien era, señor Albarrán. Ya
ha vivido bastante. No es que esté usted enfermo.
Está cansadito nomás. O sea, exhausto. Ya no da para
más. Se desinfló. Veo que ya cumplió los setenta. Le
aconsejo retirarse. Por su propio bien.

Si algo de ternura soterrada le quedaba a don Luis
Albarrán hacia su hermano mayor Reyes Albarrán (el
"don" no le caía ni de chiste), la implacable chilena
doña Matilde Cousiño le impidió sacarla a flote:

—Ese roto inmundo no pone un pie en mi
casa. No te dejes dominar por el cariño, Lucho. Tu
hermano lo tuvo todo y lo echó todo a perder. Que
viva en sus cayampas. Aquí no entra. No mientras yo
viva, pues. No señor.

Pero ella ya no vivía. Aunque su voluntad sí. Esa
noche, don "Lucho" Albarrán sintió como nunca la
ausencia de su voluntariosa mujer. Ella hubiera puesto
al hermano incómodo de patitas en la calle con un
sonoro, chilenísimo:

—¡Largo de aquí, roto de mierda!

3. Como le suele suceder a la mayoría de los seres humanos, don Luis Albarrán amanecía de mal humor. Si dormir es un anticipo de la muerte, entonces es un anuncio cálido, cómodo, acogedor. Si el sueño es la muerte, entonces es la gran puerta abierta de la hospitalidad. Todo en ese reino es posible. Todo lo que deseamos está al alcance de la mano. El sexo. El dinero. El poder. La mesa y el vino. Los paisajes imaginarios. Las personas más interesantes. Las conexiones con la celebridad, con la autoridad, con el misterio. Claro que existe la contrapartida onírica. Se sueñan accidentes. Los sueños son dimensiones de la circulación y como decía doña Matilde,

—Lucho, no seas güevón. No somos más que accidentes de la circulación.

Sólo que los accidentes del sueño suelen ser ridículos. Andar desnudo por la calle, ejemplarmente. O pueden ser mortales. Caer desde el piso más alto de un rascacielos, como King Kong. Sólo que en ese momento el ángel enviado por Morfeo nos despierta, el sueño se interrumpe y le ponemos, entonces, un feo nombre, *pesadilla*. Borges, lo decía la muy austral y leída doña Matilde, detestaba esa pesadísima palabra y se preguntaba por qué no teníamos, en castellano, un buen vocablo para un sueño malo, por ejemplo *nightmare* o *cauchemar*.

Don Luis recordaba estos conceptos de su soñadora chilena de ensueño y rezaba mientras iba cayendo, precisamente, "en brazos de Morfeo":

—Vete, pesadilla. Bienvenido, *cauchemar*, mar escondido, invisible océano del sueño, bienvenida *nightmare*, yegua nocturna, cabalgadura de la oscuridad. Bienvenidas, ahuyenten de mí la fea pesadilla castellana…

Don Luis despertó esa mañana convencido de que su mal humor era el de siempre al abrir los ojos y que bastaría un buen desayuno mexicano de picantes huevos rancheros y humeante café de Coatepec para devolverlo a la realidad.

El periódico abierto cuidadosamente por el mayordomo Truchuela sobre la mesa desplegaba con escándalo noticias peores que el peor sueño personal. El mundo, otra vez, estaba de cabeza y las *pesadillas*, *cauchemars* o *nightmares* de la noche anterior parecían meros cuentos de hadas frente a la realidad cotidiana. Sólo que esta mañana el rostro adusto de Truchuela, tan largo y agrio como el de cualquier actor encasillado en rol de mayordomo de cara larga y agria,* se había agriado y alargado más que de costumbre. Y por si don Luis no lo notaba, Truchuela llenó hasta los bordes la taza de café e incluso se atrevió a derramarla.

—El señor sabrá excusarme.

—¿Qué? —dijo distraído don Luis, embrujado en descifrar los trabalenguas de los altos funcionarios mexicanos.

—Perdón. He derramado el café.

No hubo expresión alguna de don Luis que justificase lo que Truchuela quería decir:

—El señor me dispensará, pero el inesperado huésped de la recámara azul…

—No es inesperado —dijo don Luis con cierta severidad—. Es mi hermano.

---

* El mexicano Luis G. Barreiro o el británico Alan Mowbray. N. del A.

—Así dijo él —asintió Truchuela—. Nos costó aceptarlo.

—¿Nos? ¿Cuántos es *usted*, Truchuela? —replicó don Luis con una irritación creciente, dirigida a sí mismo más que al perfecto servidor importado de España y acostumbrado a atender a la superior clientela de *El Bodegón* en Madrid.

—Nosotros somos *todos*, señor.

De donde resultó que Reyes, instalado en "la recámara azul" en apenas una mañana a partir del regreso de la servidumbre, había exigido:

a) Que le sirvieran el desayuno en la cama. Solicitud cumplida por la recamarera Pepita a la cual Reyes le ordenó dejarlo dormir postpandrialmente (expresión preferida de Truchuela) hasta el mediodía, antes de regresar (Pepita) a correrle el agua de la bañera (la tina) y rociarla de sales de lavanda.

b) Que la cocinera María Bonifacia subiera a la planta alta (cosa que jamás había hecho) a recibir órdenes respecto al menú a seguir no sólo hoy sino todos los desayunos siguientes (sopa de médula, quesadillas de sesos, pollo en pipián, cerdo en salsa borracha y también manitas de cerdo, todo es aprovechable, mole amarillo, queso relleno de Yucatán, cecina, tasajo y escamoles en temporada).

"—El señor don Luis come mucho más sencillo, no le va a gustar su menú, ¿señor…?

"—Reyes. Reyes Albarrán. Soy el hermano de tu patrón."

—Sí, señor don Luis, lo dijo todo "entre comillas" —afirmó el mayordomo.

—¿Y qué más? —inquirió don Luis, convencido de que ninguna nueva petroguerra del señor Bush iba a ser noticia peor que la siguiente, salida de la boca de Truchuela.

—Ha mandado decirle al jardinero Cándido que faltan rosas en la recámara. Que él está acostumbrado a tener rosas en la recámara...

—¿Rosas? —rió don Luis, imaginando los nopales que habrían sido paisaje habitual del infeliz hermano vagabundo.

—Y a Jehová el chofer le ha pedido que a las tres de la tarde le tenga listo el Mercedes para ir de compras al Palacio de Hierro.

—Modesto...

—"Soy totalmente Palacio" dijo su... ¿hermano?

El impasible Truchuela se quebrantó, no se contuvo más.

—¿Su hermano, señor don Luis? ¿Cómo puede ser? Ese...

—Dígalo, Truchuela, no se muerda la lengua. Ese gamberro, ese vago, ese *tramp*, ese pordiosero, ese *clochard*, en todas partes existen y tienen nombre, no se limite, Truchuela.

—Usted lo ha dicho, señor —bajó la cabeza el mayordomo.

—Pues sí, Truchuela, es mi hermano. Un indeseado regalo de Navidad, lo admito. Se llama Reyes Albarrán y será mi huésped hasta el día de Reyes, el 5 de enero. De aquí a esa fecha —diez días—, le ruego ordenar a la servidumbre que le den trato de señor, por más que les cueste. Aguántenle sus majaderías. Acéptenle sus caprichos. Yo sabré agradecerles...

—El señor hace honor a su consabida generosidad.

—Está bien, Truchuela. Dile a Jehová que tenga listo el coche para ir a la oficina. Y que regrese por mi hermano a las tres.

—Como ordene el señor.

—El señor es un modelo de caballero —dijo Truchuela de regreso en la cocina.

—Es un alma de Dios —contribuyó la cocinera María Bonifacia.

—Está birolo —dijo el jardinero Cándido—. Rosas en enero sólo se le dan a la Virgen de Guadalupe. Que se conforme con margaritas.

—Que se vaya a empujarlas —se rió indignada Pepita—. Pinche muerto de hambre.

—¿Empujarlas? ¿Qué, las margaritas? —sonrió Cándido.

—Sí, pero no mis nalgas, que es lo que quiso hacer cuando me pidió que lo secara al salir de la tina.

—¿Y qué hiciste? —preguntaron todos a una voz, salvo el circunspecto Truchuela.

—Le dije séquese sólo, viejo verde, mandilón, aprovechado.

—Te va a acusar con el patrón.

—¡Qué va! Nomás se rió y se meneó con una mano una pinga arrugada y reseca, como las de esos changos viejos del zoológico. "Guárdese su chile chipotle", le dije al ruco indecente. "Chiquito pero sabroso", cantó el muy jijo de su pelona.

—Pepita, no te juegues la chamba —dijo prudente María Bonifacia.

—Chambas me sobran, doña Boni, yo no estoy pa' los leones como usted.

—Respeta mis canas, niña babosa.

—Mejor se las arranco, vieja desgraciada.

Los tres hombres separaron a las mujeres. Truchuela dictó la ley.

—No permitan que este huésped indeseado se salga con la suya y nos enemiste a todos. Somos un servicio bien avenido. ¿No es así, Pepita?

La recamarera bajó la cabeza asintiendo.

—Perdón, María Bonifacia.

La cocinera le acarició la cabeza oscura, trenzada, a Pepita.

—Mi niña. Ya sabes que te quiero bien.

—Entonces —sentenció Truchuela—, a servir a *don* Reyes Albarrán. Nada de quejas, chavales. Sólo información. Obedecemos al patrón. Pero que el patrón se entere.

Excepcionalmente para el mes de enero, se soltó un chubasco sobre la ciudad y cada cual se fue a sus menesteres, salvo el jardinero, que se sentó a leer el periódico policial *Alarma!*

4. Don Luis Albarrán había decidido que la mejor manera de despachar a su hermano incómodo era darle trato de huésped dilecto. Encantarlo primero y despacharlo después. Es decir: el 6 de enero, abur y si te vi no me acuerdo. Tal era el plan maestro del dueño de casa. Contaba con la paciencia y fidelidad de la servidumbre para llevar a buen puerto su propósito.

—Por mí no queda —le decía al espíritu, recriminatorio desde la tumba, de su adorada doña Matilde.

Ciertamente, don Luis trató de evitar lo más posible a Reyes. Pero un encuentro era fatal y el hermano incómodo se encargó de hacerse servir la cena en la recámara de don Luis para tenerlo capturado al menos una vez al día, en vista de las fugas cotidianas de don Luis a la oficina (mientras Reyes dormía hasta el mediodía) o las comidas de negocios (mientras Reyes se hacía servir sus pantagruélicos almuerzos federales), de vuelta a la oficina (mientras Reyes se iba de "compras" al Palacio de Hierro, pues con dinero no contaba y se contentaba con mirar.)

Hasta que don Luis vio a Jehová entrar con una torre descomunal de paquetes y subirlos a la recámara de *don* Reyes...

—¿Qué son? —inquirió irritado don Luis.

—Las compras de hoy —respondió muy serio Jehová.

—¿Las compras de hoy? ¿De quién?

—De su señor hermano. Todos los días sale de compras al Palacio de Hierro.

El chofer sonrió socarronamente.

—Creo que va a agotar las existencias.

Y añadió con singular desparpajo:

—La verdad es que no sólo compra cosas para él, sino para todos...

—¿Todos? —aumentó la irritada perplejidad de don Luis.

—Claro. Una minifalda para Pepita por aquí, guantes nuevos para el jardinero por acá, un vestido floreado y dominguero para doña Boni, las óperas de Wagner para Truchuela que las oye en secreto...

—¿Y para ti? —puso su más severa cara don Luis.

—Pues un gorro de chofer de a de veras, azul marino con visera de plástico y ribetes de oro. Lo que usted nunca me dio, pa' qués más que la verdá...

—¡Respeto, Jehová!

—Lo que mande el patrón —replicó el chofer con una sonrisita torcida, pícara, indignante, que en otras épocas hubiese sido como un preludio del despido. Sólo que Jehová era un chofer demasiado bueno cuando la mayoría se habían ido a manejar camiones fronterizos en la era del TLC.

De todos modos, ¿cómo se atrevía?

—Qué bien —sonrió afablemente don Luis cuando Truchuela le trajo el habitual refrigerio de chocolate y campechanas y a Reyes, ahora sentado frente a su hermano, una charola repleta de enchiladas suizas, rajas, sopes y garnachas, más un par de cervezas Corona.

—Cómo no, a todo dar —contestó Reyes.

—Veo que estás bien servido.

—Ya era hora —empezó a masticar Reyes, vestido con bata de terciopelo rojo, zapatillas azules y gazné Liberty.

—¿Hora de qué?

—De despedirme, Luisito.

—Insisto, ¿de qué? ¿No te he dado trato de hermano? ¿No he cumplido con mi promesa de Navidad? Serás mi huésped hasta mañana, día de Reyes y…

—¿Y luego de patitas a la calle? —casi se atragantó de risa el hermano incómodo.

—No. Cada quien su vida —dijo con voz rengueante don Luis.

—Es que la estoy pasando a todo mecate. Es que ahora mi vida está aquí, al lado de mi adorado *fratellino*…

—Reyes —don Luis puso su cara más severa—. Hicimos un trato. Hasta el 6 de enero.

—No me hagas reír, Güichito. ¿Crees que en una semana borras las culpas de toda una vida?

—No sé de qué hablas. No nos hemos visto en treinta años.

—Ahí está el detalle. No llevas bien las cuentas —tragó una chalupa y se limpió la crema de los labios con la lengua—. Sesenta años, te digo… Eras tan solemne de niño. El hijo mimado. Me condenaste a ser el segundón. El payaso de la casa.

—Eras mayor que yo. Pudiste afirmar tu mayorazgo. No es mi culpa si…

—¿Para qué hago larga la historia? Eras el aplicado. El puntual. El traidor. El intrigante. ¿Crees que no te oí decirle a nuestro padre: Reyes lo hace todo mal, es un chico sin suerte, nos va a echar la sal a todos, papá, sácalo de la casa, mándalo de interno?

Reyes se tragaba las chalupitas enteras.

—¿Recuerdas cuando los dos íbamos a misa juntos todos los domingos, Luisito? Ah, éramos creyentes. Es lo que más me duele. Haber perdido la fe. Por tu culpa, hermanito.

Don Luis tuvo que reír.

—Me dejas sorprendido, Reyes.

—No —rió éste—, el sorprendido soy yo. Tú nada más estás estupefacto. Has de haber creído que nunca me volverías a ver…

—Tienes razón. No quiero volverte a ver. El día 6 tú…

—¿Yo qué? ¿Yo recupero la inocencia?

Luis lo miró con seriedad.

—¿Cuándo fuiste inocente?

—Hasta el día en que tú me dijiste: pendejo, venimos a misa cada domingo pero no creemos en Dios, sólo creemos en nosotros mismos, en nuestro éxito personal, no te andes creyendo que la Divina Providencia vendrá a auxiliarte. Mírate, Reyes, tan grandulón y tan creído, mira a tu hermano menor, te digo que vengo a misa para quedar bien con papá y mamá, con la familia, mientras tú, Reyes, vienes porque crees en Dios y la religión, qué chistoso, el hermano menor es más abusado que el hermano mayor, el chiquito sabe más que el grandote. ¿Y qué sabe el chiquito? Que al mundo se viene a tener éxito, sin escrúpulos, a ganarle la partida a todos, a salir adelante por encima de la buena fe o la convicción o la moral de los demás.

Se echó un trago espumoso de cerveza empinando la botella.

—Nadie cree mi cuento, hermano. ¿Cómo va a ser que el hermanito menor *corrompa* al mayor? Porque tú me corrompiste, Luis. Me dejaste una relación *maligna* con el mundo. Te vi ascender, casarte con una rica, manipular políticos, agenciar favores y de paso arrancarme mi inocencia…

—Parrandero. Vocación de relajiento.

—¿Cómo podía creer en el bien con un hermano diabólico como tú?

—Árbol que crece torcido…

—¿Dios te hizo así o tú traicionaste al mismísimo Dios?

—Alma de chanchanchanero…

—¿Traicionaste a Dios o Dios te traicionó a ti?

El bizcocho se le atragantó a don Luis. El hermano se levantó a golpearle la espalda, sin dejar de hablar.

—Yo quería una vida ordenada, simple. Tu ejemplo me lo impidió. Subías tan rápido. Ja, como la espuma de esta chela. Eras tan lambiscón. Sabías usar a la gente y luego tirarla a la basura. Tu diabólica esposa te daba los tips feudales. La arrogancia de los terratenientes chilenos. Y tú adobabas el guiso con la picardía mexicana, zalamera, trepadora, traidora, aprovechada.

—Agua… —tosió Luis.

—Ah sí, señor —Reyes apartó el vaso—. Todo con tal de llegar a los sesenta y cinco años con una regia casa en Polanco, cinco criados cinco, ocho presidencias de consejo, una esposa muerta y un hermano teporocho.

—Eres lo que quisiste ser, pobre diablo —tosió don Luis—. Yo no te obligué.

—Sí —Reyes arrojó al piso, de un manotazo, la bandeja del chocolate y los bizcochos—. ¡Sí! Me desafiaste a emularte y yo no sabía cómo.

Los ojos de Reyes se llenaron de agua.

—Me prestaste lana para fundar un bar.

—Y te volviste borracho emborrachando a la clientela, pobre idiota —replicó don Luis limpiándose con la servilleta el estropicio de chocolate y migajas sobre la camisa y en el regazo.

—Quise ser consecuente con mis vicios —dijo con orgullo mal ubicado Reyes—. Igual que tú.

—Recoge lo que tiraste.

Reyes, sonriente, obedeció. Don Luis se puso de pie, fue hasta el escritorio, se sentó, sacó un cheque, lo arrancó de la chequera y se lo ofreció a Reyes.

—Toma. Son diez mil dólares. Toma el cheque y lárgate de una vez.

El hermano tomó el cheque, lo rompió en pedacitos y lo arrojó a la cara de don Luis.

—No hace falta. Sé imitar tu firma. Pregúntales en las tiendas. Todo lo he comprado con tu firma, vale. Pregúntales a tus criados. Todo lo que he comprado ha sido a base de cheques tuyos firmados por mí.

Acercó su perfil y sus buches de tortilla a la cara del hermano.

—Me miras azorado. Por eso te lo repito. Firmados por ti.

Se apartó satisfecho.

—Es un arte que aprendí para sobrevivir.

Reyes agitó como ala de pájaro herido la chequera de don Luis con una mano y en la otra mostró la tarjeta platino de American Express.

—Mira, hermano. La vida consiste en acostumbrarnos a que todo nos va a salir mal.

3. —No, qué va, don Luis, su hermano es un santo. Figúrese que le mandó poner una lápida de mármol a la tumba de mi mamacita en Tulancingo. Siempre tuve ganas, patrón, viendo cómo una tumba sin lápida la pisotean toditos, nadie respeta una tumba señalada por piedrecitas y un par de cempasúchil. Ahora sí, gracias al señor Reyes, mi mamacita descansa en paz y veneración. Y yo me digo a mí misma, María Bonifacia, que Dios bendiga al hermano del patrón.

—Bueno, señor, llevo, ¿qué?, doce años conduciendo su Mercedes y al terminar el día, ¿qué me queda? Pues tomar el camión y hacer una hora de viaje a mi casa. En eso nunca pensó usted, ¿verdad? Pues su hermano sí, él sí. "Ándale Jehová, aquí están las llaves de tu Renault 1934. Tú tienes derecho a tu propio carro. No faltaba más. En tu vida vuelves a subirte a un camión. Faltaba más."

—Imagínese, patrón, que regreso a mi pueblo el domingo y me recibieron con arcos florales diciendo GRACIAS CÁNDIDO. Pues ya se sabe que por el rumbo de Xochimilco hay agua pero falta tierra. Ahora tengo tierra y agua y mis hijos pueden atender el cultivo de las flores gracias al terreno que nos regaló su hermano, esa alma de Dios.

—Ay patrón, perdone la mala impresión que le di a su hermano. Años llevamos en mi pueblo de Zacatlán de las Manzanas pidiendo una escuelita para las niñas que apenas cumplen doce años las desfloran como quien dice y las cargan de mocosos y tienen que venirse a trabajar a casa rica, como yo. Pues ahora el pueblo tiene escuela y una donación de becas que les dicen para que las muchachas sigan estudiando hasta los dieciséis años y luego salgan con diploma y sean secretarias o enfermeras y no pues sirvientas como yo y lleguen puras al matrimonio, ¡qué bondad la de su hermano, don Luisito!

—Las obras completas de Wagner. ¿Se da usted cuenta, mi señor don Luis? El sueño de mi vida. Antes juntaba para una operita aquí, una selección de *bel canto* allá… No, recórcholis, con el perdón del señor, ahora la integral de don Ricardo, a ver si me alcanza la vida para oír todos los CD, regalo de su señor hermano. Don Luis, en buena hora lo trajo a vivir a esta casa…

4. Mañana tras mañana, don Luis Albarrán despertó con la cabeza llena de buenas intenciones. Cada ano-

checer, Reyes Albarrán llegaba con una nueva, mala y peor intención.

—Voy a imaginar que eres un sueño —le dijo con mirada maligna don Luis.

—Ya no te escondas del mundo, Güichito.

—Le tengo miedo a la gente sin suerte como tú. Traen mala fortuna.

—Somos hermanos. Enterremos la verdad en la tumba más profunda.

—Lárgate.

—Tú me invitaste. Ten más cordura.

—¡Cordura! Te metiste como un animal en mi casa. Una bestia acechante. Eres un parásito. Y has convertido en parásitos a todos mis empleados.

—Los parásitos de un parásito.

—Déjame solo. Por un solo día. Por favor —gritó don Luis poniéndose de pie, exasperado.

—¿A qué le tienes miedo? —contestó Reyes muy tranquilo.

—A la gente sin suerte. A la jettatura. La gente sin suerte, como tú, nos trae mala fortuna. La mala suerte se contagia. Espavosa.

Reyes rió.

—Conque tienes el alma de gitano y trovador… Mira, tu cinismo hacia la religión, que te recordé el otro día, tuvo un precio, Luisito. Como no cumplimos las penitencias de la Iglesia, tuvimos que cumplir las penitencias de la vida.

—¿Penitencias? Tú, vagabundo mugroso, yo no…

—A ver, ¿miras siquiera a tus criados? ¿Has olido de cerca a tu cocinera, todita impregnada de los aromas de tus pinches huevos rancheros del desayuno? Dime la verdad hermano, ¿a cuánta gente *conoces?* ¿A cuánta gente te has acercado *de verdad?* ¿Vives sólo en espera del siguiente Consejo de Administración?

Reyes tomó de los hombros a Luis y lo agitó con violencia. Cayeron las gafas del empresario. Reyes despeinó con una mano a Luis.

—Contéstame, junior.

Don Luis Albarrán tartamudeó, atarantado por el azoro, la injuria, la impotencia, el relámpago mental que le decía

"Todo lo que yo pueda hacer contra mi hermano, mi hermano lo puede hacer contra mí…"

—Y lo peor, Luisito. ¿Quién te mira a ti? De veras, ¿quién te *mira* a ti?

Reyes soltó a Luis con una sonrisa torcida, entre bravucona y melancólica.

—Vives dentro de la ruina de ti mismo, hermano.

—Soy un hombre decente —se recompuso don Luis—. No le hago daño a nadie. Soy compasivo.

—¿La compasión no daña a nadie? —fingió asombro el hermano incómodo—. ¿Eso crees?

—No. A nadie.

—La compasión insulta al que la recibe. Si no lo sabré yo.

—Cínico. Tú has tenido compasión de todos mis criados…

—No. Les he dado lo que le tocaba a cada cual. Creo que esa es la definición de la justicia, ¿qué no?

Reyes se dirigió a la puerta de la recámara y volvió para guiñarle el ojo a su hermano.

—¿Qué no?

5. —Permítame expresarle mi asombro, don Luis.

—Dígame, Truchuela.

—Su hermano…

—Sí…

—Se ha marchado.

Don Luis suspiró.

—¿Dijo a qué horas volvía?

—No. Me dijo "Adiós, Truchuela. Hoy es día de Reyes. Se acabó la vacación. Díselo a mi hermano. Me voy para siempre, adiós."

—¿Se llevó algo? —preguntó don Luis con alarma.

—No, señor. Eso es lo más extraño. Se vistió con su ropa de pordiosero. No llevaba maletas ni nada.

El mayordomo tosió.

—Olía mal.

—Ah sí. Olía mal. Eso es todo, Truchuela.

Eso era todo, se repitió don Luis Albarrán mientras subía lentamente la escalera rumbo a su recámara. Todo volvería al ritmo acostumbrado. Todo volvería a ser como antes.

Se detuvo abruptamente. Dio media vuelta y descendió a la planta baja. Entró con paso firme a la cocina. Se dio cuenta de que la veía por primera vez. Los sirvientes merendaban. Se pusieron de pie. Don Luis hizo un gesto con la mano para que se sentaran. Nadie se atrevió a hacerlo. Todo seguiría igual que siempre.

Don Luis fue recorriendo las miradas de cada criado, una a una, "¿Miras alguna vez a tus criados?" y vio que nada seguía igual. Las miradas de los empleados, se dijo el patrón, ya no eran las mismas. ¿Cómo lo sabía, si en realidad nunca los había mirado antes? Por eso mismo. Ya no eran invisibles. La rutina se había roto. No, no era falta de respeto. Recorriéndolos con la mirada, lo supo con certeza.

Era un cambio de alma que él no alcanzaba a distinguir pero que sentía con la misma intensidad física que un golpe en el estómago. De una manera misteriosa la rutina de la casa, aunque se repitiese puntualmente de allí en adelante, de allí en adelante ya no sería la misma.

—¿Me creerán? —dijo don Luis con voz muy baja.

—¿Dice el señor…? —inquirió el mayordomo Truchuela.

—No, nada… —don Luis negó con la cabeza—. ¿Qué prepara en el horno, Bonifacia?

—La rosca de Reyes, señor. ¿Se olvida que hoy es día de los Reyes Magos?

Salió de la cocina, rumbo a su recámara, rumbo a su rutina, rumbo a su penitencia cotidiana.

—De ahora en adelante, todo me pondrá a prueba —dijo al cerrar la puerta, mirando de reojo la fotografía de la bella chilena Matilde Cousiño.

Sí, se dijo, sí he conocido el amor.

Volvió a dormir tranquilo.

Coro de la familia registrada

le dieron su acta de defunción en papel color café con
    marco martillado sello de aguas y el escudo nacio-
    nal del águila y la serpiente visible a contraluz
¿quién se va a morir?
yo
en quince minutos lo declaramos muerto, le cuesta
    mil quinientos pesos
¿quién lo certifica?
aquí tenemos el directorio de recetas médicas, el
    doctor lo firma aunque no vea el cadáver, serán
    otros mil quinientos
¿tres mil?
es poco para morir en paz, el nombre del doctor y la
    cédula de profesión médica confirman la muerte
¿de qué me voy a morir?
escoja, puede ser porque se le atoró una espina de
    pescado en el gaznate
nunca como pescado
muy sencillo, la muerte preferida es por infarto, no
    deja huella
pero mi familia, ¿a dónde me va a rezar?
lo preferible es cenizas en urna
¿y mi familia?

pueden ser cenizas de un perro, ni quien se entere

¿con esto puede mi viuda cobrar el seguro y las pensiones?

qué, ¿no nos dijo que quería morirse para no ver más a su esposa y a sus hijos que le estorbaban?

sí, pero no quiero dejarlos en la calle

no se preocupe, todo se lo arreglamos con "los de adentro"

está bien, ahora quiero revivir

cómo no, en quince minutos le tenemos su nueva acta de nacimiento, con todo y documentación oficial y si gusta, cédula de elector y ficha de causante fiscal

¿hasta muerto se pagan impuestos?

díganos, cómo quiere llamarse

denme a escoger

aquí tiene una lista de la A a la Z

pues una A y una Zeta

Amador Zuleta

ya estuvo

"Amador Zuleta" salió del Registro Civil en Arcos de Belén renovado, respirando hondo, con un fajo de billetes en la bolsa y un boleto de la línea Flecha Roja que lo llevara lejos de la vida anterior, lejos de la capital, al Norte, a la vida nueva, la familia desconocida, amada ya por el solo hecho de ser distinta y ajena a todas las costumbres y frases repetidas hasta el cansancio de la familia que abandonaba México-Ciudad Victoria-Monterrey-Nuevo Laredo

Amador Zuleta se plantó en el inicio de la carretera más larga de la república y empezó a correr correr correr

Los lazos conyugales (2)

1. Leo Casares se deleita en la contemplación de un espacio propio. El apartamento en el último piso de un edificio de oficinas en la calle de Schiller. Leo lo escogió porque de día ocupan el lugar empleados transitorios y de noche campea la más absoluta soledad. Leo en su penthouse. Donde se vive. La habitación. El espacio propio de un hombre soltero, sin familia. El sitio donde se reúnen los tiempos con libertad. El pasado y el futuro en el presente. El presente en el pasado. El porvenir del presente. Leo se propuso que el apartamento reflejase una voluntad constante: convocar todos los momentos de la vida en una corriente de sensaciones actuales. Pasó años escogiendo muebles, lámparas, cortinas, mesas, espejos y sobre todo *pinturas* que dieran la sensación de flujo permanente.

Él quisiera que cada cosa fuese su propio presente a condición de recordar y adivinar. Un espacio como una bola de cristal. Entre todos los objetos del apartamento, Leo ha escogido un cuadro como representante de su voluntad. Es una obra del pintor japonés Katshusika Hokusai. Ocupa toda una pared de la recámara de Leo. Es el retrato de un paisaje mutante. Una ola se levanta ocultando la línea brumosa de la costa. O quizás es la costa lo que nubla la realidad de la ola. El litoral se incorpora al oleaje. El mar se disfraza de litoral. Los elementos se funden y confunden. El gris del mar podría reflejar el verdor de la costa. El alba de las dunas podría anular la grisalla del cielo.

Leo contempla durante horas el cuadro. Se convence de que ve en él lo que desea ver, no lo que el cuadro pretende representar. Se pregunta si el Hokusai tendrá el mismo poder sobre otros espectadores. ¿Cómo lo verán las mujeres? *Mis mujeres*, dice Leo en voz baja. *Mis dos mujeres.* ¿Cómo?

2. Lo bueno del teléfono móvil es que te permite mentir, digamos, con movilidad. No estás atada al cordón umbilical de un sitio preciso. Si tu marido sospecha, le contesta el móvil, mi marido deja el recado o le contesto yo, la mentirosa. Ni quien se entere, tú. Estaba contigo pero a él le decía estoy en el coche rumbo al *beauty parlor*.

Nunca el adulterio fue tan facilitado, Lavinia.

No uses esa palabra tan fea.

¿Entonces?

"El affaire". Tú lo sabes, sólo se dice "el affaire".

¿Mi "affaire", nuestro "affaire"? ¿Y qué pasará el día en que no sólo el número desde donde hablas, sino tu propio rostro, aparezcan en la pantalla del teléfono de tu marido?

¡Cállate la boca! ¡Tendré que estar maquillada hasta en la regadera! Pero ese no es el punto, Leo. ¿Tú crees que si Cristóbal se entera le importa?

Por favor, no juegues conmigo. El peligro es que sí le importe y entonces se proponga conquistarte.

Reconquistarme, dirás…

Lavinia, olvídate de la aritmética del coito. Una mujer moderna debe engañar a su marido tantas veces como él la engaña a ella. ¿Te importa?

No sé. Quisiera llevarle la delantera. Tú me entiendes.

¿Qué te lo impide?

Tú, tesoro. Sólo le soy infiel a Cristóbal contigo, con nadie más. ¡Para qué te cuento! Te soy infiel a ti, la mera verdad.

¿Te basto yo?

Mira Leo, una mujer siempre está dispuesta a ser adorada. Lo que cuenta es la intensidad de la adoración, no la multitud de adoradores. ¡Qué lata! Tú y mi marido me sobran y bastan, te lo juro.

Sin embargo, algo diferente te damos él y yo.

No me tientes, Leo. Estoy aquí en tus brazos y lo único que me hace sentir que tengo la razón es todo lo que detesto en mi marido. De plano.

No es muy excitante saberse el peor-es-nada de una esposa descontenta.

No seas bobo. Óyeme. Tú sabes hablar. Tú sabes seducir con la lengua, ¡jajá! Cristóbal es el maestro de la conversación plana. "¿Qué dices?" "¿Por qué no me dijiste?" "¿Qué me ibas a decir?" Es exasperante. Estar esperando un diálogo que nunca ocurre.

¿De alguna manera tu marido suple sus silencios?

No es silencio. Es repetición.

O sea, es silencio con ruido.

A veces no te sigo, Leo. Lo único que yo sé es que Cristóbal es un sobrado, un altanero, un pedante y se cree el papá de los changuitos. Nomás te cuento. Si quiero llevarlo a un *party* y él no quiere, le digo "Anímate, Cristóbal, va todo el mundo" y él nomás me mira helado y responde: "No, no voy yo." ¿Te das cuenta de su petulancia? Otra cosa: me enervan sus frasecitas repetidas una y otra vez. "No te pido que me lo creas, Lavinia." "Más te vale, Lavinia." "Por mí no queda, Lavinia." "Ver para creer, Lavinia." "Por si las *flies*, Lavinia." "No ha nacido quién, Lavinia." Es un globo de autoestima. El papá de Tarzán. Nomás te cuento.

¿Por qué no lo desinflas?

Creo que no es desinflable.

Hazle creer que sería una crueldad de tu parte resistirlo.

¿Te digo cómo me respondería? Me despreciaría en público. Ya lo ha hecho. Si siente que soy buena con él, se irrita por dentro y espera la ocasión para humillarme frente a los demás. Entonces se siente victorioso.

Claro, no te atreves a atacarlo en público.

Tú sabes que no. Mi educación no me lo permite.

¿Y en privado? ¿Nunca rompes tu regla de perfección conyugal para criticarlo en privado?

No puedo, Cristóbal tiene un arma terrible contra mí. Me amenaza con hacerme testigo de lo que no puedo ver. Eso me calla la boca.

¿Sospechas?

Imagino. Imagino algo intolerable a lo que no me quiero exponer. Leo, ya no sé qué cosa debo sentir estando casada. Contigo sí sé lo que siento.

Es que en vez de papeleo matrimonial yo te doy amor y admiración.

Pero no puedes hacerlos públicos.

En el fondo, ¿qué le reprochas a tu marido, Lavinia?

Que no me supo retener. Ya está. La verdad, ¿te parece? Sólo supo obligarme. ¿Me entiendes? Estoy amarrada a la obligación. La neta.

¿No puedes romper la relación con tu marido?

No seas cínico, Leo. Te he propuesto dejarlo para vivir contigo. Me has dicho mil veces que no lo haga, que vivir juntos echaría a perder lo que tenemos…

¡Un "affaire" perfecto!

Eso dices. ¿Cómo puedes pedirme ahora que deje a mi marido si ya sé que tú no me aceptarías como tu esposa?

Querida, ¿quién te ha dicho que dejes a tu esposo para casarte conmigo?

¿Quién habla de casarse? Vivir juntos, nada más, mi amor…

No me entiendes, Lavinia. Yo te estoy hablando de que dejes a tu marido, no por mí, sino por otro marido.

Entonces, ¿tú y yo?

Igual que siempre, querida. Tú casada con *monsieur quelconque*, don nadie y tú y yo amantes libres para siempre jamás, sin lastres domésticos…

De veras, igual que ahora.

Sólo que con un *partenaire* diferente.

¿Eso te excita, cínico?

Seríamos amantes sin crearle problemas a nadie.

No ganaríamos nada.

Tampoco perderíamos nada.

Dime entonces qué ganamos si no perdemos.

Estar alejados para desearnos mejor. La lejanía aumenta el deseo. Es casi un dogma de la Iglesia. Abelardo y Eloísa. Tristán e Isolda. Tú sabes.

Te digo que eso ya lo tenemos. Explícame qué ganaríamos si cambio de marido pero sigo de amante contigo.

Te lo digo más adelante.

Me estás orillando, Leo.

¿A qué?

Nomás te lo advierto. No me orilles demasiado, mi amor.

3. Leo mira intensamente el cuadro de Hokusai. Ese mar oriental, mientras más se agita, más frío exhala. Un velo blanco se levanta del oleaje, tan intenso éste, tan decaído aquél, que uno dudaría de la existencia de algo más: el país desconocido del cual, dijo el Bardo, ningún viajero regresa… ¿Es de piedad ese velo arrojado sobre la agitación de los elementos? ¿Nos impide ver la tierra imaginaria que la bruma oculta? ¿Mucho menos, desembarcar en ella? ¿Es la niebla una invitación amigable a permanecer donde estamos, a no ir *más allá*, a ese *là-bas* de la imaginación donde tiemblan como llamaradas la tentación y el peligro, la satisfacción y la decepción, la vida de la muerte? Más allá. Dar el paso de más. No conformarse con el arrullo del mar y sus sirenas blancas. Arrullo: arrollo. Arrollar el canto de las sirenas con resonancias ahogadas y espumas hostiles. Arrollar los arroyos que buscan la salida al mar desde la sierra. Arrullar a las sirenas para que ellas no nos aturdan.

Aturdir y atardar. Leo quisiera poner pie en la costa. ¿Se atrevería? ¿Habría vivido su vida hasta entonces como un delicioso malabarismo, sin atreverse a dar el paso de más, el paso del juego a la vida, de la sombra al muro, de la semblanza al tacto, del tacto a la verdadera ausencia? ¿De la acechanza del mar a las certidumbres de la tierra firme, donde todos los peligros imaginarios se convierten en el peligro mayor de no sentir ya peligro alguno?

4. Todo es cierto, Leo. Álvaro me insulta, abusa de mí, no me aprecia, me maltrata, pero al mismo tiempo se queja con violencia de que el mundo lo insulta, la gente abusa de él, es víctima de la injusticia y lo maltrata el destino. Su postura es esa. A mí sólo me está dando lo que el mundo, el destino y la gente le han dado a él. Lo peor es que, muy adentro, él cree que esto nos identifica y como que nos hace socios en la desgracia, por decirlo de alguna manera. Nos hace depender el uno del otro en la infelicidad. Él y yo. Crea un efecto lleno de culpa.

Sólo que él te puede hacer desgraciada a ti y tú no lo sabes dañar a él, Cordelia.

¿Insistes en que lo abandone completamente?

No he dicho tal cosa. No te pido que lo dejes. Te pido que le hagas daño.

¿No es suficiente que él sepa de lo nuestro?

No. Y te voy a decir por qué. Perdóname, Cordelia. Ayer fui a visitar a tu marido.

¿Viste a Álvaro? ¿Por qué? ¿Qué pasó?

En primer lugar déjame aclararte que él me llamó. Él me buscó a mí.

No entiendo. ¿Qué quería?

Reclamar mi presencia.

¿Para qué?

Para aclarar mi relación contigo.

¿Y qué le dijiste?

Que es la reflexión en la ausencia lo que vuelve indeseable a un marido, no su proximidad.

¿Te entendió? Porque yo misma no te entiendo.

Entiéndanme los dos, entonces. La gran regla romántica es que la distancia anima el deseo. Tristán e Isolda. Abelardo y Eloísa.

Lo sé. Siempre citas a esas parejitas.

Es la gran regla romántica. Es inaceptable para la promiscuidad moderna. Queremos la satisfacción inmediata. Y la obtenemos. Sólo que lo que se obtiene enseguida se consume rápido y luego se tira a la basura. No sé cómo puede llamarse "conservadora" una sociedad que no conserva nada. Vivimos un duelo imperfecto con el mundo.

No te me vayas a los cerros de Úbeda.

Quiero decirte que si la sociedad de consumo es como es, Abelardo y Eloísa resultan imposibles. La regla pega un salto para decirnos que la ausencia nos separa y nos vuelve indeseables. Quisiéramos consumirnos los unos a los otros. Si no podemos, no nos odiamos. Simplemente, nos ignoramos. Quien no está disponible de inmediato, se hace viejo y periclita para siempre. El amor también tiene fecha de caducidad, igual que una botella de leche. Todo conspira para desencantarnos.

Se te olvida que se puede querer a alguien sin que ese alguien lo sepa.

Ah. Es tu caso con tu marido.

Puede ser, si insistes.

Cómo no. Insisto. No faltaba más.

Todo lo que me has dicho no incluye un caso que es el mío.

Dime.

Ser el objeto del amor que lo ignora.

No te sigo.

Álvaro no sabe que aunque lo abandone por ti, lo sigo queriendo. Y yo no sé si aunque me odie por tu culpa, Álvaro me sigue amando.

¿Tú lo sabes, él no?

Él no sabe que yo sé.

¿Por qué?

Porque no tiene la imaginación del bien. Sólo piensa y siente en la oscuridad.

¿Por qué me saca a relucir, Cordelia?

Porque Álvaro ni ama ni odia. Sólo le teme a la desprotección. Quiere saberse protegido.

Insisto, ¿por qué yo? Creo ser el menos indicado para darle "protección" a tu marido.

Estás pensando sentimentalmente. Recuerda quién le dio trabajo en la Secretaría de Gobernación.

El Secretario.

¿Quién lo recomendó?

Yo, porque tú me lo pediste.

¿Quién eres tú?

Asesor del Secretario.

¿Quién cesó a mi marido?

El Secretario, porque Álvaro se insubordinó.

¿Aprobaste el cese?

No tuve más remedio. Fue una decisión burocrática. No creas que fue por ti… Además, no es que se haya insubordinado. Simplemente, no dio la talla. Lo siento.

No importa. Para mi marido, tú eres el *factotum*. Tú contratas. Tú despides. Tú seduces a las mujeres de tus empleados. Y como las seduces, puedes abandonarlas. Entonces, entonces, Leo, él estaría allí, dispuesto a recibirme con cólera fingida, con ternura disfrazada, él, Álvaro Meneses que sólo es quien es gracias a los favores recibidos, se vuelve el donante, ¿entiendes?, el buen samaritano, el Midas sentimental, ¡qué sé yo! Él recibe. A mí me da. Esa es su salud.

Eres el objeto del amor que debe ignorarlo.

¿Sabes una cosa? Me cansa la comedia del dolor, la devoción y la fidelidad. Me agota la pasión. El problema con mi marido es que las cosas no fueron tan satisfactorias como yo esperaba ni tan indiferentes como lo esperaba él.

¿Qué querías, Cordelia? Ser pareja es una enfermedad. Es un mal. No es cierto que la pareja sea el perfecto egoísmo entre dos. La pareja es el infierno compartido.

¿Tú y yo?

Excepción que confirma la regla.

¿No somos ya tres, si contamos a Álvaro?

Dime una cosa, Cordelia. ¿En algún momento de tu matrimonio tuviste la sensación de que tú y tu marido eran una sola persona?

Sí. Qué horror. Eché marcha atrás apenas lo sentí.

¿Fui yo la manera de distanciarte de la similitud con tu marido?

En parte. No todo. No siempre. No importa. Mientras más te pareces a ti misma, menos te pareces a tu pareja. Eso pensé entonces. Contigo no hay antipatías físicas. Muy raro. Contigo no existen las dudas de la relación amorosa.

¿Las inevitables dudas?

Puede ser.

¿Estás segura? No rompiste con Álvaro. Por completo, quiero decir.

A cada uno lo quiero a su manera. A ti y a él.

¿Darías el paso de más?

Depende. No sé. ¿De qué me hablas?

Del egoísmo disfrazado de generosidad. Hablo de dar. De darse. De entregarse por entero. De ir más allá de la pareja…

5. Leo podía concentrarse en el cuadro de Hokusai. En cambio, le costaba concentrarse en las dos mujeres, Lavinia y Cordelia. En la pintura, podía ver lo que quisiera. Era una pintura transparente, puro vidrio librado al capricho de la mirada y a la fuerza de la imaginación. Por ejemplo: en el cuadro, llueve sobre el paisaje. En los ojos de Leo, la lluvia es humo. En la pintura, el mundo pasa flotando. En la mirada de Leo, el mundo tiende a fijarse, inmóvil, en la realidad más inmediata. ¿La realidad cotidiana de Leo? ¿O la realidad propia del imaginario cuadro? ¿No son, una y otra realidad —la de todos los días, la virtual del arte— flujo permanente, "todo fluye"? Leo lo entiende así aunque no lo siente. Leo es víctima de una parcelación de las horas en minutos inmóviles que, por más que se sucedan, son idénticos entre sí o por lo menos, a sí mismos. En cambio, el mar de Hokusai, aunque inmóvil en el cuadro (o dentro del

cuadro), es como la gigantesca ánima del mundo. Ese oleaje de la costa japonesa, encerrada entre los cuatro márgenes del cuadro, los desborda, el mar asciende al cielo, invade las playas, se hunde hasta el fondo de sí mismo, se devora en cada ola singular y repetida.

El mar, como los personajes de Piero della Francesca, mira a *otra parte*, *ailleurs*, *là-bas*. Leo sabe que ya no hay *là-bas* geográficos a donde huir, como Gauguin o Stevenson. Los nietos de Gauguin reciben los periódicos de París por avión todos los días. Los nietos de Stevenson ven en televisión *La isla del tesoro* serializada. El *là-bas*, el *other place*, la gran tierra desconocida sólo existe en el alma de cada cual, pero hay seres sin alma, es decir, sin imaginación. Y aun quienes la poseen de sobra, como lo cree de sí mismo Leo, la agotan con rapidez, se sacian muy pronto de su propia fantasía y entonces sienten la necesidad de ir *más allá*, más lejos de lo que ya alcanzaron…

Una enorme lasitud invade el ser entero de Leo Casares cuando piensa esto y entonces regresa a su recámara y sigue mirando el cuadro. El mundo pasa flotando. ¡Cógelo!

6. Primero habló con cada una y más tarde con las dos reunidas en el penthouse de la calle Schiller. A cada una le habló de la otra sin revelar la naturaleza de las relaciones con él. Eran "amigas", apenas "conocidas". A cada una —fue el caso más difícil— le explicó la particular belleza de la otra. Admiraba a cada una por su hermosura —tan distintas entre sí— y al decírselo a la otra, no añadía que quien lo escuchaba —Lavinia, Cordelia— quería saberse,

cada cual, más bella que la otra. Y como no podían decirlo de sí mismas, esperaban que él dijera: Ella es muy bella, pero tú lo eres más. O "no tanto como tú". O por lo menos "no hay comparación contigo". Esto se lo reservó. A lo sumo, a cada una le dijo: Una mujer es interesante no porque sea bella sino porque es *otra* belleza.

Sabía, mirando a cada una por su lado, que buscaba una mujer que tuviese un poco de Lavinia y un poco de Cordelia. Como esa mujer no existía, Leo prefería tener a las dos. El problema que se volvía agudo, angustioso, excitante y expectante, era saber reunirlas, ponerlas frente a frente y observar qué ocurriría cuando las dos mujeres que eran sus amantes se encontraran sin saber que eran cada una por su parte compañera sexual de Leo. ¿Lo intuirían? ¿Lo dirían? Cuando dos son uno, cada uno experimenta lo que Mallarmé llama "el mal de ser dos". ¿Qué quiere decir el poeta? ¿Que la pareja amorosa quisiera ser unidad perfecta, indisoluble, y que, al lograrlo, experimenta el Mal, el mal absoluto de saberse amante y de saberse, fatalmente, separada de lo que más se desea, a pesar de tenerlo?

Leo se debate con esta pregunta, amante de dos mujeres que se desconocen y a las que ahora él invita a tomar una copa a la misma hora —siete de la tarde— en el apartamento que cada una —Cordelia, Lavinia— conoce y considera suyo porque cada una ha pasado de la sala a la recámara y de la recámara al baño y cada una ha usado el mismo jabón, la misma ducha, la misma toalla, el mismo bidet y a veces el mismo cepillo de dientes (Cordelia nunca olvida traer el suyo, Lavinia sí: "¿Qué pensaría mi marido

Cristóbal si descubre un cepillo de dientes en mi bolsa Louis Vuitton?").

Hasta ahora, Leo las ha mantenido separadas gracias a un venturoso aunque aventurado juego de malabar. Dos pelotas en el aire. Una pelota en cada mano. Leo se irrita. En su vida de gran diletante, de gran *aficionado*, cada paso hacia el frente se ha convertido con el tiempo en un paso hacia atrás si no se da a tiempo el siguiente paso adelante. Es lo que ahora experimenta. Lasitud. Acedia. Falta de asombro. Maravilla agotada. El mar se seca. Sólo hay un acantilado que se hunde en el fondo de un gran cementerio de arena. Una barranca cuya corona es el gran desierto calvo. Hay que llenar de nuevo la cuenca marina. ¿Dónde está el oleaje, dónde "las dulces querellas" del mar, dónde la espuma nueva, inédita, voraz, que su existencia reclama para seguir adelante? ¿Para no suicidarse en nombre de la novedad desconocida?

Leo vuelve a colocar en la repisa la fotografía escondida durante las visitas de Cordelia y Lavinia. Era el retrato de un hombre cuarentón, guapo, de rostro delgado y barbilla detenida entre dos manos de dedos largos, muy finos. La dedicatoria decía: "A mi adorado hijo Leo, tu padre, Manuel".

7. Leo les dijo que lo bueno de la ausencia cuando una pareja se enamora pero vive separada, es que eso mantiene vivo el deseo.

Lavinia no estuvo de acuerdo. Dijo que la ausencia no anima el deseo, lo mata. Y añadió pintorescamente: "Amor de lejos es de pendejos."

Cordelia terció para opinar que la ausencia es como la reserva dulce pero insoportable del siguiente encuentro.

—Yo he querido estar alejado sin desear —opinó Leo, dejando en el aire la conclusión a la que ninguna de las dos mujeres quería o podía llegar.

—Prefiero decir tonterías a sentir dolores —dijo de modo excéntrico Lavinia.

—¿O sea que por eso las dices? —sonrió, de mal modo, Leo.

—No me atrevo enfrente de dos personas mayores como ustedes —le devolvió la sonrisa Lavinia.

Leo lanzó una carcajada airada.

—Me gustan las mujeres que a pesar de serlo, son distintas.

Cordelia se encogió de hombros e hizo una mueca de desaprobación. ¿Creía Leo que ser mujer era un uniforme? ¿No eran los hombres, en todo caso, más idénticos entre sí que cualquier par de mujeres? Lavinia rió:

—Nos ponemos plumas como salvajes, subimos y bajamos las faldas siguiendo los dictados de la moda, *whatever that means*, no nos volvemos calvas, no tenemos que rasurarnos (la cara) y nuestra ropa interior no es adivinable, ¡divinas!

Leo y Lavinia querían romper el hielo que escapaba por la respiración trabajosa de Cordelia. De manera repentina, esta simple conversación (esta complicada presencia de los tres en casa del amante compartido) había colocado a Cordelia en la desventaja de la edad, cosa que ella no acostumbraba aceptar, sobre todo porque era el insulto repetitivo que le arrojaba su marido Álvaro.

A ojos vistas, la mujer de Álvaro le doblaba la edad a la mujer de Cristóbal. Sólo con Leo, Cordelia nunca había sentido el contraste que ahora le imponía la juvenil presencia de Lavinia. Las dos mujeres se dieron cuenta de la distancia. También confirmaron que la edad no le importaba a Leo.

Rapado y con el cráneo azuloso, las quijadas firmes, la red de araña rodeando los ojos por turnos helados y risueños (¿burlones?), la impertinencia de las cejas arqueadas, la sensualidad de los labios burlones (¿risueños?), todo le daba a este hombre la edad que él quisiera tener ora con Lavinia, ora con Cordelia.

Lo notable es que, con ambas presentes, no dejaba de ser el mismo que con cada una por separado. Lo supieron ellas. Lo supo él. Leo avanzó sus peones en un tablero del cual él era el dueño pero donde las piezas se movían con una economía del azar muy parecida —reflexionó el hombre— a la más peligrosa de las independencias. Supo en ese momento que él tenía que actuar ya, con audacia, incluso con precipitación, por sorpresa pero sin vulgaridad.

O sea que durante el momento de la copa compartida, Leo aplazó sus movimientos personales.

Las dos mujeres partieron, al mismo tiempo, sin ponerse de acuerdo salvo en la necesidad decorosa de no permanecer solas con Leo.

Antes de que salgan (ya han tomado las bolsas, ya se han acomodado la falda una, el pantalón la otra, el pelo ambas) Leo les pregunta:

—¿Qué piensan del cuadro de Hokusai? ¿Qué les dice?

Lavinia y Cordelia se miran entre sí, desconcertadas.

8. Quería ejecutarlo todo a la perfección. El reparto de los espacios permitía toda clase de combinaciones. Tomando como centro del juego la recámara grande, se entraba a ella por una puerta en el corredor o por dos baños a ambos lados del *master bedroom* (¿recámara nupcial?), ambos provistos de todo lo necesario: clóset, ganchos, zapateras, mudas de ropa, albornoces. Lo consabido. A la izquierda y a la derecha de la recámara se abrían las puertas de cada baño. La recámara misma era una cueva mullida, alfombrada, perfumada por el aroma persa de los tapices más que por cualquier floración artificial, dándole libertad a los cuerpos para transpirar, olfatear, si era preciso, heder para no perder la animalidad de la relación, no sanearla hasta extinguirla en una mera función requerida de sustitutos mentales por falta de alicientes físicos.

Leo Casares se puso una bata de listas azules y blancas y se divirtió pensando cómo saldrían de cada baño a la recámara las dos mujeres citadas cada una, sin saberlo la otra, de los dos baños gemelos separados por un solo lecho. Él había hecho ejercicio toda la tarde en el gimnasio sin darse un baño después. Quería proclamar olfativamente su masculinidad animal. Rehusaba desplazar probables ofensas con chisguetes de lavanda. Deseaba gozar y ser gozado dentro del precepto agustiniano, tan inculcado en la escuela católica, del sexo como costumbre de bestias. Sentía la necesidad de comprobar, con dos mujeres a la vez, que la naturaleza animal podía coexistir con la humana, si Cordelia aceptaría por fin el coito anal o si Lavinia se contentaría con el frontal. Anal como los animales. Frontal como los héroes. Pero placer entre tres, como los dioses.

Adivinó correctamente. A las diez en punto de la noche, como se lo pidió a cada una, abrieron la puerta de la izquierda Cordelia, la de la derecha Lavinia.

Lavinia, como era su costumbre, apareció desnuda. Cordelia, como era la suya, entró envuelta en un blanco albornoz. En el centro de la recámara, las esperaba Leo vestido con bata. Miró a una, luego a la otra. Miró hacia el fondo de la recámara. Allí colgaba el cuadro japonés de mar y cielo, oleaje y acantilado. No miró a las mujeres. Miró a la pintura. Que ellas actuaran. Que ellas entendieran. Que este era el siguiente paso de la relación. Que Leo no les pedía que quisieran a otro hombre, distinto de él pero también de los maridos Álvaro y Cristóbal. Que eso ya no bastaba para excitarse. Que la nueva regla era esta: ustedes y yo, los tres juntos, las dos mujeres y el hombre.

Esto nos faltaba. Este es el paso necesario hacia lo ignorado, lo que venga después. El encuentro de la tierra y el mar y el cielo. ¿Entenderían Lavinia y Cordelia que desde este momento ambas eran rehenes del deseo del hombre? ¿Se atreverían a consumar ese deseo o lo frustrarían con la consecuencia de romperlo todo, borrar la imagen del cuadro, volver a una situación no sólo anterior a las parejas Leo-Lavinia, Leo-Cordelia, sino solitariamente conyugal, Lavinia-Cristóbal, Cordelia-Álvaro, ya que él, Leo, desaparecería para siempre de las vidas de ambas mujeres si ellas, ahora, no avanzaban hacia él.

Evitó mirarlas. Para eso estaba allí el cuadro de Hokusai. Para fijar la atención de Leo en una obra de arte intocable por el sexo, apenas acariciable por los dedos, aunque destruible por las manos. Para alejar a Leo, en este instante, de la curiosidad malsana de ver a las dos mujeres, de observar sus actitudes, de adivinar sus intenciones, de juzgar el cuerpo joven de Lavinia frente al cuerpo maduro de Cordelia, de ver cómo se veían las dos mujeres o de saber si incluso se miraban, si evitaban mirarse, si sólo tenían ojos para su austero, lejano, acaso incomprensible, acaso seductor o seducible amo y señor y esclavo voluntario, Leo Casares.

¿Leerían las dos mujeres los pensamientos de Leo? ¿Se darían cuenta de que esta *mise-en-scène* eliminaba los celos, extinguía la envidia, desterraba los prejuicios banales? ¿Quién se atrevería aquí y ahora, en la recámara elevada a santuario personal de Leo, quién se atrevería a ofender a los otros dos? El que ofende, pierde. Y si uno se va, queda la pareja. Y si no queda pareja de ayer, se encuentra nueva pareja mañana. Juego nuevo, iniciático siempre, culminante ahora o nunca.

—*It's a win-win situation* —murmuró Leo, resumiendo lo que sabía que ellas sabían también porque al fin y al cabo, a retazos, aquí y allá, a lo largo del tiempo, cada pareja (Leo-Lavinia, Leo-Cordelia) lo habían dicho o intuido o pensado. Sólo que aun en la geometría más perfecta del gusto aplazado o de la crueldad meditada, se aparece el demonio del placer y contra él luchaba ahora Leo, a fin de mirar fijamente el cuadro y evitar mirar o ser mirado por ellas.

—Claro que la belleza existe —dijo en voz muy baja—. Pero sólo un momento.

Había que sacrificar la actualidad imperfecta de lo bello. Lo pensó él. ¿Lo sabían ellas? Leo se sintió al filo de una felicidad casi sobrenatural y de una desgracia demasiado física. Dudó. Ellas no se manifestaban. Había sido fácil concentrarse en cada una por su lado. ¿Sería difícil prestarle atención a ambas a un tiempo? ¿En qué orden se sucederían los placeres de cada cual, de la pareja inevitable, del trío potencial? ¿Era el orgasmo "la pequeña muerte" o el suicidio temporal? Suicidio y muerte intentaban en ese momento personalizarse en la mente a la vez afiebrada y lúcida de Leo. ¿Qué quería? ¿Deshacerse de los maridos Cristóbal y Álvaro? ¿O deshacerse de las mujeres Lavinia y Cordelia? Leo había preparado esta escena para dar el paso de más, para poner a prueba no la fidelidad conyugal que sabía superada, sino la intensidad de las emociones, que imaginaba aplazada. No tenía que mirar a Lavinia (¿desnuda?) ni a Cordelia (¿albornoz?) para saber que la situación no eliminaba al villano de la pieza, el verde demonio de los celos. No necesitaba verlas para saberlo porque los sentía en su propio pecho.

Es esto lo que le alarmó. Que imaginó el paso siguiente al *ménage-à-trois*. Era el paso a la reconstitución de las parejas. Ya no el regreso a los lazos conyugales. Ni siquiera la permanencia del trío, sino la alianza de las dos mujeres contra él, contra Leo, solas las dos contra el solitario hombre que se proponía, esta noche, amar a ambas mujeres sólo para llegar al punto culminante y abortar el éxtasis, interrumpir el placer para exasperar a ambas y obligarlas a desear de nuevo, otra vez, y otra, y otra…

No quiso mirarlas en ese momento. Hubiese querido decirles que la distancia ciega conserva el misterio, que las deseaba a ambas lejos de él para

seguirlas adivinando. Se dio cuenta de que eso ya lo
había dicho. Que en vez de avanzar en su propósito,
caminaba, como un cangrejo, hacia atrás. Que su
imaginación lo obligaba a adelantarse, para derrotar
cualquier costumbre pasada, presente o futura, a posibilidades acaso inalcanzables sin comprender que
el anhelo de ellas podría ser el de empezarlo todo de
nuevo para quererse mejor.

¿Sabiendo lo que ya se sabe?

¿Olvidándolo todo?

¿Cuál era el siguiente paso?

Todo configuraba un duelo imperfecto. Leo se
negó a mirarlas. Rogó que esta escena no las cansara
de él, de ellas mismas, de la irrecuperable situación
anterior. Todo esto pasó relampagueando por su
cabeza. Aceptar la costumbre era la derrota mayor,
inaceptable para él. Todo era al cabo, es cierto, un
duelo imperfecto entre el deseo y su consumación:
repetible o irrepetible. Leo, con inocencia casi edé-
nica (así, con frágil compasión de sí, lo pensó), sólo
quería que la satisfacción de hoy nos dejara insatis-
fechos a fin de desear y alcanzar la satisfacción del
día siguiente.

¿Así lo entenderían ellas? ¿Por qué no decían
nada? ¿Por qué no se movían? ¿Se atrevería una de ellas
—Cordelia o Lavinia— a destruir el trío propuesto
tácitamente creyendo que así regresarían a la pareja
anterior? ¿O él, Leo, había destruido para siempre
toda relación posible con ellas? ¿Se daban cuenta
(Lavinia, Cordelia) que Leo les había hecho el favor
de demostrarle a cada una que sus vidas eran falsas,
que el artificio ofrecido por Leo era *la verdad*, a pesar
del artificio, igual que en la pintura japonesa?

—Todo lo que he hecho es por el bien de las familias felices.

¿Cómo iba a decir esto, si él mismo era incapaz de creerlo? ¿De creer *cualquier cosa*? ¿Incluso que estas mujeres podían ser más felices con sus maridos que con él?

Esta idea le provocó una irreprimible carcajada. Decidió darles la cara, riendo, midiéndolas, a las dos mujeres. Triunfante. Este sería el momento propicio para precipitar la situación. Una risa para absolverlas y absolverse, disipándolo todo como una gran broma, un *cadáver exquisito* del ánimo surrealista de Leo. O acaso una carcajada alucinante, diabólica casi, desafiando la imaginación de las mujeres, una invitación fatal a una cópula compartida que renovase y aun excediese las relaciones entre los tres. El gran pacto, eufórico, gallardo, transgresivo, de Leo, Lavinia y Cordelia.

Las dejó mirar el cuadro japonés. Giró sobre sí mismo para darle la cara a las dos mujeres que acababa de imaginar detrás de él, inmóviles, saliendo cada una de los baños contiguos, dirigiéndose al lecho que habrían de compartir. O alejándose de la cama, regresando a los baños, desapareciendo…

—Hay que tener mucha falta de imaginación para romper una relación amorosa —se dijo Leo en voz muy baja.

9. Sentado en el sofá frente al cuadro del mar agitado y el acantilado inmóvil, Leo fumaba un cigarrillo rubio, rompiendo su resolución de principios de año: abandonar todo vicio secundario. Permitió que las

volutas añadiesen una capa transparente y fugaz a la pintura. ¿Por qué se agitaba el mar si no se movía el acantilado? ¿Por qué era tan caprichoso el mundo físico? En la voluntad de Leo, esa noche todo debía transformarse, travestirse, multiplicarse. El mar se calmaría. La costa se levantaría murmurante, temblorosa, hasta culminar en una vasta pradera estéril poblada por cuerpos desconocidos que avanzarían desnudos pero envueltos en negros velos transparentes, como las figuras de Manuel Rodríguez Lozano en el salón principal del apartamento de la calle de Schiller.

Él no identificó esos dos cuerpos. Los desconoció. Se percató de que no conocía los colores que le ofrecía el mundo de la pintura. Eran demasiado nuevos, acaso felices, en todo caso temiblemente puros. Los colores eran puros y audaces. Las figuras, en cambio, parecían impuras e inciertas.

Leo sacudió la cabeza. Miró directamente el cuadro. Era puro vidrio. Era transparente. Era la obra de arte perfecta. Cada cual ponía en ella lo que deseaba ver. Nada más. Y nada menos. Ese era el milagro del cuadro japonés. Era una obra virtual. Era un puro vacío líquido como el aire, aéreo como el océano. Era un espejo invisible. Era un cuento eternamente renovado…

10. Cuando entró al baño, encontró el espejo embadurnado de pasta de dientes y el tubo dentífrico arrojado, exhausto, de mala manera, en el cesto de la basura.

Leo se encogió de hombros. No quiso calcular cuál de las dos había usado este baño.

Coro de las familias salvajes

vienen desde el norte
ocupan la ciudad de nuestra señora de la porciúncula
        de
los ángeles frontera con méxico
vienen desde el sur
ocupan la ciudad de tapatatapachula sur de chiapas
        frontera
con guatemala
se parcelan la ciudad de losángeles
la mafia mexicana son los south siders
la mara sansalvatrucha es dueña de la calle trece
a central venice
los cholos de la venecia trece a south central
        los ángeles
los mojados mexicanos donde les caiga la noche
invaden la ciudad de tapachula
cruzan el río coatán
vandalizan a su antojo las platerías las orfebrerías
se roban las sillas de montar anaranjadas olorosas
        aun a
res sacrificada
se quitan los pantalones para sentir el pelo de la
        silla

confundido con el vello del sexo
se enfrentan las clicas con las gangas de losángeles
los marassansalvatruchas salvadoreños contra la
mafia mexicana
la broncota
cada pandilla lanza por delante a sus muralotes
sus gigantes peleoneros rompemadres
se dan el encontronazo en la esquina del diablo la
    calle
666 y la dieciocho
la raza aguanta
los maras te parten la madre te brincan te chingan
pero las cholitas te premian con besos después de la
    bronca
los maras anuncian sus ataques en tapachula
se cierran las escuelas
pero nadie puede huir
la mara desciende silbando de los platanares
caminan como arañas con las arañas
sacan las escopetas recortadas y los puñales
    que recortan
son dueños del recorrido del tren de chiapas
    a tabasco
amarran a sus víctimas a la vía del tren
el tren les corta las piernas
los mareros desaparecen en la selva
reaparecen en los ángeles
se especializan en drive-by shootings
disparando al azar desde sus coches
contra los rivales mexicanos
pretenden ser mexicanos el acento los delata
el capitán bobby de la LAPD cuerpo de la policía
    de los

ángeles los va capturando uno a uno
vienen de las guerras de ronaldanger ronaldranger
ronaldanger en centroamérica
hijos de
nietos de
exiliados que se identifican con tatuaje en el brazo
    y se
delatan con falso acento mexicano
odian a méxico
el capitán sonríe lo sabe
send them back to salvador captain bobby?
no way
fly them back home?
no way
they say they are mexicans? send them back through
    mexico
let mexico deal with them
desde el sur
desde el soconusco
desde el norte
desde la california
avanzan hacia el centro mexicocity
    grantenochtitlán
agua bautismal de los nahuas desde sacramento hasta
    nicaragua
un peregrinar interminable
del sur al norte del norte al sur
la mara salvatrucha y la mara dieciocho
rivales unidos por la muerte
cien mil miembros en las dos fronteras
cien mil maras en la ciudad de méxico
entre pensil norte y los indios verdes
se anuncian con graffitis en todos los ejes urbanos

spray color negro letras estilizadas
se visten como cholos rapados y tatuados
tienen su hoyo en las ciudades perdidas
guaridas en iztapalapa
refugios en la gustavo madero
atacan matan extorsionan violan asesinan
dejan cuerpos mutilados en las calles
sus líderes se llaman ranfleros de la clica
su jefe se llama "el siniestro"
esperan la navidad para su gran matanza
veintiocho personas asesinadas en el metro del D.F.
veintiún heridos
seis niños
quieren la tierra quemada de frontera a frontera
"que nos tengan miedo"
asesinan para espantar
liberan para contar
tienen la piel seca y la boca espumeante
son el ejército del silencio
nunca hablan
se comunican por señas

CALLE 8
CALLE 18
A VOLAR,
PAJAROS

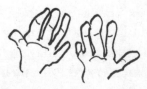

El padre eterno

1. Cada aniversario el padre les daba cita en este viejo sitio junto al parque hundido. El "parque hundido" no se llamaba así oficialmente, sino Parque Luis G. Urbina, en honor de un poeta del siglo pasado. El nombre popular ha sobrevivido a la fama del poeta y todo mundo da como dirección "Lléveme al parque hundido", que es una fresca y sombría depresión urbana en medio de avenidas numerosas y rascacielos mudos. No un oasis feroz sino un refugio sombrío. Techo verde de amantes más verdes aún. Incluso cuando se asciende del parque, se tiene la sensación de descender. El parque se hunde y la ciudad se hunde con él.

Las tres hermanas —Julia, Genara y Augusta— acuden al llamado del padre el día del aniversario. Durante el resto del año, ni se ven ni se hablan. Genara hace alfarería. Julia toca el violín. Sólo Augusta dirige un banco, pero compensa esta falta de modestia con trabajos sociales en los barrios proletarios. Aunque no se buscan entre sí, las une el hecho de ser hijas del mismo padre y hacen lo que hacen para demostrarle al padre que ellas no necesitan de la herencia. Ellas se niegan a recibir una herencia fatal por el hecho de ser hijas de su padre. Las tres trabajan como si no fueran a recibir nada. O, acaso, como si sólo mereciesen heredar si demuestran desde ahora que con o sin herencia ellas saben ganarse la vida. Además —salvo Augusta— lo hacen con una humildad calculada para ofender o por lo menos desconcertar al padre. Salvo Augusta.

¿Una herencia se gana o se pierde? Augusta sonríe ante este razonamiento. ¿Saben las hermanas qué cosa prefiere el padre? ¿Otorgar la herencia aunque las tres sean unas perfectas desocupadas? ¿O reservarla hasta cerciorarse de que las tres no esperan el bienestar de un legado prometido, sino que se ganan la vida sin preocuparse de la voluntad del padre? ¿O por el contrario, se irritaría el padre si las hermanas, en vez de esperar ociosas a que se cumpla el plazo testamentario, se buscan ocupaciones?

El padre es muy severo. Solía decirles a sus hijas que mientras más rica era la familia, más desagradecida era la descendencia.

—No saben darle valor a las cosas. No vienen desde abajo, como yo. Se sienten las consentidas del destino. ¡Bah! Sigan adivinando si las heredo o las desheredo. Y si las heredo, traten de imaginar cuánto les dejo.

Decía que cuando los hijos saben cuánto van a heredar, se vuelven desagradecidos y ya no llaman.

—Pero usted puede revocar la herencia en cualquier momento, papá.

Los gestos del padre eran un poco truculentos.

—¿Quién les dice que no lo hice ya? Ustedes sigan lambisconeándome si no quieren quedarse en ayunas.

Que se aguanten, murmuraba el padre antes de entrar al baño cada mañana.

—¿Qué se creen? Nunca hay que entregar el dinero antes de morir. ¡Tengan fe! ¡Tengan esperanza! Sean pacientes. Esperen a que me muera.

Esto decía cacareando antes de entrar a su sauna diario. Augusta lo imaginaba disolviéndose entre vapores rancios hasta convertirse en espíritu puro.

—Era la regularidad de nuestras vidas —le dijo Augusta a Julia y a Genara.

Julia siempre pensó que su vocación era la música. Con o sin la voluntad del padre, Dios mediante, ella dedicaría la vida a tocar el violín, indiferente a la famosa herencia. Genara dice preferir la alfarería a la herencia. Una suma de dinero o la propiedad de bienes inmuebles no se compara al goce de crear un objeto útil y bello a partir del barro esencial: la tierra. Y Augusta, la más inobediente, no quiere concederle la partida ni a la humildad ni al orgullo. Ella preside una empresa bancaria próspera pero compensa su tributo a lo que ella considera la ambigua herencia paterna con la rebeldía del trabajo social en las colonias proletarias.

Cada hermana sabe lo que han hecho las otras dos. Sólo en la noche del aniversario, sin embargo, las tres se ven las caras, calculan cuánto han envejecido, imaginan qué les ha sucedido durante el año pasado, pronostican lo que les traerá el que se inicia: cambio, permanencia, retroceso, adelanto, kilos, arrugas, color de pelo, lentes de contacto, modas fugitivas…

En el aniversario, las tres se presentan vestidas de negro. Las tres se reúnen, año con año, en torno a un féretro.

2. La casa del parque hundido apenas merece llamarse "casa". Es un viejo garaje desnudo con puerta corrediza de metal y un improvisado retrete al lado. La cocina es parte del garaje. Una estufa eléctrica y una nevera desconectada. Los muros de adobe muestran cansancio y un color herido. La puerta rechina y suena a reja carcelaria. Las hermanas, conocedoras del ritual, han traído cada una un asiento. Julia una banca giratoria de piano. Genara una complicada silla de playa con tiras de desvanecidos colores. Augusta una silla plegadiza de fácil transporte.

Saben que van a pasar muchas horas aquí sin moverse.

Tal fue la decisión testamentaria del padre. Durante los diez años que sigan a mi muerte, ustedes me velarán cada aniversario de mi nacimiento en el mismo humilde lugar donde nací: un viejo garaje junto al parque hundido.

Esta es mi voluntad testamentaria. Quiero que recuerden de dónde viene la fortuna que heredarán. Desde abajo. Gracias al esfuerzo. En virtud —valga la ironía— de los vicios que me atribuyen. Al terminar la década, cada una recibirá la parte que le corresponde. No pongo más condición que ésta: velarme con respeto cada día de mi nacimiento. No me importa lo que hagan durante el resto del año. Gánense la vida, no para llevarme la contraria, sino por su propio bien. Se los digo yo: no hay mayor satisfacción que ganarse el pan con el etcétera. Pude dejarles los bienes al morir. Las hubiese condenado al ocio que es madre de todos los etcéteras. Ahora, van a sentir que heredar es algo más que un privilegio. Es una recompensa. No una limosna. Total, hagan lo que quieran. No me den gusto haciendo lo que yo hubiera querido que hicieran o lo que no hubiese querido. Total. Ya saben mi condición. Hagan lo que quieran pero no se casen. No quiero que un zángano braguetas cualquiera disfrute de mi dinero y las esclavice con la esperanza de lucrar. Y no tengan hijos. Soy un matemático frustrado y mis cálculos sólo conciernen a tres personas. Ustedes. Augusta, Julia y Genara. No necesito percebes en mi embarcación. Quiero llegar ligero al puerto final: yo y mis tres hijas adoradas, dueñas íntegras de todo mi cariño, el amor que les doy, el amor que me dan, incomparable, incompatible.

3. Esta noche se cumplen los diez años prescritos como condición testamentaria del padre y las tres hijas se preparan para el desenlace. Acudieron puntuales a la cita (al caer la tarde), aunque Julia se ha adelantado para encender cuatro largas velas en cada extremidad del féretro. Llegan y se dan besos ligeros, veloces y puramente ceremoniales en las mejillas. Cada una sabe que no quiere a las otras dos. Por más que Julia lo disimule con gestos dulzones de cariño. Genara disfraza tanto el desagrado —real— como el amor —inexistente—. Sólo Augusta se presenta con cara agria y cruza los brazos.

Las hermanas no se hablan durante largo rato. Julia se afana en cuidar que las velas estén encendidas. Que no se agoten a pesar de ser muy largas. Augusta se mira las uñas y no dice palabra. Genara observa al techo del garaje como si fuese el cielo estrellado de una noche helada y despejada de invierno. Augusta, que la conoce muy bien, murmura en voz baja "trópico, estamos en el trópico, babosa…"

Augusta no oculta el hecho de que le aburren las hermanas. Aunque más aún le aburría el padre. La severa hija se corrige de inmediato. Decir "me aburría" es una forma barata de rebajar al padre. La verdad es que la enervaba, la incomodaba… El padre, siempre ha opinado Augusta, era como las moscas. Tenía tantos ojos que lo podía ver todo y no se dejaba aplastar de un manotazo. Ella quisiera creer que de su padre sólo queda el recuerdo. Él se encargó de no ser una pura memoria pía. Esta ceremonia anual lo mantiene vivo. Sobre todo gracias a la inquietante pregunta —más bien una amenaza— de que al cumplirse diez años algo sucederá. Y no será nada bueno, de eso Augusta se siente segura.

En cambio, piensa la cándida Genara, a los diez años se probará la herencia. Esto no le preocupa. Sabe que la condición, que sólo suspende por cierto tiempo la ejecución del testamento, no impide que las hijas adquieran derecho a la herencia. Mira a Augusta y entiende que la hermana mayor sabe leer el pensamiento. La considera una ingenua. Pensar que hoy, esta noche, el padre va a resolver el enigma del testamento es no conocer al hombre.

Augusta quisiera decirles en voz alta a las hermanas:

"Papá nos engaña. Siempre nos engañó. El engaño es su profesión. Es como un fullero sonriente. (Por algo Genara siempre se santiguaba al ver a su padre.) (Genara evita la mirada hiriente de su hermana mayor.) (Genara es supersticiosa.)

(Genara cree en los astros, las fechas propicias, los gatos negros.) Augusta lo sabe y se burla de ella en secreto. El padre también conoce el poder de la superstición. Cuenta con ello para mantener perturbadas, año con año, a las hijas.

—No seas supersticiosa —le espeta de repente Augusta a Genara.

—¿Qué? ¿Qué dices?

—Nada.

—Qué mal —interviene con suavidad Julia.

—¿Qué cosa? —repite Genara.

—Digo que qué mal. Debíamos hablarnos. Por lo menos una vez al año.

—¿Sabes por qué no nos hablamos? —interrumpe sin consideración Augusta.

Julia niega con la cabeza rubia.

—Para que papá no nos sorprenda…

Julia y Genara no entienden a Augusta y Augusta no se digna aclarar sus palabras. Guarda muy adentro sus razones. Las hermanas la fatigan. Ellas creen que el padre acabará por cansarse y que hoy, al cabo de una década, las librará del luto para que él mismo pueda descansar en paz.

Este es un pensamiento que, de modo muy distinto, comparten Julia y Genara. Julia, por simple caridad. Que todo concluya y que todos queden en paz. Poder vestirse otra vez con estampados de flores primaverales. Un lindo vestido color crema con figuras de espárragos. Un traje sastre con orquídeas en la solapa. Dejar el luto impuesto por el padre.

Julia cree más, mucho más, en las bondades de la memoria que sus hermanas, por razones distintas, rechazan o maldicen. Julia escoge los mejores momentos del recuerdo y los reúne en ramilletes de felicidades. Juegos, cariños, rosas. Los brazos del padre levantándola en alto. El regazo del padre recibiendo a la niña acurrucadita. Las manos del padre…

—Yo fui el pajarito de mi padre —sonríe la joven mujer—. Siempre estuve a su lado. En silencio. Nunca lo contradije. Nunca le falté al respeto. Nunca le levanté la voz.

Julia pone freno a sus recuerdos, como si las hermanas pudieran escuchar lo que ella piensa. Imagina que cada una, en estos momentos, hace una de dos cosas. Recuerda o elimina memorias. Genara lucha contra el recuerdo del padre. Incluso incurre en el error de tararear alguna cancioncilla de la infancia, revelando así lo que no desea demostrar.

El padre la acusaba:

—Eres una floja bien hecha.

No, no era floja. Era desidiosa, que no es lo mismo. No es que no quisiera o pudiera hacer las cosas. Creía que todo acabaría por arreglarse, más o menos, sin necesidad de que ella actuase. Quizás era una chica conforme que como no sabía mentir, mejor se callaba… ¿Cómo iba a decirle al padre "papacito lindo", como la hipócrita de Julia, si no lo creía? No, no era floja. Evitaba contradecir al padre, llenar sus expectativas respecto al cariño que merecía. Quizás Genara sólo estaba amurallada en su propia infancia, recelosa de crecer en un mundo determinado por la voluntad del padre. ¿Qué tenía de malo?

Sólo Augusta ha cerrado a plomo su memoria, llevando su cabeza a una nemotecnia ridícula: los números de sus cuentas de banco. Pero es ella, inopinadamente, quien rompe la ronda de los silencios colocando una mano sobre el féretro.

—Se la ha pasado poniéndonos a prueba. Qué bueno que esto ya se acaba.

Las hermanas la miran con incredulidad, admiración y daño.

—Es cierto —gime Genara—. Es cierto. Está muerto.

—Se murió —insiste sin desearlo Julia—. Qué pena.

—Ya se murió —concluye Augusta.

Augusta insiste.

—¿Recuerdan? ¿Recuerdan esa lista de prohibiciones que escribió a mano y claveteó a la entrada del baño?

—No recuerdes eso —dijo con tolerancia fácil Julia.

—Yo lo recuerdo y tú también, Julia —continuó Augusta con el aire de un jardinero que corta el pasto crecido y no puede interrumpir su tarea sin alterar el ritmo o avasallar por equivocación un lecho de rosas—. No te toques, no te mires. Evita los espejos. Vístete a oscuras. Báñate con ropón puesto. No te toques. No te mires. No mires un hombre. No permitas que te toque nadie. No salgas sola a la calle. Siéntate en la primera fila del cine aunque te quedes bizca. No te dejes mirar. Ponle una hoja de parra a las ilustraciones de arte en la escuela. Mejor todavía: ya no vayan a la escuela. Yo seré vuestra escuela. Ven, Augusta, siéntate en mis rodillas para que te eduque. Anda, Genara, deja que te vista y desvista mientras tú cierras los ojos e imaginas que soy el novio que te prohíbo tener. Acuéstate, Julia, yo te arrullaré.

Ustedes no tienen madre. Yo seré padre y madre a la vez, yo...

—Yo diría que un padre puede ser una madre perversa —torció los labios Augusta.

Julia le tocó la mano a Augusta.

—Sólo hubo buenas intenciones.

—¿Entonces por qué las recuerdo como perversiones?

—Porque la perversa eres tú —se atrevió Genara y Augusta le dio una cachetada, un bofetón pesado de anillos cuadrados, metálicos, cesáreos.

Julia detuvo la mano de Augusta y miró con incredulidad los signos de autoridad que adornaban los dedos largos y curvos de su hermana.

—¿Qué, nunca has usado anillos? —dijo con altanería la hermana mayor.

Julia bajó con artificio la cabeza.

—El que yo quise papá me lo negó. Nos lo prohibió a las tres. Pero eso ya lo saben.

Genara se mordió un dedo y pensó en todo lo que ella y Augusta quizás y Julia seguro no habían hecho en vida por miedo al padre mientras el padre vivía. Y ahora, ahora que llevaba ya diez años muerto...

—¿...por qué no nos atrevemos a hacer todo lo que él nos prohibió mientras vivía...?

—Por respeto —dijo con dulzura Julia, aunque con una mirada perdida, desorientada, como si se hubiese quedado colgada de la última palabra que había dicho antes de esta.

—Por codicia —afirmó con brusquedad Augusta—. Porque no queremos perder la herencia. Sean honestas, con un demonio. Porque tememos desobedecerlo aunque esté muerto.

—¿Porque le tienes miedo —dijo casi inaudible Julia— como cuando vivía?

—Papá y sus malditos plazos. Espérense. Ya vengo. Ya sabrán. Tengan fe, ¡tengan fe, tengan fe!

La voz de Augusta se perdió en su propio eco. Julia y Genara conocían ese eco. Era lo que Augusta emitía para no llorar ni gritar. Las dos hermanas se acercaron a abrazarla, acariciándole la cabeza de pelo corto, cerdoso, masculino. Genara, sin quererlo, le arrancó un arete a Augusta.

—¡Ay! Tú siempre tan torpe.

Julia y Genara retiraron las manos de la cabeza de Augusta como si hubieran profanado una autoridad que competía sólo con la del padre. Era la hermana mayor aunque su autoridad siempre quedaba por debajo de la del padre, alimentando en Augusta un sentimiento de inferioridad que sólo acrecentaba su pulsante soberbia.

—No se engañen —le dijo Augusta a las hermanas—. No olviden su mueca desdeñosa, compasiva, triunfadora.

"—No te agites, hijita. No te engañes. No bajes la mirada cuando entro.

"—Sin nosotros tú no…"

—¿Qué dice? —dijo Julia.

—¿Qué dices? —preguntó Genara.

—Nada —Augusta se sonó las narices con el pañuelito de Cambray que siempre traía guardado en la larga manga de su vestido.

Ese "nada" era el reflejo más certero de la creencia que Augusta venía cultivando desde que el padre desapareció y ella, de súbito, se dio cuenta de que ahora la autoridad recaía en la hermana mayor. Ella se sentía abrumada por la sospecha de que el hecho de la muerte hacía recaer sobre ella la autoridad que fue del padre y esa era la herencia que Augusta, a un tiempo, rechazaba y ambicionaba, en un conflicto sin salidas que sólo sus hermanas, si lo entendiesen, se atreverían a resolverle. Pero Augusta no quería explicarle a Julia y Genara no sólo lo que ella misma no acababa de entender, sino admitir que ella, Augusta, se sentía incómoda con la herencia moral del padre.

—¿Recuerdas a mami? —Julia interrumpió con melancolía los pensamientos turbios de Augusta.

—Sí y no.

—¿Qué quieres decir?

—Que a ella no era necesario inventarla. Ella estaba *allí*. Salimos de ella y en realidad nunca dejamos de vivir en su vientre.

—Qué horror. ¿Ni cuando murió?

Genara escuchó con paciencia lánguida este intercambio entre Augusta y Julia. Meciéndose sobre sus talones, se apreciaba de ser la hermana paciente, la que contaba los tiempos más largos. Sabía que sus hermanas no le reconocían esa virtud —o algunas más—. En realidad, no le reconocían *ninguna* virtud. No la ofendían, Julia con su bondad, Augusta con su altivez. Nada más la ignoraban. Julia porque era buena, tanto que no podía admitir bondad comparable en otra hermana. A Genara le bastaba saber esto para saber también que Julia, a pesar de su dulzura, estaba condenada a las llamas de un infierno donde no se admite la simulación. Julia era buena por conveniencia, porque quería irse al cielo, cuando en realidad la gente buena es la más numerosa población del infierno. Ser bondadosa puede engañar a Dios pero no al Diablo.

¿Hacía Genara esta construcción mental a fin de absolver a Augusta de un destino infeliz? Miraba a la hermana mayor y detrás de la dura fachada adivinaba una debilidad disfrazada por la manera abrupta que tenía Augusta de distanciarse de la emoción. Por eso sorprendió y conmovió a Genara que su hermana emitiera el eco de un sollozo. ¿Qué esperamos de lo inesperado? ¿Se trata de acciones sinceras o, por lo contrario, calculadas? Genara reflexionó: Augusta no se dejó llevar por la emoción, por amor al padre, sino por ausencia de fe. Tengan fe, tengan fe. Era el coro de una sola voz. Si la modestia de Julia era pura hipocresía, entonces la amarga voluntad de Augusta era una débil comedia asumida para desafiar al padre y, de una manera paradójica, negarse a asumir la autoridad que como primogénita le correspondía. Una excusa. Una evasión. Decirle al padre que al menos una de sus hijas era rebelde, testaruda y "malvada". Como si el padre no supiese mirar a través de las farsas filiales y humillar a Augusta con el castigo de la compasión.

Por eso Genara es lánguida y paciente. Por eso persiste en arreglarse de manera anticuada, con rellenos en el pelo encumbrado como una torre oscura y el maquillaje propio de Joan Crawford en los años cuarenta. Boca muy ancha y muy roja. Ojos muy abiertos. Cejas un tanto escépticas. Y una mueca muy etcétera, como diría el padre. Ella iba a decir *impuesta* porque era cierto. Genara se sentía una caricatura de otra época y sabía que lo era porque su ficción ya era su realidad. Joan Crawford en los años cuarenta. *El suplicio de una madre. Mildred Pierce.* El traje negro de seda, de una sola pieza, resultaba, a pesar de la modestia de su dueña, provocativo, señalado. Y sin embargo, Genara sólo quería provocar una cosa: duelo y consolación.

Es cierto: había en estas reuniones anuales una latente voluntad de consolación. Que las tres, tan diferentes entre sí, recordasen que al cabo eran hermanas. Acaso las unía, con máscaras disímiles, la soberbia no confesada de ser hijas de un hombre tan original y originario, el poderoso y eterno padre. Eran soberbias. La prueba estaba en la reticencia a ofrecerse consuelo entre sí. Por eso era paciente Genara. En el fondo de su alma, creía que en algún momento, la piedad afloraría, las tres se abrazarían —como en ese instante fugaz en que Augusta, tan diferente a sí misma, se hizo eco del dolor.

—Líbranos de toda responsabilidad —murmuró Genara.

—¿Qué dices? —se tensó Augusta.

—Nada, hermana. Sólo se me ocurría que no estando él con nosotras, en realidad podemos hacer lo que nos plazca.

—Sabes muy bien por qué no podemos hacer lo que nos plazca.

—¿Por qué?

—Lo sabes muy bien. Es una disposición testamentaria. Es nuestro deber.

—Es la avaricia.

—O el riesgo —sólo entonces intervino Julia—. ¿Se dan cuenta de que nuestras vidas estarían en riesgo si desobedecemos? Quiero decir, ignoramos el precio de la desobediencia.

—Eso ya no importa —la interrumpió Genara—. Hemos cumplido durante nueve años.

—Por eso sería una tontería evadirnos ahora y quedarnos sin saber qué hubiera ocurrido si...

Augusta interrumpió con un tono parejo a Julia:

—No seas necia. Hemos cumplido. No especulemos sobre lo que hubiese ocurrido si desobedecemos a papá.

—Todavía podemos desobedecerlo —dijo con picardía Genara.

—Cállate —prosiguió Augusta—. Ya no tiene sentido, puesto que lo obedecimos. Llegamos hasta donde él nos pidió.

—¿Y si lo desobedecemos? —insistió con malicia infantil Genara—. ¿Por una sola vez?

Julia no ocultó su espanto. No tuvo que decir nada para indicar el miedo que le causaba la idea de haber cumplido nueve años de obediencia sólo para detenerse en la raya, violar la promesa y quedarse para siempre sin saber la verdad. Hubiese querido arañar a Genara, tumbarle el copete de diva de *film noir*. Como eso no correspondía a su personalidad —una personalidad construida con tanto esmero—, Julia mejor lloró con la cabeza apoyada sobre el féretro. La piedad era más segura que la pasividad de la modesta de Genara o la dureza autoritaria de la soberbia Augusta, ambas pálidos remedos del padre. Julia se sentía distinta. Devota del padre. Acaso semejante a lo que la madre fue en vida. No lo sabía. No conoció a mamá.

Sin embargo, al pensar lo anterior Julia terminaba por sentirse mejor que sus hermanas. Superior a ellas. Y junto con el orgullo, latía en Julia una especie de pérdida o luto personal por haber sido condenada, al morir papá, a portar un luto de todas las horas, innecesario ante quienes —los miembros de la orquesta, el director, los tramoyistas— ignoraban quién era el padre de la violinista y qué obligaciones le imponía. Julia se había presentado a pedir puesto en la orquesta con un nombre falso. Sólo ella conocía la regla impuesta por papá y por eso ella podría vestir sus prendas juveniles, los estampados primaverales, los escotes, los audaces trajes de baño de dos piezas cuando la invitaban a nadar a Agua Azul.

Y no lo hacía. ¿Por qué? ¿Quería provocar el misterio? Sus compañeros de orquesta no se atrevieron a preguntarle, "¿por qué siempre de negro?" y como sucedió que el color negro acabó poniéndose de moda para las mujeres en esos nueve años y dejó de ser signo sólo de luto, ya nadie le dijo nada y la propia Julia dio a entender que, para ella, hasta los ensayos matutinos eran ocasiones de gala. Pero pronto se dio cuenta de que sus compañeros de orquesta ignoraban la existencia del papá de Julia, que pudo llamarse "Julia" sin llamar la atención de nadie…

Julia le sonrió con dulzura a las hermanas.

—Yo nunca he dudado. ¿Ustedes sí?

Genara y Augusta la observaron con indiferencia. Julia no se arredró.

—¿Saben? Yo tengo fe. No me refiero a las circunstancias que nos reúnen hoy. ¿Saben lo que es la fe? Es creer sin condición, independientemente de las circunstancias. La fe es entender que los hechos no cambian al mundo. La fe lo mueve todo. La fe es cierta aunque sea absurda.

—¿Hace falta creer para vivir? —dijo Genara, embelesada de súbito por la belleza primitiva, pelo rubio lacio, ojos azules, moños en la cabeza, manos limpias, de la hermana menor. Qué bien sabía recortarse las uñas. Qué bien sabía repetir el catecismo. Parecía una santa.

—No podemos ser buenas si no creemos —respondió Julia—. Sin fe, seríamos unas cínicas.

—La fe puede convertirse en ceguera —se burló con seriedad Augusta—. Mejor el cinismo.

—No, no —suplicó Julia—. Mejor ser crédulas que cínicas.

Y apoyando una mano sobre el hombro de Augusta:

—No tengas miedo.

Augusta miró a su hermana con desprecio.

Genara las miró con complicidad involuntaria.

—¿No creen que en el fondo papá era un hombre sencillo y que las complicadas somos nosotras? Porque viéndolo bien, papá era algo tan simple como su olor a agua de colonia.

—Olía a incienso —dijo insolente Augusta.

—A tabaco —sonrió Julia.

—A sudor —insistió Augusta—. A sudor agrio.

—Era un hombre correcto, ceremonioso —pestañeó Julia.

—Tieso, pretencioso —hizo una mueca Augusta.

—¿Muy trabajador? —inquirió Julia.

—Hacía trabajar a los demás y se aprovechaba de ellos —dijo antipática Augusta.

—Igual que tú —Genara simuló una sonrisita chueca.

—Genara, no acuses a tu hermana. No es bonito —intervino Julia.

—No te preocupes —Genara posó una mano sobre el hombro de Julia, como camarada. Julia se apartó de Genara.

—¿Qué te pasa?

—No me gusta…

—¿No te gusta qué…?

—Nada. Olvídalo. ¿Qué ibas a decir?

—No importa.

—No, di, todo importa.

—No te preocupes. Yo acepto mis limitaciones. Es mi regla.

Augusta permaneció callada durante este intercambio. Mirando a Julia, pensó que la inocente no hace más que complicarle la vida a los demás. El mal, la envidia, la insidia, los grandes defectos, el haz de la hez, cuando se manifiestan, tienen la virtud de cortar de cuajo la hipocresía moral, la apariencia falsaria, la beatitud engañosa. De cualquier modo, Augusta se aburría de sus hermanas. Se aburría *con* sus hermanas. Rió por dentro. ¿Qué podía hacer para animar el velorio? No se trataba de indignar a nadie. Tampoco quería ceder ante la provocación programada con antelación por el padre ausente. Cuántas veces no comprobó que él no quería hablar de sus hijas, quería que sus hijas hablaran de él. Por eso acostumbraba callar Augusta mientras las hermanas se disputaban la primacía de las palabras: di tú, no: tú primero… Augusta temía que el silencio secreto que ella sabía guardar no se transformara, por obra y gracia de sus torpes hermanas, en simple secreteo. ¿No sabía Augusta, por ser la mayor y la que primero conoció al padre, que cada vez que ella quería guardarse algo en la intimidad, su deseo era violado por el padre justiciero, vengativo, atroz?

—¿Qué secreto te traes, Augusta?

—Nada, papá. Imaginas cosas.

—Claro que sí. Imagino nada menos que la verdad. ¿Por qué me guardas tus secretos? ¿Sientes vergüenza? ¿O te da gusto enfadarme?

—No, papá. Se equivoca usted.

—Una de dos, hijita. Actúas por la vergüenza que te da el placer o por el placer que te da la vergüenza. No hay muchas vueltas que darle. A mí no me engañas, etcétera.

Entonces la joven Augusta (ya cumplió cuarenta y tres años) se ruboriza y papá la mira con aire de entenderla y perdonarla.

—El miserable perdonavidas —Augusta forcejeó para abrir el cajón fúnebre. Las hermanas gritaron, la detuvieron. Augusta sólo quería animar el velorio. Las hermanas más jóvenes regresaron a su disputa.

—¿Qué es lo que no te…?

—Nada. ¿Qué ibas a…?

—No impor…

—No, di.

—Que sus motivos eran dudosos —murmuró Augusta—. Dudosos, por no decir desagradables.

Se dio cuenta de que ni Julia ni Genara le prestaban atención. ¿Ese había sido el triunfo del padre: exigir atención cuando ellas no se la daban? Por un segundo, la hermana mayor se vio a sí misma en la caja del muerto, encerrada sin que las hermanas acudieran a salvarla de una asfixia sigilosa. Y se dio cuenta de que en este momento estar metida en un féretro significaba ocupar la posición del padre.

Esta idea avergonzó y trastornó a Augusta. Se recriminó por la tentación de suplantar al padre, aunque fuese en la muerte. Se entregó a una especie de oración personalísima. La autoridad es autoritaria. Ten cuidado, Augusta, haz por darle a tus hermanas la gracia que papá les negó, haz por contentarlas con los ritmos de la vida ahora que este largo período luctuoso llega a su fin, hazlas ver hacia afuera, hazlas sentir cosas como la temperatura, las estaciones, los pájaros desatendidos, los ladridos de los perros, el silencio de las mariposas, cómo crece la hierba, todo lo que papá nos negó porque hasta una libélula podía competir con la atención que él merecía.

Augusta se dio cuenta de que no decía lo que pasaba por su cabeza porque estaba segura de que al hablar no tendría voz. ¿Era ese el robo original del padre: volverla muda? ¿Sabía el padre que Augusta no se atrevía a pedirle a Julia y a Genara lo que ellas temían y deseaban al cumplirse el plazo impuesto por el padre: ahora vamos a vivir juntas finalmente, vénganse, hermanas, ya pasó el tiempo de andar por el mundo buscando otros placeres y otras compañías, temo que después de esta noche todas nos volvamos locas, locas en la soledad, atadas a calendarios de fuego, conducidas al filo mismo de la vejez… Juntas. Aquí en el parque hundido. Juntas y al fin libres.

Le bastó escucharlas.

—Nunca nos dijo "no se vayan, vénganse a vivir conmigo…"

—Ya éramos grandecitas, Julia, no teníamos por qué seguir a su lado…

—Desgraciadas, desgraciadas, así nos llamó…

—Pues ya ves, nos amoló, nos dejó libres…

—¿De qué? ¿De morirnos?

—No, de seguir vivas…

—Desgraciadas…

—¿Cuál libertad? Nomás te cuento. La de venir aquí cada año para obedecerle como si estuviera vivo…

—Es que si no…

—Dilo, Julia, es que si no…

—Nos quedamos sin herencia.

—¡Qué injusticia!, ¿verdad?

—Es que yo pensé que al irse él…

—¿Haríamos lo que quisiéramos?

—¿Por qué no se deja ver?

—Se murió.

—¿Tú crees? Quizás no se deja ver, nada más.

—No. Él ya se murió. Esta es sólo una ceremonia. Un oficio vacío. Despierta. Date cuenta.

—Qué dura puedes ser, detrás de esa carita de ángel.

Augusta las oía sin decir palabra. Se dijo que ella aceptaba los temores porque ya eran su costumbre. Ahora, ¿a qué habría que acostumbrarse al romperse la costumbre de la ceremonia anual en torno al féretro del padre? ¿Qué sería de sus vidas? ¿Cambiarían? ¿O la costumbre era ya demasiado fuerte?

Imaginó, con una mezcla de repulsión y de humor, que Genara y Julia y por qué no, ella misma, Augusta, seguirían regresando, año con año, las tres, al garaje del parque hundido, celebrando este acto que ninguna de las tres sabría calificar como compromiso, ceremonia, deber, costumbre, capricho, porque a fuerza de repetirse ya era parte de sus vidas. ¿Se atreverían a romper la costumbre? ¿O se convertiría la obligación acostumbrada en una fórmula hueca, un ritual vacío? ¿Cómo mantener la sensación de amenaza en el deber que les adjudicó el padre? ¿Era esa sensación su verdadera herencia: manténganme vivo, hijitas, vivan alertas, interrogantes, insatisfechas? ¿Por qué creen que les he impuesto estos plazos? ¡Por amor, mis nenas lindas, por puritito amor! Para evitar que cayeran en la molicie de unas niñas bien heredadas perseguidas por una legión de arribistas bragueteros muertos de hambre pelafustanes que no las quieren, no las pueden querer, como yo las adoro.

4. —¿Recuerdas que nos ponía camisones y nos vendaba los ojos cuando nos bañaba?

—Para evitar el pecado.

—Eso decía.

—¿Te das cuenta, Julia, que nosotras mismas nunca lo vimos desnudo, en el baño, rasurarse…?

—¿No nos dejó verlo?

—¿O no nos dejó vernos?

Al paso de las horas, Augusta pensó que el padre le dijo que no quería que sus hijas lo vieran envejecer. Que quería ser siempre joven para ellas. Un padre atractivo, pues.

—¿Saben qué edad tenía papá al morir? —les preguntó Augusta.

Genara y Julia se miraron entre sí.

—No sé… ¿Setenta, ochenta? Cien años.

—¿Lo recuerdas viejo?

—¿Cómo?

—Sí, viejo.

—No, joven, siempre joven. Se comía los años.

Genara se rió mucho.

—No es lo único que se comía.

—Lo recordamos joven.

—Pero nunca lo vimos joven.

—Porque sólo tenemos fotos de papá joven.

—¿No existe una sola fotografía de papá viejo?

—¿Qué diferencia hay entre lo que era y lo que fue?

—La diferencia entre la conciencia y la memoria —sentenció Augusta y las hermanas se rieron porque no entendían.

Mejor se preguntaron: ¿Por qué no salió nota necrológica en los periódicos? ¿No era tu obligación, Augusta? No, tú quedaste en hacerlo, Genara. A mí no me miren, dijo Julia.

5. Más tarde Augusta se preguntó si existe diferencia entre la conciencia y la memoria. Pensó que sí. La memoria sucede hoy. Recordamos hoy. La conciencia es siempre un arrepentimiento sepultado en el pasado. Preferimos olvidar.

Ella no dijo esto porque luego se siente culpable de decir lo que no debía sólo porque sus palabras se dictan a sí mismas y exigen ser pronunciadas aunque Augusta no sepa ni pueda medir el alcance del habla. A veces sentía que alguien hablaba a través de ella, alguien que sí entendía la diferencia entre conciencia y memoria, no ella, simple vehículo de una voz misteriosa que reclamaba ser escuchada.

¿De quién era esa voz?

¿Era ella misma en otra etapa de su vida, un tiempo pasado o porvenir en el que Augusta podía entender por qué sus recuerdos del pasado sucedían todos hoy y en cambio su actualidad consciente siempre ocurría en otro tiempo, nunca en la actualidad?

—Sus exigencias eran excesivas —murmuró Genara—. Nos ponía a las tres frente a todas las tentaciones y nos pedía que le rogáramos a él para poder resistirlas…

—Habla claro —dijo Julia—. ¿Quién iba a resistir la tentación, él o nosotras?

—Quién sabe. Era muy caprichoso —agitó la cabeza Genara.

—Era un tirano —dijo abruptamente Julia y Genara la miró con asombro, Augusta con resignación anticipada.

Julia había sido la niña mimada y luego la defensora de la imagen del padre. Este cambio súbito era inexplicable a menos, pensó Augusta, que Julia quiera decirnos que su devoción por papá no era una bobería, sino un acto de voluntad consciente que sin embargo desembocaba en la fe. Augusta aprovechó el momento.

—¿Alguna vez viste desnudo a papá?

Julia se turbó. Luego asintió.

—¿Y tú? —le dijo a Augusta.

—No sé si lo vi —sonrió con malicia la hermana mayor—. Tengo la impresión de que lo olí. Olía a suciedad, a costras de mierda, a sobaco sudado, a entrepierna, a…

—No es cierto —Julia le tapó la boca con la mano a su hermana—. El cuerpo le olía a agua de colonia Yardley, el pelo a Tricófero de Barry…

—Olía a orines —sonrió Augusta, complacida por la reacción de Julia, su caída instantánea en el culto al padre, su debilidad—. Era un viejo asqueroso, avaro, tiránico.

—Generoso, dulce, amantísimo —sollozó Julia con un aire ficticio de arrepentimiento.

—Avaro —continuó con ferocidad domeñada Augusta—. Se enterró con su oro. Nos vedó el bienestar que era nuestro derecho. Era como un rey maldito. Le hubiera gustado sepultarse con sus criados y su ganado. Y miren ustedes que lo logró. Nos vio la cara. Nos enterró a las tres en su pirámide, como viles concubinas. Tienes razón, Julia, era un tirano.

—Un tirano bueno, un tirano humano —Julia bajó la mirada.

—Un padre autoritario —añadió Genara—. ¿No era eso lo que queríamos? Un hombre fuerte que nos indicara esto sí, esto no… Sin él, nos habríamos perdido en el mundo.

—Y él lo sabía —Augusta respondió a dentelladas—. Por eso abusó de su autoridad. ¿Qué se imaginaba? ¿Que siendo independientes le robábamos poder? ¿Por qué no entendió que ser libres lo haría más fuerte a él?

Miró a Julia con desdén.

—Sabía que tú, Julia, tenías vocación de esclava.

—¿Y tú no? —gimió Julia—. Tú también. Por eso estás aquí, por eso seguimos aquí las tres… Por *esclavas.*

—No seas bruta. Todavía no averiguas que ser tirano es una cortesía que nos libera de la libertad.

Se guardó el pensamiento que seguía: Ser tirano también es una pedantería. Y un magisterio: pedante es primero el que educa a los niños. Y a las niñas. Es el pedagogo.

Este era un pedante preludio pedagógico a lo que obsesionaba a Augusta. Temer que eran ellas las que creaban al tirano como si él no lo deseara. Él nada más se paseaba desnudo. Eran ellas las que lo vestían. Porque ellas mismas necesitaban el poder pero tenían miedo de ejercerlo. Preferían dárselo a un pobre transeúnte que se quedaba bizco cuando le caían encima la corona y el armiño. Ellas suspiraban de alivio. Se libraban de la carga.

El poder es una cobardía, es nuestra cobardía, quería decir Augusta en voz alta y no se atrevía porque la asaltaba la convicción de que sus hermanas no entenderían sus palabras. Y tampoco las *merecían*. El poder es una cobardía porque no nos atrevemos a ser poderosos. El poder es la papa caliente que tenemos que pasarle a un pobre individuo inerme, desnudo, mediocre, sin imaginación, espiritualmente desolado, un ser estúpido al que ungimos con la corona y cubrimos con el armiño que nosotras mismas no nos atrevemos a usar. El emperador es el reflejo deforme de nuestra impotencia. Lo malo es que una vez que le entregamos el cetro, el escogido se cree de verdad poderoso. No sabe que su fuerza es prestada. La asume sin responsabilidad porque las responsables somos nosotras. Ya no podemos reemplazar al jefe. Sólo matándolo. Colgándolo de las patas en una plaza pública. Arrinconándolo como a una rata en un patio sombrío. Condenándolo al olvido en lo más hondo de una prisión cargada de goteras y privada de palabras.

Entonces una gran carcajada suena en el cráneo hueco de Augusta. Te equivocas, inocente. Terminaré mis días en la Riviera. Ocuparé toda una planta de un hotel en Nueva York. Circularé en mi yate por el Caribe. Me protegerá una legión romana de guaruras. No necesitaré más de veinte dólares en el bolsillo. Mi crédito será ilimitado. Igual que mi carcajada. Etcétera.

No tenía sentido explicarle esto a sus hermanas. ¿Para qué desengañarlas? ¿Para qué privarlas de la ilusión de un padre autónomo, poderoso, capaz de hacer milagros, sobre todo el de amar con infinita ternura y compasión a sus hijas? ¿Para qué ahuyentarlas de la visita anual en torno al féretro paterno? ¿Para qué, incluso, traerles la felicidad?

Augusta encogió los hombros con discreción. Sigamos creyendo que al otorgarle todo nuestro poder al padre, no sólo quedaremos exentas de responsabilidad. Quedaremos exentas de culpa.

¿Cómo explicarles esto a las hermanas cuando Genara estaba diciendo tonterías?

—Le pedí que le dijera que yo era toda blanca por dentro. Y él me vio negra.

—¿Te lo dijo?

—Su mirada me lo dijo todo. Tienes el alma negra, Genara. Haz por redimirte. Confiesa tus pecados.

—¿Cuáles, tú? —intervino irritada Augusta.

—Los suyos —continuó Genara—. Cuando me hinqué a confesarme, lo que salió de mi boca fue un inventario de los pecados de papá, viejo conservador, aristocrático, latoso, no eres un noble decadente como te lo imaginas, eres un pelado encumbrado, eres el peor tirano de todos, eres el plebeyo arribista que no sabe gozar de los bienes del mundo porque revierte a su bajo origen y no está acostumbrado a dominar desde arriba. Se tambalea. Se tropieza. Y reacciona castigando. Abusa de su impunidad. No reconoce sus errores. Castiga a los demás porque no puede castigarse a sí mismo.

Genara se disolvió en algo parecido a una suave lluvia de primavera aunque su llanto era agudo, repitiendo los errores, los errores, hasta despojar de sentido a la palabra.

—¿Cuáles errores, Genara? —Julia miró a su hermana, pero fue Augusta quien tomó la palabra, temiendo una respuesta demasiado inánime de Genara, la alfarera que no acostumbraba dar rienda suelta a sus sentimientos más allá de cierto límite, como si el mundo fuese un gran jarrón de barro al que se podía deformar con una vuelta de más del torno. La verdad es que se sintió desafiada, desplazada por el inesperado vigor verbal de Genara.

—El resentimiento —se adelantó Augusta—. El peor pecado. Sufrir por la felicidad de los demás. La envidia del bien ajeno. Estar al acecho de las faltas de otros mientras escondes las tuyas.

Se detuvo porque una vez más el pensamiento era más veloz que las palabras y la duda de ser entendida, aún mayor. Y es que Augusta quería asumir hasta donde fuese posible las faltas del padre. Prometer la felicidad en el porvenir, nunca para el día de hoy. Aplazar. Aplazar. Aplazarlo todo. Suplir la necesidad con la esperanza y la esperanza con la ceremonia. Hablar de lo que no sabemos y él tampoco. Hacernos sentir ignorantes. Fomentar ideas equivocadas sobre y dentro de cada una de las hijas. Conceder las cosas demasiado pronto o demasiado tarde. Nada a tiempo, papá, ¿te das cuenta? Nada en el momento debido, todo aplazado hasta mañana o consuélense porque ya lo tienen y lo ignoran. Dejarnos siempre en la incertidumbre. ¿Lo amenazamos o nos amenaza? ¿Podemos hacerlo desaparecer en una nube de humo? ¿O él nos puede hacer desaparecer a nosotras? ¿Acepta cada súplica como el homenaje que él se merece, la dádiva que se le pide o la ilusión que se cumple a sí misma pidiéndosela a él? Cuando nos atrevemos a dudar de su sabiduría, él se nos escapa convirtiendo su ignorancia en astucia.

¿Se daban cuenta las hermanas de la cantidad de cosas que no hicieron por miedo a papá? ¿Se daban cuenta de que con este cuento del día del aniversario ellas seguían aplazando sus vidas como coches viejos en un estacionamiento sin parquímetro?

—Enumeren nomás las demandas que nos hizo desde que éramos niñas. ¿No nos daba un goce travieso hacer lo contrario de lo que él nos pedía? ¿No era eso lo que él esperaba de nosotras, el placer de la desobediencia seguido de la penitencia redentora? Nos condenó. Lo condenamos. Nos trató como simples vainas en su invernadero, como semillitas sujetas a la temperatura de su mirada, al hielo de su desaprobación. Nos mantuvo larvadas.

—Nos tiene —interrumpió Genara—. Quiero decir, larvadas.

Augusta calló. Volvió a recluirse en sí misma. No entendió si su silencio era sólo suyo o reunía el clamor de todo lo no dicho por las hermanas reunidas esta noche, por última vez, en el garaje del parque hundido donde nació papá.

6. Augusta miró con una crueldad juiciosa a Julia. Pensó que la inocencia de la hermana menor era —o podía llegar a ser— sólo la máscara de una malicia profunda. Dudó. ¿Se había salido Julia con la suya? ¿Había aprovechado las restricciones hereditarias para hacer exactamente lo único que le interesaba hacer: tocar el violín? Augusta no quería creer en la apariencia virginal de Julia. Estaba rodeada de hombres todo el tiempo, en todas las orquestas. Quizás no les daba nombre a sus hombres. Quizás no daba su propio nombre: Julia. Quizás se acostaba con el clarinetista, se dejaba manosear por el chelista, se la rasgaba con el guitarrista, se arrancaba con el del saxofón, se la soplaba con el del pícolo, todo en una vasta concupiscencia armónica y anónima. Julia se las había arreglado para que su verdadera vida fuese impenetrable.

Genara, en cambio, era transparente. Si llegase a insinuar amoríos —cosa que nunca había hecho—, su mentira pesaría más que cualquier verdad. Posiblemente tenía tentaciones. Lo que no tenía eran oportunidades. Todo el día frente al torno, con las manos embarradas y un delantal marrón manchado. Una mujer de mangas arremangadas y pelo restirado. Un mechón caído sobre la frente. Las piernas abiertas como en un parto de lodo.

Alguna vez dijo del padre: "Nos velaba como a sus muñecas." Esta pasividad de juguete era ya la naturaleza, no la segunda sino la primera y quién sabe si la original, de la hermana alfarera. La espera del aniversario era ya parte de su costumbre. ¿Qué iba a ser sin esta expectativa? Genara no era una mujer capaz de vivir sin la rutina de su calendario. En la intimidad, quería que esta situación se prolongase hasta el final del tiempo. No hacer nada más que cerámica. Ser el alcaller de un vasto mundo de barro rescatando al barro para darle forma a la obra humana. ¿Era cada obrador un rival de Dios?

Genara jamás aceptaría estas razones. No quería hacer nada que pudiese contrariar la voluntad de papá, aunque la contradicción de esa voluntad era que, hiciera lo que hiciera, quedaría, al mismo tiempo, bien y mal. Bien si obedecía en vez de rebelarse pero mal porque desobedecía a papá. Genara se preguntaba si esta era la política del padre. ¿Dejar a las hijas en suspenso permanente, condenarlas si actuaban y si no actuaban también? Genara se sintió muy triste de tener este conflicto. Julia al menos engañaba. Genara se engañaba. Seguía siendo una muñeca asentada sobre la cama acolchada del padre, rodeada de veladoras parpadeantes bajo un crucifijo sin clavos donde la figura de Nuestro Señor parecía volar hacia los cielos.

Entonces el padre salía del baño, recién rasurado, oliendo a lavanda Yardley, a Tricófero de Barry, a desodorante Mum, con sus ojos sin color y su pelo de albino anhelante, a decir: "Voy a enseñarles algo que nunca han visto."

Lo dice siempre y desaparece entre los restos de vapor del sauna.

Ninguna de ellas se atreve a entrar al sauna. Ni siquiera al baño del padre.

Todos los afeites y lavandas no alcanzan a lubricar la piel seca del padre que desaparece caminando hacia atrás, con paso de tortuga, entre las brumas de su aseo cotidiano.

Un hombre ceremonioso.

Un hombre rígido.

La regularidad de nuestras vidas.

Un hombre que representa simultáneamente la fantasía y los negocios del mundo. Etcétera.

—Devuélvenos la paz —dice con voz apocada Genara.

—Depende de nosotras, no de él —interyecta Augusta—. No debemos darle un minuto de paz. Hay que criticarlo, cuestionarlo, desenmascararlo, sacarle los conejos de la chistera y quitarle la baraja de las manos. Vean, nuestro padre es un mago de carpa, un hechicero teatral, un brujo de feria. Es una ilusión. Es un fantasma. Es una sábana agitada por el viento…

Julia volvió a desplomarse en llanto, abrazada al féretro. Como en una Piedad entre hermanas, el grupo se componía al abrazar Genara y Augusta a Julia, se deshacía cuando se separaban un poco confusas acerca de sus propias actitudes y volvían a abrazarse como si un aviso terminante —el ocaso del día, el aplazamiento a punto de concluir, el final de la trama— las obligase a defenderse, unidas, de la voluntad terrorista del padre, cualquiera que ésta fuese.

Augusta las miró con una medida de desprecio. Los diez años se cumplían esta noche. Ellas obedecían la decisión póstuma de papá. ¿Y luego qué? ¿Ya no se volverían a encontrar? ¿Darían por concluida la década de prueba, el tiempo en que cada una hizo lo que quería a sabiendas de que eso era lo que el padre deseaba, que hicieran lo que él no quería que hicieran sólo para culpabilizarlas y así obligarlas a continuar desde diez años antes esta ceremonia determinada por él, casi casi como un acto de contrición?

¿Esto quería el padre? ¿Tener unas hijas libres pero pobres (Genara), libres pero modestas (Julia), prósperas pero al cabo obedientes (Augusta)? ¿Y qué buscaban las tres hermanas? ¿Demostrarle al padre que podían vivir sin la herencia aunque vivieran pendientes de la herencia? Porque de lo contrario, ¿por qué acudían a la cita anual en el parque hundido? ¿Ninguna de ellas había pensado en rebelarse contra el mandato del maldito paterfamilias? ¿Excluirse de la ceremonia? ¿Mandarlo al diablo?

—¿Alguna vez pensaron en desobedecer a papá? ¿Alguna vez una de ustedes se dijo: Basta? Hasta aquí. Ya estuvo bien. No sabemos si esto es un juego o un suplicio. En todo caso, es una tiranía. ¿Lo pensaron?

Augusta habló de manera templada. Miró sin emoción a sus hermanas.

—A ver quién es capaz, ahora mismo, de largarse de aquí —continuó Augusta.

—¿Y quedarnos sin saber el secreto? —volvió a decir Julia.

—¿Nunca saber en qué terminó todo? —la secundó otra vez Genara—. Nadie se sale de la película sin saber cómo acabó todo. Ni siquiera soportamos que alguien nos lo cuente más tarde.

—¿Sean cuales sean las consecuencias? —preguntó Julia con timidez primeriza.

Augusta no contestó. Era mejor, creyó, dejar la respuesta en el aire. O en el corazón de cada hermana. Calculó. Podía irse Genara. Quedarían Julia y Augusta. Podrían irse Julia y Genara. Quedaría Augusta sola.

La mera idea quebrantó su impasibilidad. Sintió verdadero terror. Terror de la ausencia. Saberse ausente. Sola. Ausente: despojada de inspiración o de especulación. Incapaz ni siquiera de conmemorar su propia muerte.

¿Cómo iba a huir del padre? ¿Acaso no sabía que apenas se revelara, a los diez años de su muerte, el secreto de la herencia, el padre impondría un nuevo plazo? ¿Y qué nueva sorpresa les esperaba al cumplirse éste, y el siguiente, y el siguiente? ¿No dijo una vez antes de entrar a su sauna diario, "si empiezo, no termino"?

Sonaron las doce campanadas de la medianoche en San José Insurgentes.

7. Sonaron las scis de la mañana. Genara se desperezó. Se había quedado dormida contra su voluntad. La silla de playa era cómoda.

Pobre Julia, sentada toda la noche en un taburete de piano. Ya no estaba allí. Genara la buscó. Julia se maquillaba mirándose a un espejo de mano. Polvera rosa. Lápiz labial morado. Delineador. Rímel. Todo dispuesto encima del féretro. Julia se esponjó el pelo. Se acomodó los senos.

—Bueno, la siguiente cita es con el notario. Nos vemos entonces. ¡Qué lata esto del testamento condicionado! Bueno, ya cumplimos la condición. Ahora vamos a ejecutar el testamento. Aunque nunca perdimos nuestros derechos… ¿verdad?

—A menos que estemos desheredadas —dijo desde la sombra del garaje Augusta.

—¡Qué va! —se rió Julia—. Se ve que no conocieron a papá. Es un santo.

Julia empujó la rechinante puerta metálica. Entró

la luz del parque hundido. Chirriaron los pájaros. Julia salió. Un Mustang convertible estaba estacionado enfrente del garaje. Un muchacho con camisa de manga corta y el cuello abierto le chifló a Julia y le abrió la portezuela. No tuvo la cortesía de bajar del auto. Esto a Julia no pareció molestarle. Subió, se sentó al lado del galancete, y le dio un beso de picorete en la mejilla.

Julia se veía joven y ligera, como si se hubiese despojado de una gigantesca piel de oso.

No se volvió a mirar. El coche arrancó. Olvidó la silla giratoria.

Genara se alisó la falda y se arregló la blusa. Miró a Augusta, con ganas de hacerle preguntas. Sentía hambre de entender. Julia no le explicaría nada. El mundo de Julia estaba resuelto, sin problemas. Estaba segura de heredar. Se había marchado.

¿Augusta le explicaría las cosas?

Genara tomó su bolsa copia de Gucci y se dirigió al zaguán metálico. Insistió en mirar a Augusta. La hermana mayor no le devolvió la mirada. La desorientación estaba grabada en las facciones de Genara. Supo que no podía esperar nada de Augusta. Se armó de paciencia. Se dispuso a continuar pasando la vida con decoro. En soledad. Frente al torno. Y luego frente a la televisión. Con una cena fría en la bandeja.

—Nos veremos las tres con el notario, ¿verdad?

Puso un pie fuera del garaje.

El pie se detuvo en el aire.

8. Augusta no vio las acciones de sus hermanas. Que se marcharan. Que se sintieran libres. Que huyeran

del padre. Como si pudieran alejarse de él. Como si los albaceas no fueran leales al padre. Vaya.

Augusta se quedará al lado de la caja del padre. Cumplirá el rito fúnebre hasta que ella misma ocupe el féretro del padre.

Es la heredera.

Corocodaconrad

la violencia, la violencia

Todas las familias felices se terminó de imprimir en julio de
2006, en Litográfica Ingramex, S.A. de C.V. Centeno 162, Col.
Granjas Esmeralda, C.P. 09810, México, D.F. Composición
tipográfica: Angélica Alva Robledo. Cuidado de la edición:
Ramón Córdoba. Corrección: Marisol Schulz, Lilia Granados,
Mayra González y Eduardo Mejía.